U0525080

国家社科基金项目"生育政策及其变动对中国家庭子女教育投资行为的影响研究"(15BRK013)

生育政策对家庭人力资本投资的影响研究

谷宏伟　等著

中国社会科学出版社

图书在版编目(CIP)数据

生育政策对家庭人力资本投资的影响研究 / 谷宏伟等著. —北京：中国社会科学出版社，2024.6
ISBN 978-7-5227-3531-3

Ⅰ.①生… Ⅱ.①谷… Ⅲ.①人口政策—影响—人力资本—人力投资—研究　Ⅳ.①C924.21②F249.21

中国国家版本馆 CIP 数据核字(2024)第 091542 号

出 版 人	赵剑英
责任编辑	刘　艳
责任校对	陈　晨
责任印制	郝美娜

出　　版	中国社会科学出版社
社　　址	北京鼓楼西大街甲 158 号
邮　　编	100720
网　　址	http://www.csspw.cn
发 行 部	010-84083685
门 市 部	010-84029450
经　　销	新华书店及其他书店

印刷装订	北京君升印刷有限公司
版　　次	2024 年 6 月第 1 版
印　　次	2024 年 6 月第 1 次印刷

开　　本	710×1000　1/16
印　　张	17.25
字　　数	274 千字
定　　价	98.00 元

凡购买中国社会科学出版社图书，如有质量问题请与本社营销中心联系调换
电话：010-84083683
版权所有　侵权必究

前　言

东北农村的老家，村子里的小学校舍在闲置多年后，被一个生产石膏板的工厂租用，污染大，村民意见很大。其实这所学校修建也不过才20来年，是一所希望小学，由市里一家热电厂出资，村民出力，花了大半年的时间建好的。新学校只用了10多年，因为生源越来越少而被迫闲置，当然，闲置的不仅是校舍，还有成片的民房，往日的喧嚣早已不复存在。在过去的10多年里，这种情况不断地在中国东北和其他一些地方出现。城市化和人口流动，很多农村和乡镇学校都摆脱不了"并校"和"撤校"的宿命。一方面，适龄儿童越来越少；另一方面，也有家长出于教育质量方面的考虑，选择让孩子去条件更好的城里读书。

如果从20世纪70年代的"晚、稀、少"政策开始算起的话，中国的计划生育政策已经实施了近半个世纪之久。在这段时间里，中国的经济飞速发展，教育水平显著提高。在这一系列变化中，有两个特征性事实需要我们解释。其一，在一段时期内，政府每年在教育上的公共支出相对不足，占GDP的比重较低。所以，公共投资不能完全解释中国的教育增长，是家庭的私人投资弥补了公共支出的不足。那么，为什么中国家庭会格外注重对子女的教育投资呢？其二，研究表明，中国家庭对子女的教养（或育儿）模式在这一段时期也发生了变化。与父辈们相比，今天的很多年轻父母会投入更多的货币和时间，深度参与子女的教育以及其他人力资本投资的活动，采取了所谓的"集约式"的教养方式。但是这些年轻父母很多是在"放任型"或者"忽略型"的教养方式下成长起来的，家庭育儿方式为什么出现了这样的转型呢？如果仅仅以现代的父母更重视教育，或者教育的经济功能更强来回答上述问题，是缺乏说服力的。我们假设所有的父母（年轻的和他们的父辈，以及国内的和国外的）有相同的偏好，他们都同样爱自己的孩子，同样重视孩子的教育。行为方式的变化只是因为面临的约束条件不同。在中国，这个重要的约束就是计划生育政策。

在理论上启发我们从事上述问题研究的是"数量—质量替代"模型，它源于贝克尔（Becker）及其合作者对家庭中的生育及人力资本投资行为的分析。学者们注意到，随着生育率下降，家庭规模不断变小，但父母对孩子的时间、货币投入逐渐增加，即孩子的数量和质量之间存在负相关的关系。我们发现，这一理论对解释中国的教育问题，特别是分析生育控制政策及其变动对家庭教育投资的影响非常有用，而中国的政策环境也为发展和检验这一理论提供了难得的机遇。严格的生育控制政策使得家庭在孩子数量的选择上受到限制，在收入长期快速增长及女性劳动参与率高的背景下，父母对孩子的需求几乎完全通过提高孩子的质量来实现。这在一定程度上解释了上面提到的中国家庭在子女的教育投资上强烈的投资意愿以及采用的"集约型"教养模式。

本书的内容包括以下几个方面。首先，介绍中国的人口和教育现状，计划生育政策的演变，并进行跨国比较，以便更清楚地判断目前的生育状况（第一、第二章）。其次，我们对现有的有关生育政策影响的文献进行系统梳理，了解目前的研究现状和研究局限（第三章）。接下来，在本书的核心部分（第四章），我们将结合中国的现实对经典理论模型加以扩展，将计划生育政策和收入增长两个现实条件纳入模型，通过比较静态分析，从逻辑上探究了计划生育政策对子女教育的影响。在实证研究中，使用工具变量法以求避免研究中存在的内生性问题。为了使研究结果更加稳健，在接下来的部分中（第五章），我们还用子女的健康来替换教育作为因变量，用带有工具变量的分位数回归进行了类似的实证，发现"数量—质量替代"关系依然成立；中国已经进入了低生育率国家的行列，从经济社会的可持续发展角度看，提高生育率刻不容缓。在接下来的两章（第六、第七章），我们分别探讨了隔代照料和就业质量对二孩生育意愿的影响。因为以往的研究多考虑的是父母对子女的货币投入，忽略时间投入，进而高估了前者的作用。那些重视教育的家庭，父母往往也会投入更多的时间陪伴子女，所以在第八章，我们会考虑父母时间投入对子女教育的影响；"数量—质量替代"不仅仅体现在子女的教育上，接下来（第九章）我们从养老的角度观察，子女数量和质量对老年父母的健康的影响，进而判断是该多生养，还是要多教育。本书的最后，我们会对上述研究进行简短的总结，并对未来的研究提出展望。

本书的目的是探究计划生育政策对个体教育的影响机制，解释生育控制导致家庭增加对子女的教育及人力资本投资的原因。相信在了解了这种机制之后，我们既能为解释中国过去教育发展所取得的伟大成就提供一个新视角，也能对生育政策放松的部分效果加以预测，并为未来制定合适的人口政策提供参考。

目　　录

第一章　中国的生育和教育现状 ⋯⋯⋯⋯⋯⋯⋯⋯⋯⋯⋯⋯（1）
　　第一节　中国的生育状况 ⋯⋯⋯⋯⋯⋯⋯⋯⋯⋯⋯⋯⋯⋯（3）
　　第二节　中国的教育状况 ⋯⋯⋯⋯⋯⋯⋯⋯⋯⋯⋯⋯⋯（11）
　　第三节　其他人口指标 ⋯⋯⋯⋯⋯⋯⋯⋯⋯⋯⋯⋯⋯⋯（19）
　　第四节　结论 ⋯⋯⋯⋯⋯⋯⋯⋯⋯⋯⋯⋯⋯⋯⋯⋯⋯⋯（28）

第二章　中国生育政策的演变及跨国比较 ⋯⋯⋯⋯⋯⋯⋯（30）
　　第一节　中国计划生育政策的发展和演变 ⋯⋯⋯⋯⋯⋯（31）
　　第二节　生育政策的国际比较 ⋯⋯⋯⋯⋯⋯⋯⋯⋯⋯⋯（39）
　　第三节　结论 ⋯⋯⋯⋯⋯⋯⋯⋯⋯⋯⋯⋯⋯⋯⋯⋯⋯⋯（49）

第三章　有关生育政策影响的文献综述 ⋯⋯⋯⋯⋯⋯⋯⋯（51）
　　第一节　有关生育理论的研究综述 ⋯⋯⋯⋯⋯⋯⋯⋯⋯（52）
　　第二节　计划生育政策对教育影响的实证研究 ⋯⋯⋯⋯（60）
　　第三节　计划生育政策对性别比、父母福利等方面的影响 ⋯（81）
　　第四节　结论 ⋯⋯⋯⋯⋯⋯⋯⋯⋯⋯⋯⋯⋯⋯⋯⋯⋯⋯（86）

第四章　生育控制政策对子女教育投资的影响 ⋯⋯⋯⋯⋯（87）
　　第一节　理论模型 ⋯⋯⋯⋯⋯⋯⋯⋯⋯⋯⋯⋯⋯⋯⋯⋯（88）
　　第二节　数据 ⋯⋯⋯⋯⋯⋯⋯⋯⋯⋯⋯⋯⋯⋯⋯⋯⋯（107）
　　第三节　实证分析 ⋯⋯⋯⋯⋯⋯⋯⋯⋯⋯⋯⋯⋯⋯⋯（112）
　　第四节　结论和建议 ⋯⋯⋯⋯⋯⋯⋯⋯⋯⋯⋯⋯⋯⋯（119）

第五章　生育控制、质量替代与子女健康 (122)
- 第一节　文献回顾 (124)
- 第二节　数据及模型 (127)
- 第三节　实证分析 (134)
- 第四节　稳健性检验 (147)
- 第五节　结论和建议 (148)

第六章　隔代照料、成本补偿与二胎生育意愿 (152)
- 第一节　文献综述 (154)
- 第二节　数据与模型 (156)
- 第三节　实证分析 (161)
- 第四节　结论和建议 (172)

第七章　就业质量与流动人口的二孩生育意愿 (175)
- 第一节　文献综述 (177)
- 第二节　研究设计 (179)
- 第三节　实证分析 (184)
- 第四节　异质性分析及渠道检验 (193)
- 第五节　结论和建议 (197)

第八章　父母时间投入对青少年认知能力的影响 (200)
- 第一节　文献综述 (201)
- 第二节　数据和模型 (202)
- 第三节　实证分析 (209)
- 第四节　结论和建议 (222)

第九章　子女数量和质量对老年父母健康状况的影响研究 (224)
- 第一节　文献综述 (225)
- 第二节　数据、变量及统计性描述 (228)
- 第三节　实证分析 (231)
- 第四节　结论和建议 (250)

第十章 结语 …………………………………………………（251）

参考文献 ………………………………………………………（257）

后　记 …………………………………………………………（265）

第一章　中国的生育和教育现状

中国是世界人口大国。新中国成立以来，人口总量从1949年的5.4亿，增长到今天的14亿（见图1-1）。根据国家统计局的数据，2018年，中国大陆（不含港澳台）的14亿总人口中，男性人口约7.2亿，女性人口6.8亿，性别比接近105（女性为100）；从城乡角度看，城镇常住人口8.5亿，乡村为5.5亿；16—59周岁的劳动人口约9亿，流动人口2.4亿。当年中国人的人均受教育年限是9.32年，而在1980年，这一数据是3.7年。2020年是"十三五"规划的收局之年，也是《国家中长期教育改革和发展规划纲要（2010—2020年）》（以下简称《纲要》）的收局之年。《纲要》指出，到2020年，我国新增劳动力平均受教育年限从12.4年提高到13.5年；主要劳动年龄人口平均受教育年限从9.5年提高到11.2年，其中接受高等教育的比例为20%以上。这一目标已经基本实现。经过新中国成立70年以来，特别是改革开放40年的发展，中国的教育事业有了很大的进步，从各项指标来看，均处于世界的中前列和发展中国家的前列。

有投入才会有产出，教育的快速发展离不开投入的增加。教育投入分为政府的公共投资和家庭的私人投资，可一旦我们将视角集中在公共投资上时，会发现中国的教育公共支出占GDP的比重在一段时间内一直维持在2%上下，后来才达到4%的水平，低于发达国家和一部分发展中国家。因此，公共投资不能在宏观上解释中国教育的增长，是家庭的私人投资弥补了公共投资的不足。可以这么说，中国的教育成就是在家庭承担着更高的教育成本情况下取得的[1]。此外，根据德普

---

[1] 蔡昉、都阳、王美艳：《中国劳动力市场转型与发育》，商务印书馆2005年版，第125—150页。

克和齐利博蒂①的研究，在整个东亚，特别是中国，家庭的育儿方式也发生了转变，年轻的家长们越来越积极地参与到子女的教育中，他们采用了需要投入大量时间和货币的"集约型"的教养方式。有鉴于此，从微观角度对中国家庭在子女教育投资方面的影响进行研究，特别是找出中国家庭在子女教育方面的强烈投资动机背后的经济因素，就是一个既具有理论意义也具有现实意义的课题。

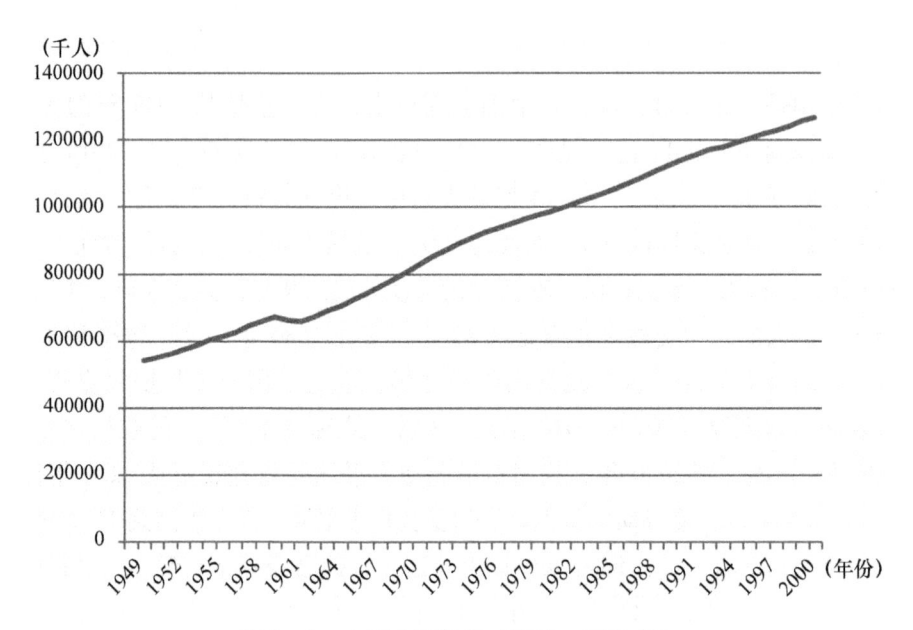

图1-1　中国人口数量（1949—2000年）

资料来源：Liang Qiu Sheng and Lee Che-Fu., "Fertility and Population Policy: An Overview", in Dudley, L. Poston etc, eds., *Fertility, Family Planning and Population Policy in China*, New York: Routledge, 2006, pp. 8–19.

中国正处于市场化的进程中，人口总量多，流动性大，在经济、文化、地理等方面都存在着一定的差距，这给政策的制定者提出了挑战。新中国成立以来，中国政府根据经济社会发展的实际，对人口和生育政策不断地进行调整。以计划生育政策为例，在执行了二三十年的严格

---

① Doepke, M. and Zilibotti, F., *Love, Money and Parenting*, Princeton, NJ: Princeton University Press, 2019.

"一胎政策"后，考虑到人口老龄化等一系列因素后，中国从2016年起开始实施"全面二胎"的生育政策，当年的新生人口也明显增加。不过，很快在2017年回落，并在2018年和2019年不断"触底"，创下新低。于是学术界开始出现各种各样的争议，到底是应该继续坚持现有的生育政策，还是进一步放松生育限制甚至鼓励生育呢？回答这个问题，需要我们对以往的计划生育政策进行客观和准确的评价。从微观上看，生育政策的变化必然会影响到家庭的规模和子女数量，从而影响家庭的各种行为，包括对子女的教育投资。本书的目的，就是要探究计划生育政策对家庭子女教育投资的影响，揭示其背后的影响机制。

第一节 中国的生育状况

一 总和生育率低

总和生育率（Total Fertility Rate，TFR）是指一个国家或地区的妇女在育龄期间平均生育的子女量。一般来说，当总和生育率为2.1，就达到了生育更替水平，也就在没有人口迁入和迁出的情况下，人口的增长率为0，人口总量不增不减。这个2.1的生育率已经考虑了性别比和育龄前死亡的情况。

新中国成立初期的10年以及1963—1973年这10年中国进入两次生育高峰。具体来说，总和生育率在新中国成立之后迅速上升，三年自然灾害时期又急速下降，随后在1963年达到7.5的最高点，高位持续了一段时间后，20世纪60年代末开始不断下降，至90年代初期达到了更替水平（见图1-2）。进入新千年后，根据国家统计局历次人口普查和抽查的结果，未经调整的总和生育率在1.47（2008年）和1.04（2011年）之间波动，调整后的生育率介于1.5—1.7。以2010年为例，第六次全国人口普查的总和生育率调整后约为1.6，而世界的平均水平是2.5。近几年总和生育率略有上升，可能跟生育政策的不断放宽有关。在2018年，中国的总和生育率为1.69，在全球197个国家和地区中排名149位，最低的是韩国，生育率只有0.98。从世界来看，整个东亚是总和生育率最低的地区。在图1-3中，我们给出了包括中国在内的5个主要国家的生育率变化趋势，简单的比较可以发现，中国的总和生育率

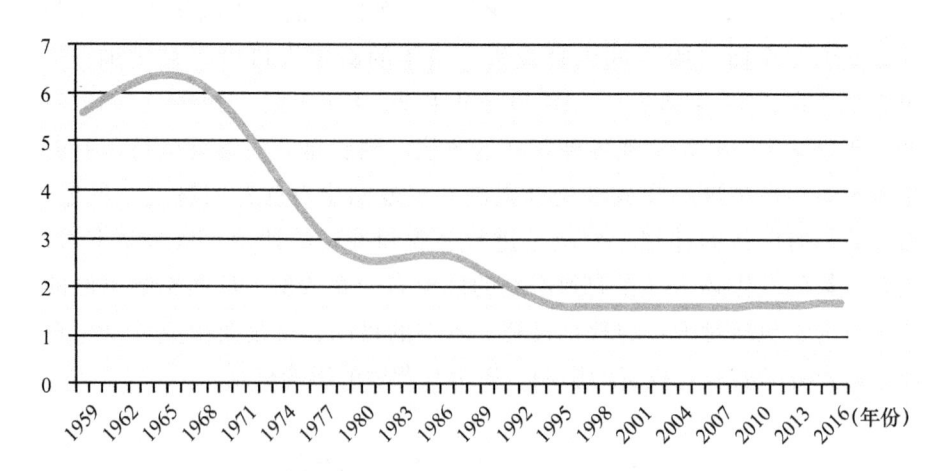

图 1-2　1959—2016 年中国总和生育率

资料来源：快易数据。

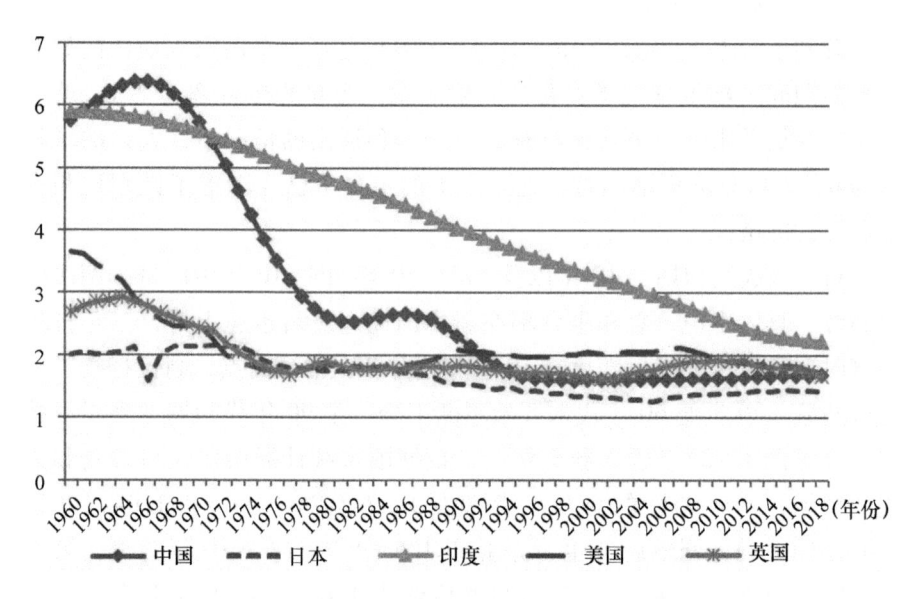

图 1-3　1960—2018 年中国及部分国家的总和生育率变化趋势

资料来源：快易数据。

在 20 世纪 70 年代还是这组国家中最高的，之后迅速下降，这可能和计划生育政策有关。到了 2018 年，仅仅略高于日本，低于其他几个国家。中国 2016 年全面放开二胎，尽管政策实施时间不长，但是生育率也只是短暂抬头然后又迅速回落，连创新低，低于之前的预期水平。由此可见，与改革开放初期的情况不同，在当前影响中国家庭生育行为的诸多因素中，计划生育政策可能已经不是最主要的因素了。

图1-4是根据梁和李提供的数据画出的。在新中国成立后的50年间，特别是从20世纪70年代开始，城市和乡村的生育率双双下降，我们能看到的一个明显的变化是，总和生育率在城乡之间的差异越来越小，甚至消失。考虑到同一时期城乡收入增长迅速，但两者之间的收入差距一直存在。一个直觉上的判断是，在同一时期决定中国生育率变化的不仅是收入水平，还包括其他重要因素。

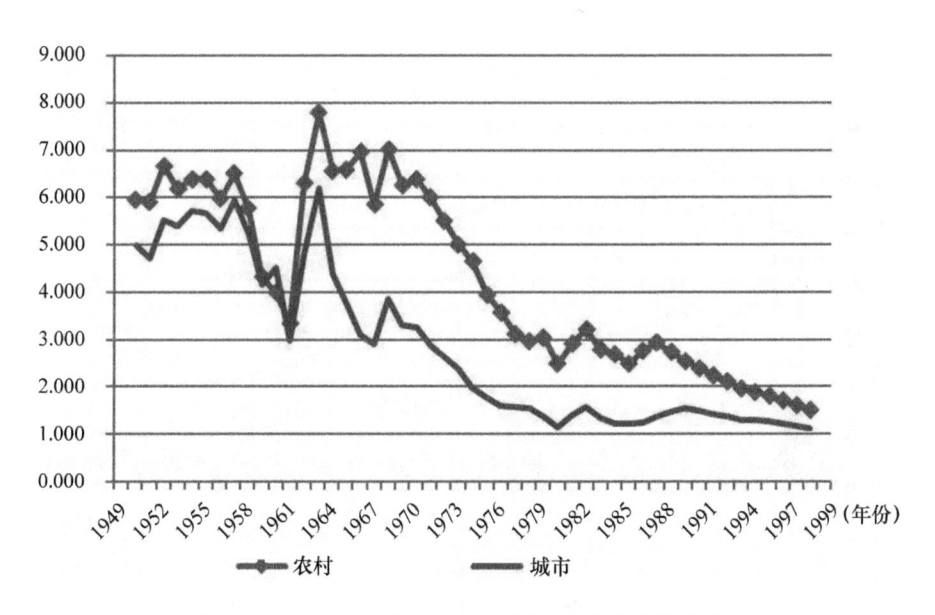

图1-4　1949—1999年中国农村和城市的总和生育率

二　人口增长率低

可以从两个角度来观察人口增长率，一个是年均增长率，另一个是自然增长率。前者是一定时间内（通常为一年）的人口增长数量与人口总数之比，以千分数表示。计算公式为："人口增长率 =（年末人口数 - 年初人口数）/年平均人口数"。根据"快易数据"和Wind网提供的数据，如果从人口年均增长率的波动幅度来看，我们可以将新中国成立以来的中国人口增长分为三个阶段。在1974年以前，人口增长率基本维持在 2% 以上（因"三年自然灾害"导致 1961 年的增长率为 -1.02%，1962 年的增长率为 0.82%）；1974—1997 年间，增长率维持在 1%—2%；从 1998 年开始，人口增长率低于 1%，到了 2010 年之后，增长率低于 0.5%。

从世界范围来看，中国的人口年均增长率显著低于世界平均水平，大大低于欠发达地区平均水平，而与发达国家和地区接近。下面的图形和表格分别给出了世界上主要国家的人口增长率。从图 1-5 中可以看出，在 20 世纪 60 年代中期至 70 年代初，中国的人口增长率高于美国、印度、日本，70 年代末迅速下降，目前在 4 个国家中，仅高于日本，后者的人口增长率为负。

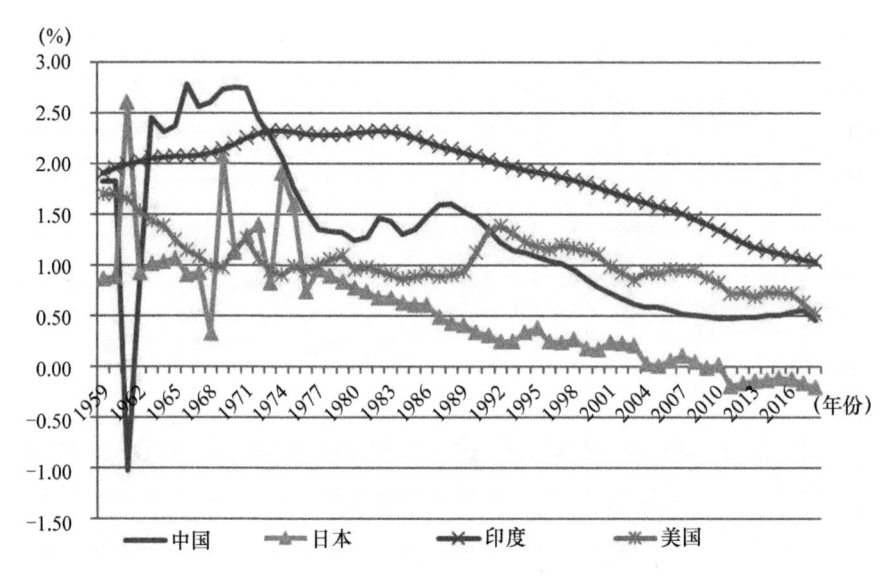

图 1-5　1959—2018 年中国、美国、印度、日本四国人口年均增长率

人口自然增长率指一定时期内人口自然增长数（出生人数减去死亡人数）与该时期内平均人口数之比，通常以年为单位计算，也用千分数来表示，计算公式为："人口自然增长率 = 人口出生率 - 人口死亡率"。图 1-6 表明，在新中国成立最初的 30 年间，中国的人口出生率和死亡率都出现一定程度的波动，尤其以 1959—1961 年为甚，1960 年出现了人口出生率小于死亡率的情况，进而自然增长率为 -4.57‰。改革开放

之后，中国人口的死亡率一直稳定在 6.5‰ 左右，出生率一直缓慢下降，人口的自然增长率也逐渐下降。但这三个指标都趋于平稳。

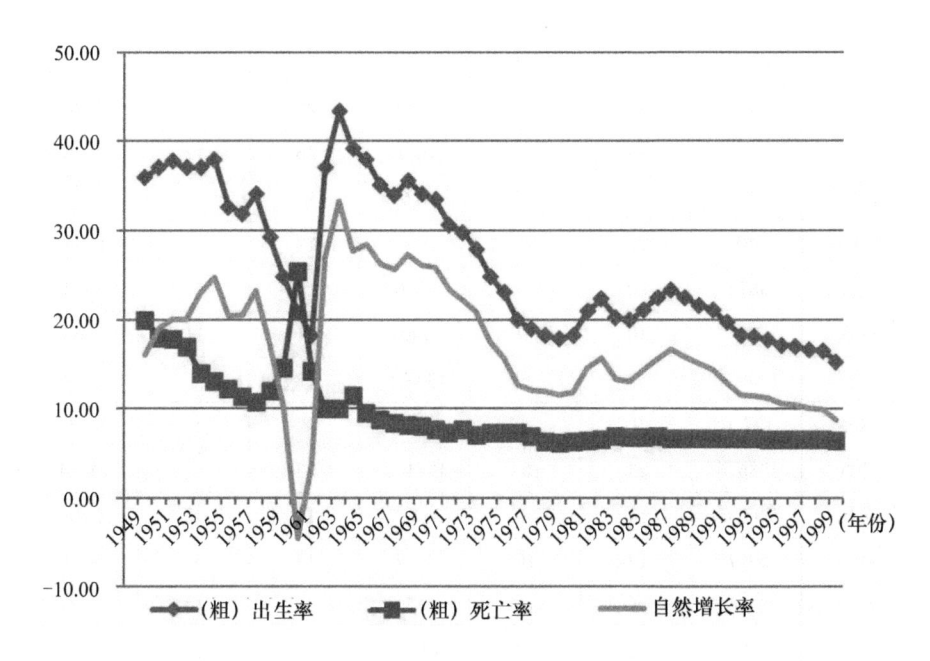

图 1-6　1949—1999 年中国的出生率、死亡率和自然增长率
资料来源：梁和李①。

王利民②给出了 2004 年和 2011 年中国等世界主要国家和地区的人口总数、出生率、死亡率和人口增长率的数据（见表 1-1）。这两年，中国的人口出生率均为 12‰，大大低于世界 2004 年 21‰ 和 2011 年 20‰ 的平均水平。中国和发达地区的平均水平接近，比美国（分别为 14‰ 和 13‰）、英国（分别为 13‰ 和 12‰）、法国（均为 13‰）、澳大利亚（分别为 14‰ 和 13‰）等发达国家的出生率低。中国之所以能在这样短的时间内实现低人口增长率，一个重要的原因就是实行了计划生育。

---

① Liang Qiu Sheng and Lee Che-Fu., "Fertility and Population Policy: An Overview", in Dudley, L. Poston etc, eds., *Fertility, Family Planning and Population Policy in China*, New York: Routledge, 2006, pp. 8-19.

② 王利民：《中国人口发展与生育政策》，国家行政学院出版社 2013 年版，第 75—76 页。

表1-1　　　　中国及世界部分国家和地区的人口增长率

地区	2004年			2011年			人口增长率（%）
	人口数（百万）	出生率（‰）	死亡率（‰）	人口数（百万）	出生率（‰）	死亡率（‰）	
世界	6396	21	9	6987	20	8	9.24
非洲	885	38	14	1051	36	12	8.76
北美洲	326	14	8	346	13	8	6.14
南美洲	365	21	6	396	17	6	8.49
亚洲	3875	20	7	4216	18	7	8.80
欧洲	728	10	12	740	11	11	1.65
中国	1300.1	12	6	1345.9	12	7	3.52
日本	127.6	9	8	128.1	8	9	0.39
印度	1086.6	23	8	1241.3	23	7	14.24
美国	293.6	14	8	311.7	13	8	6.16
英国	59.7	13	10	62.7	13	9	5.03
德国	82.6	8	10	81.8	8	10	-0.97
俄罗斯	144.1	12	17	142.8	13	14	-0.90
澳大利亚	20.1	14	7	22.7	14	6	12.94

对制定人口和生育政策而言，一个更重要的指标是人口的自然增长率。自然增长率是指在一定时期内（通常为一年）人口自然增加数（出生人数减去死亡人数）与该时期内平均人数（或期中人数）之比，反映了人口自然增长的程度和趋势。当全年出生人数超过死亡人数时，人口自然增长率为正；反之，当后者大于前者，增长率为负。

我们根据国家统计局的数据，给出了中国改革开放以来40年的人口自然增长率。如图1-7所示，人口的自然增长率在20世纪80年代中期达到顶点后一路下降，进入21世纪后跌到7‰以下，全面放开二胎之后，2016年和2017年有过短暂的增长，但2018年再创新低，跌到4‰以下。计划生育政策放松的效果并不明显。中国并不是世界上唯一实行过计划生育的国家。早在1976年，已经有40个国家明确提出了降低生育率的政策措施，到2013年，政府直接支持过计划生育的国家达到了

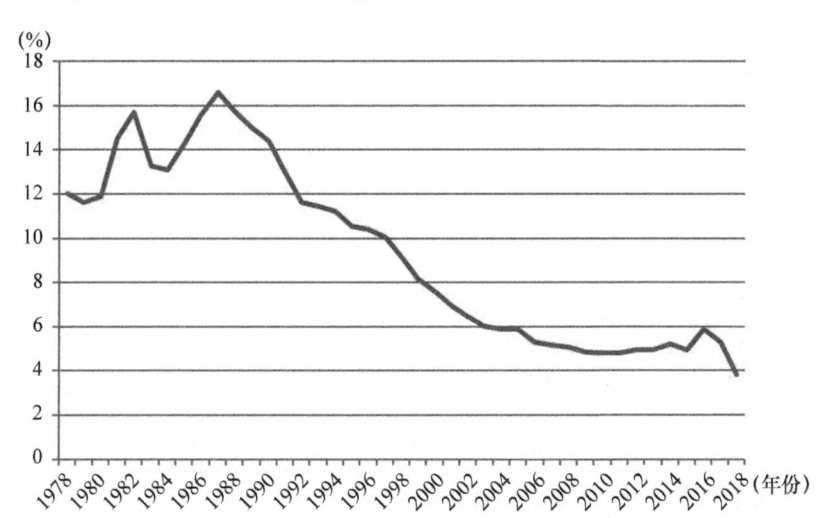

160 个①，其中，中国是计划生育政策执行力度最强的国家之一②。

图 1-7　1978—2018 年中国人口的自然增长率

三　婚姻年龄推迟，第一孩生育年龄变大

了解一下女性的婚育状况也有助于我们对生育率变化的理解。根据 2017 年全国生育状况抽样调查的数据，2006—2016 年，我国 20—34 岁女性已婚比例呈下降趋势，从 2006 年的 75% 下降到 2016 年的 67%。这一比例还存在明显的城乡差异，以 25 岁为例，城镇为 31%，农村为 66%。到了 30 岁的时候，城镇为 82%，农村为 95%。

调查还显示（见表 1-2），育龄妇女的平均初婚年龄也呈明显上升趋势。同样的 10 年间，初婚年龄从 23.6 岁增加到 26.3 岁，增加了 2.7 年。其中，城镇从 24.6 岁变为 26.9 岁，增加了 2.3 年；农村从 22.8 岁上升到 25.6 岁，增加了 2.8 年。妇女已婚比例的下降以及平均初婚年龄的上升对生育率的下降产生了较大的影响③。

---

① De Silva, Tiloka and Silvana Tenreyro, "Population Control Policies and Fertility Convergence", *Journal of Economic Perspectives*, Vol. 31, No. 4, 2017, pp. 205–228.

② Ross, John and Stover, John, "The Family Planning Program Effort Index: 1999 Cycle", *International Family Planning Perspectives*, Vol. 27, No. 3, 2001, pp. 119–129.

③ 贺丹等：《2006—2016 年中国生育状况报告——基于 2017 年全国生育状况抽样调查数据分析》，《人口研究》2018 年第 6 期。

表1-2　　2006—2016年分城乡育龄妇女的平均初婚年龄　　（单位：岁）

年份	全国	城镇	农村
2006	23.6	24.6	22.8
2007	23.5	24.5	22.7
2008	23.8	24.7	23.0
2009	23.9	25.0	23.0
2010	24.0	24.9	23.3
2011	24.2	25.2	23.4
2012	24.8	25.6	23.9
2013	25.1	25.9	24.3
2014	25.6	26.2	24.9
2015	25.9	26.5	25.3
2016	26.3	26.9	25.6

资料来源：2017年全国生育状况抽样调查。

图1-8给出的是2005年、2010年和2015年的分年龄第一孩次生育率。从中可以看出，生育峰值逐渐降低，并且达到第一孩次生育峰值时妇女年龄逐渐增加。中国的女性结婚更迟，生育第一胎时年龄更大。

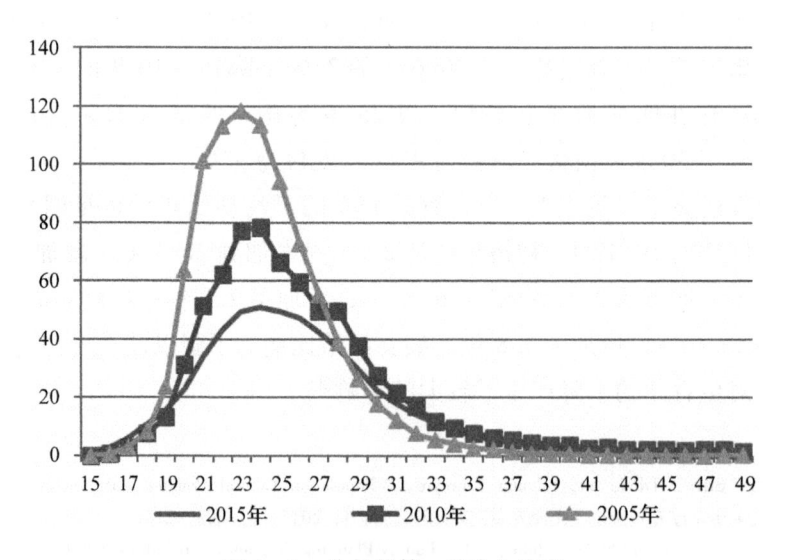

图1-8　分年龄第一孩次生育率

资料来源：国家统计局。

第二节　中国的教育状况

新中国成立以来，中国的教育事业从一个非常低的起点历经几次扩张和收缩，发展成为今天的教育大国和强国。新中国成立初的10多年，国家充分利用现有的资源，特别是已经受过教育的劳动者，积极发展基础教育。"文化大革命"时期，中国教育的发展停滞甚至倒退。学校关闭、高考废除，教师被批斗的事件也屡见不鲜。学校数量和学生人数双双下降。

改革开放也使中国的教育事业进入新阶段。先是高考恢复，高等教育恢复正常。后来通过了《中华人民共和国义务教育法》，施行九年义务教育。新建的各级各类学校，职业教育、技术教育和成人教育也发展迅速（见表1-3）。21世纪以来，随着经济的全球化和中国加入WTO，中国的教育也进入了一个开放的新时代。发展中更注重质量和公平，而不仅仅是数量的扩张，2002年还颁布了《中华人民共和国民办教育促进法》。

表1-3　　　　　2000—2018年中国各级学校的数量　　　　　（单位：所）

年份	普通高等学校	普通中学	普通小学
2000	1041	77268	553622
2001	1225	80432	491273
2002	1396	80067	456903
2003	1552	79490	425846
2004	1731	79058	394183
2005	1792	77977	366213
2006	1867	76703	341639
2007	1908	74790	320061
2008	2263	72907	300854
2009	2305	70774	280184
2010	2358	68881	257410
2011	2409	67751	241249
2012	2442	66725	228585

续表

年份	普通高等学校	普通中学	普通小学
2013	2491	66156	213529
2014	2529	65876	201377
2015	2560	65645	190525
2016	2596	65501	177633
2017	2631	65449	167009
2018	2663	65719	161811

资料来源：国家统计局网站。

以上资料来源于国家统计局，给出了最近20年中国各级各类学校的数量。20世纪90年代，中国高等教育经历了三次大小不一的扩张。即便如此，在21世纪的第一个20年，普通高等学校的数量还是翻了一番多。与此同时，普通中学（包括高中和初中）的数量略有下降，而普通小学的数量急剧收缩。这显然和小学适龄儿童人数不断减少有关，在广大农村，特别是人口流出比较多的地区，撤村并校的情况十分常见。

计划生育政策也从另一个角度为教育发展和中国人口素质的提高助力。在人口基数大但教育资源紧缺的时代，计划生育政策，特别是后来的"一孩政策"，严格地限制了新生婴儿的数量，也慢慢使学龄儿童的数量大幅减少。全国人口普查资料显示，6—14岁小学学龄儿童数量在1982年为2亿2313万人，1990年为1亿7658万人，2000年为1亿9862万人，2010年为1亿3106万人。与1982年相比，2010年减少了9208万人。

一 受教育程度不断提高

教育的发展还表现为受教育程度的提高。我们利用2000年和2010年的人口普查数据，从男性和女性受教育程度构成情况看，仅仅在21世纪的最初10年间，不论男性还是女性，初中及其以上受教育程度的人口占比均明显增加。不过，数据也反映出，在这一时期，女性中受教育程度为"未上过学"及"小学"的人口比重高于男性，而男性中"初中"及其以上的占比高于女性，说明中国在教育方面存在着性别差异。但通过对比2010年和2000年的数据能发现这种差距在不断缩小。进一步的研究显示，这种性别差异在独生子女的家庭中并不明显，在多子女家庭中比较显著，说明计划生育政策对女性受教育水平的改善在独生女家庭中更为显著[①]。

受教育程度上的差异不仅体现在性别之间，也体现在不同民族之间。表1-4是依据2010年人口普查数据整理出来的。以汉族为参照，蒙古族、朝鲜族和满族的情况要略好一些，而其他一些少数民族的受教育程度要低一些。直觉上，受教育程度和地理位置有关。主要聚集在中西部地区的少数民族，因为经济发展水平和自然条件等原因，整体教育水平略低（见表1-4）。大量研究表明，影响少数民族个体教育的最主要因素是经济条件。

表1-4　　　　　汉族及主要少数民族的受教育程度　　　　（单位:%）

	未上过学	小学	初中	高中	高中以上
汉族	4.71	27.80	42.27	15.47	9.74
蒙古族	3.31	28.69	38.08	15.67	14.24
回族	8.57	35.64	33.63	12.81	9.36
藏族	30.56	45.89	13.29	4.79	5.47
维吾尔族	3.51	41.58	41.99	6.58	6.35
苗族	10.25	46.06	32.00	7.28	4.40
彝族	14.30	53.78	22.38	5.76	3.78
壮族	4.75	36.17	42.73	10.70	5.65
布依族	12.23	45.00	31.74	6.47	4.55
朝鲜族	1.29	13.42	43.46	25.87	15.96
满族	2.14	27.32	45.97	13.20	11.37
侗族	6.62	39.09	38.69	9.44	6.17

资料来源：2010年中国人口普查。

---

① Lee, M. H., "The One-Child Policy and Gender Equality in Education in China: Evidence from Household Data", *Journal of Family and Economic Issues*, Vol. 33, No. 1, 2012, pp. 41-52.

二 成人识字率、入学率和毕业率显著提升

即便放眼世界,中国的成人识字率在过去40年也有很大的提高(见表1-5)。改革开放之初,中国的成人识字率低于世界平均水平。到2000年,不仅高于世界平均水平,也与中高等收入国家的水平接近。这一阶段是中国成人识字率提高比较快的时期。在此之后,识字率稳步上升,与发达国家的水平接近。

表1-5　　中国及其若干国家和地区的成人识字率　　(单位:%)

	1982年	1990年	2000年	2010年	2018年
中国	65.51	77.79	90.92	95.12	96.84
巴西	No	No	86.37	90.38	93.23
印度尼西亚	No	81.52	No	No	95.66
马来西亚	No	No	88.69	93.12	94.85
乌拉圭	No	No	No	98.07	98.70
越南	No	No	90.16	No	95.00
世界	68.47	74.37	80.78	84.10	86.30
低收入国家	No	47.94	52.72	56.92	63.18
中等收入国家	63.59	70.79	79.35	83.67	86.15
中高等收入国家	72.24	81.21	90.44	93.91	95.18

注:表中No代表数据缺失。
资料来源:世界银行网。

入学率是考察教育水平的一个重要指标。它指的是,在某年龄段人口中在校学生人数与该年龄段人口的比例。中国小学学龄儿童的入学率在1975年为95%,1990年接近98%,2005年以后超过99%。与此同时,15岁以上人口的文盲率下降明显,从1990年的16%下降到2000年的7%和2010年的4%。表1-6给出了世界银行所统计的部分国家和地区的入学率。在1980年,中国的入学率为1.13%,是这些国家(和地区)中最低的,甚至低于印度的4.96%,同一时期世界的平均水平是12.36%。在经过近40年的发展后,中国在入学率方面就已经超过绝大

多数发展中国家和世界的平均水平，也高于中等收入国家水平，接近中高等收入国家的平均水平。

表1-6　　1980—2017年中国及世界部分国家和地区的入学率　　（单位：%）

	1980年	1990年	2000年	2010年	2017年
中国	1.13	2.97	7.59	24.20	49.07
瑞士	17.92	25.61	37.78	52.94	59.56
哥伦比亚	8.85	14.65	24.49	39.41	56.43
丹麦	28.38	34.10	57.22	73.60	80.62
西班牙	22.04	35.56	57.73	75.91	88.85
芬兰	31.71	44.46	82.33	93.45	88.20
法国	25.16	36.89	50.60	54.88	65.63
英国	18.85	26.48	58.47	58.92	60.00
印度	4.96	5.95	9.51	17.83	27.44
意大利	26.89	29.54	49.81	65.77	61.93
韩国	12.44	36.53	76.66	102.79	94.35
荷兰	29.09	35.64	52.28	63.72	84.98
葡萄牙	11.41	19.97	47.87	65.60	63.94
瑞典	36.37	30.68	67.07	73.67	66.99
世界	12.36	13.62	19.08	29.57	37.86
低收入国家	4.35	5.12	4.25	8.00	8.80
中低等收入国家	6.51	7.60	11.13	17.96	24.39
中等收入国家	7.57	8.52	13.19	23.62	32.55
中高等收入国家	8.92	9.73	17.26	33.37	52.18
高收入国家	32.72	41.60	56.00	73.18	76.79
重债穷国（HIPC）	2.18	2.48	3.31	7.34	8.79
中等收入国家	7.81	8.78	14.03	25.32	35.81

资料来源：世界银行网站。

在入学率高的同时，教育质量以及毕业生人数和毕业率也都有显著的提高（见表1-7）。以普通本科为例，与2000年相比，2018年的招生人数和毕业生人数分别是前者的 4 倍和 7 倍左右，普通专科的扩张速度更快，增长率也更高，我们根据教育部提供的数据，绘制了表 1-7 和表 1-8[①]。

表 1-7　　　　2000—2018 年中国普通本科与专科学校的
　　　　　　　　招生人数和毕业人数　　　　　　　（单位：万人）

时间	毕业生人数		招生人数	
	普通本科	普通专科	普通本科	普通专科
2000	49.56	17.90	116.02	48.70
2001	56.78	19.30	138.18	66.60
2002	65.58	27.70	158.79	89.10
2003	92.96	94.80	182.53	199.60
2004	119.63	119.50	209.92	237.40
2005	146.58	160.20	236.36	268.10
2006	172.67	204.80	253.09	293.00
2007	199.59	248.20	282.10	283.80
2008	225.68	286.30	297.06	310.60
2009	245.54	285.60	326.11	313.40
2010	259.05	316.40	351.26	310.50
2011	279.62	328.50	356.64	324.90
2012	303.85	320.90	374.06	314.80
2013	319.97	318.70	381.43	318.40
2014	341.38	318.00	383.42	338.00
2015	358.59	322.30	389.42	348.40
2016	374.37	329.80	405.40	343.20
2017	384.18	351.60	410.75	350.70
2018	386.84	366.47	422.16	368.83
合计	4382.42	4436.97	5674.69	5128.03

---

① 中华人民共和国教育部发展规划司：《中国教育统计年鉴 2018》，中国统计出版社 2019 年版。

表 1-8 给出的是一些年份的毕业率。从 2000 年开始，我国本科、专科的毕业率开始以几乎相同的速率稳步上升，而到了 2005 年，一个明显的变化是，专科的毕业率开始慢慢高于本科毕业率，并且这一差值逐步扩大，到 2010 年前后达到最大值。最近几年，二者再度接近。

表 1-8　　　　　　　中国普通本科与专科各年份毕业率

年份	本科毕业率	专科毕业率	本专科毕业率
2000	0.43	0.37	0.41
2005	0.62	0.60	0.61
2010	0.74	1.02	0.87
2015	0.92	0.93	0.92
2018	0.92	0.99	0.95

三　家庭教育支出增加

在计划生育政策和收入增长的背景下，一方面生育率持续下降，另一方面教育水平不断提高，这背后的原因之一是教育支出的增加，既包括政府的公共支出，也包括家庭的私人支出。而在家庭的层面上，教育支出增加体现在总量和人均量两方面。图 1-10 描述了改革开放 40 年间中国城乡家庭人均文教娱乐消费支出的基本情况，尽管教育支出只是其中的一个部分，但我们从图中还是可以大致看出一些趋势。

首先，无论是城镇还是农村，家庭的人均文教娱乐消费支出均表现出快速上涨的势头。城市家庭的人均消费支出从 1978 年的 54 元增长到 2019 年的 3328 元，40 年间增长了 60 多倍；同一时期，农村家庭文教娱乐人均消费支出从 1978 的 5 元增长到 2019 年的 1482 元，增长了 290 多倍。根据国家统计局的数据，这一阶段城镇和农村居民家庭的个人可支配收入上涨了约 160 倍，所以，我们得出结论，城镇家庭的文教娱乐消费支出总量增加，但涨幅小于人均可支配收入的增长；农村地区不但文教娱乐人均消费支出的总量增加，涨幅也超过了人均可支配收入的增加。

其次，家庭文教娱乐支出存在明显的城乡间差距，无论是从图 1-9 观察绝对量的变化，还是图 1-10 呈现出的相对量的变化，均能反映出

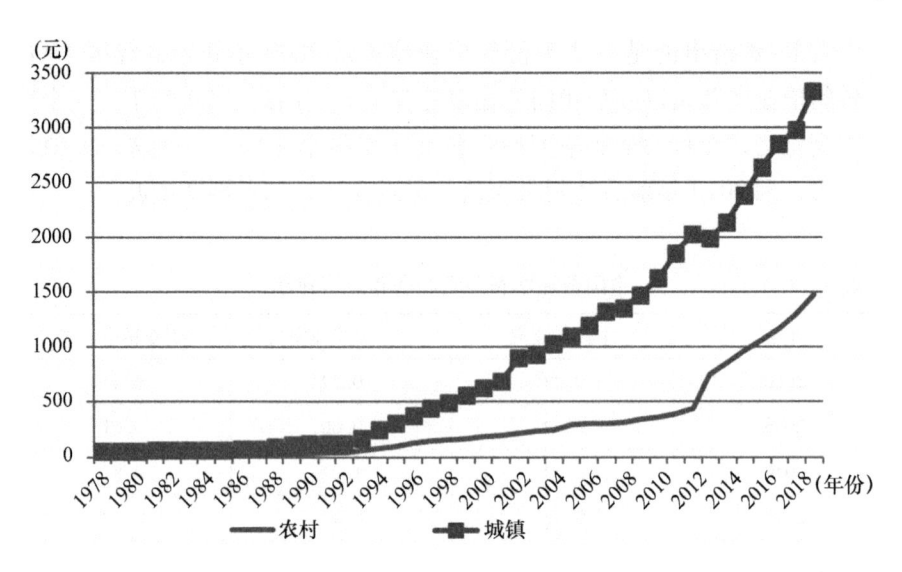

图1-9　1978—2018年中国家庭人均文教娱乐消费支出

资料来源：国家统计局网站。

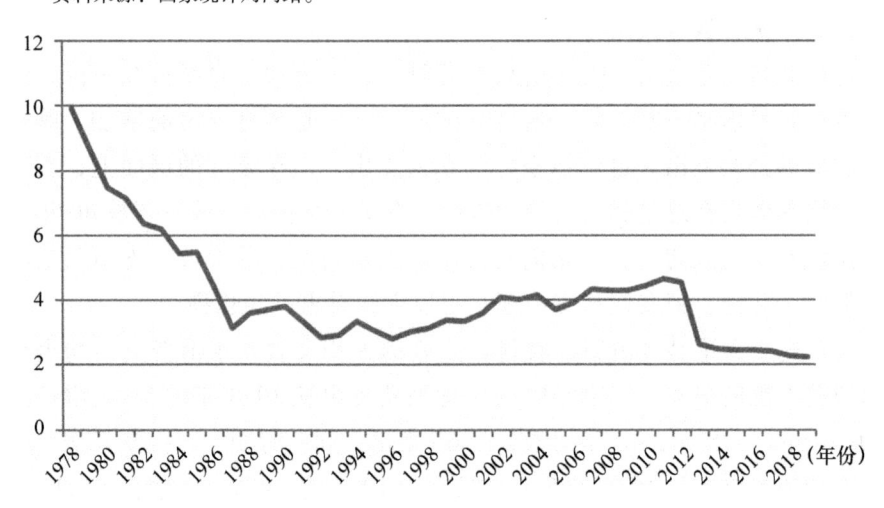

图1-10　1978—2018年城镇与农村居民家庭人均文教娱乐消费支出比

资料来源：国家统计局网站。

这一点。这种差距从绝对量上看越来越大，从相对量上看也在动态变化，开始是急剧缩小（1978—1987年），然后有所扩大（1988—2011年），接着再度缩小并逐渐趋于稳定（2012—2019年）。截至2019年，城乡家庭人均可支配收入之比约为2.8，略高于家庭文教娱乐支出之比（2.2），如果简单地用家庭人均文教娱乐支出来衡量家庭的教育支出或者教育负担的话，农村家庭的教育支出要相对更高一些。

第三节　其他人口指标

一　死亡率下降，预期寿命提高

新中国成立以来中国完成了人口转型，从高出生率和高死亡率，迅速过渡到高出生率和低死亡率，并进入低出生率和低死亡率的阶段（"大跃进"期间除外）。这种转变表明中国人口的营养和健康水平显著提高。不过，2008 年以后，随着老龄化社会的到来，人口死亡率又重回 7‰ 以上（见图 1-10）。除了整体的死亡率以外，新生婴儿死亡率表示的是一年内每 1000 个安全出生的婴儿中寿命不足 28 天的新生儿数量，该指标也能在一定程度上反映整个国家的营养和健康水平以及经济社会的发展程度，图 1-11 显示，中国城乡新生婴儿死亡率均有明显的下降趋势，且逐渐趋同。截至 2018 年，两个群体的指标均落入 5‰ 的水平内（见图 1-12）。死亡率指标的下降，也能从侧面说明家庭人力资本投资（教育和医疗等方面）的增加。从图 1-13 中我们看到，一方面中国家庭的人均卫生费用在增加，另一方面城乡之间的差距依旧存在。

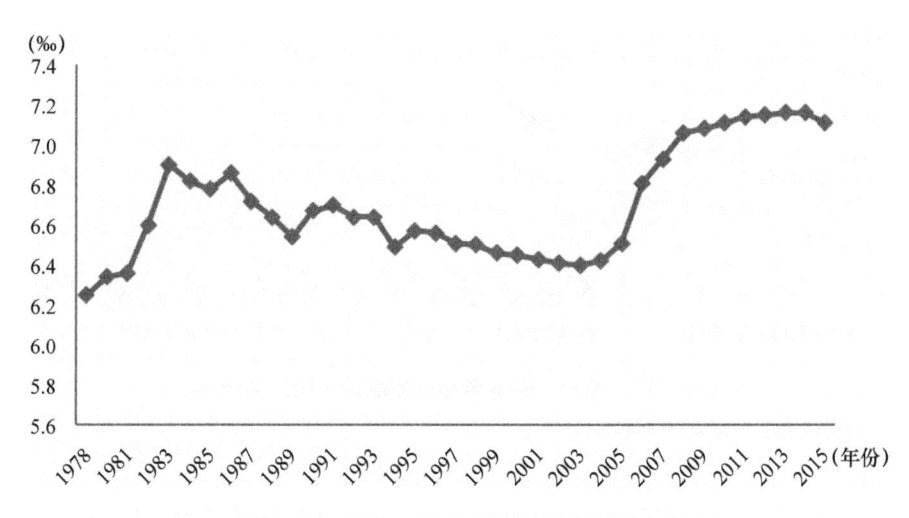

图 1-11　1978—2015 年中国人口的死亡率

资料来源：国家统计局网站。

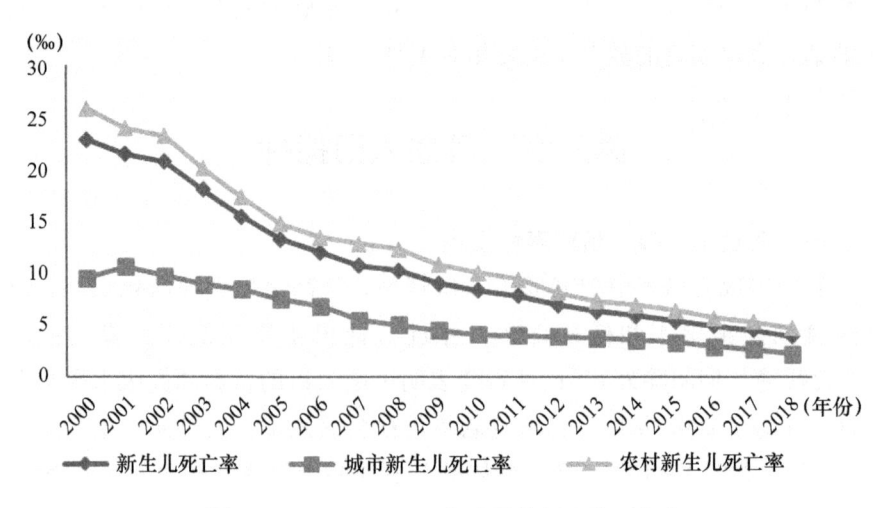

图 1-12　2000—2018 年中国的新生儿死亡率

资料来源：国家统计局网站。

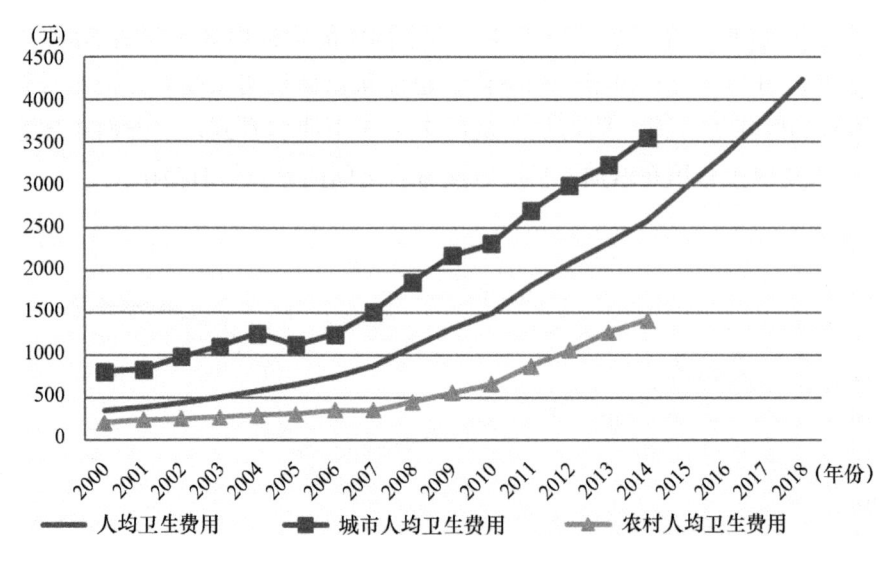

图 1-13　2000—2018 年中国家庭的人均卫生费用

资料来源：国家统计局网站。

中国在近代相当长的一段时间里，平均预期寿命只有 35 岁左右。新中国成立后，预期寿命也不断提高，仅过了 10 多年，预期寿命就提高了

20多岁。根据中国第三、第四、第五、第六次人口普查资料计算,中国人口平均预期寿命分别是68岁、69岁、71岁、75岁。表1-9给出了近40年的数据,预期寿命仍然在不断提高,已经达到发达国家水平,且女性预期寿命长于男性。

表1-9　　　　　　　　　中国人的平均预期寿命　　　　　　　　（单位:岁）

年份	合计	男	女
1981	67.77	66.28	69.27
1990	68.55	66.84	70.47
1996	70.80		
2000	71.40	69.63	73.33
2005	72.95	70.83	75.25
2010	74.83	72.38	77.37
2015	76.34	73.64	79.43

资料来源:《中国统计年鉴2019》。

二　初婚年龄上升,离婚率提高

初婚年龄和离婚率会影响生育率。根据国家统计局的数据和人口普查资料,在2000年,中国男性初婚峰值主要集中在22—24岁。到了2010年,26—29岁年龄段的初婚比率显著增加,女性初婚峰值出现的年龄在20—23岁之间,比男性峰值出现的年龄小,女性比男性普遍结婚较早。与2000年相比,2010年男性和女性在18岁之前结婚比例减少,女性在25岁之后结婚的比例大幅增加。

基于人口普查的数据,也能发现晚婚的趋势,图1-14是基于2010年的人口普查数据绘制的。改革开放之初,初婚年龄呈下降趋势,到了1990年以后,不论城市还是乡村地区,男女平均初婚年龄均显著上升。特别是在城市里,推迟结婚的现象比在乡村地区更为明显,速度更快。无论男女,都高于农村水平。进入2010年,城市开始出现下降趋势,而农村则进一步上升。

城市男性和受教育年限高的男性结婚较迟,但随着年龄的增加,未婚率较低;反之,受教育水平低的男性和农村男性结婚较早,但是随着年龄增加,未婚率也较高。不过,这一特征在女性群体中并不存在,女性的未婚率在40岁之后几乎为零。背后的原因,可能与由家庭"性别偏好"所导致的生育上的性别选择有关,后面我们会做进一步说明。

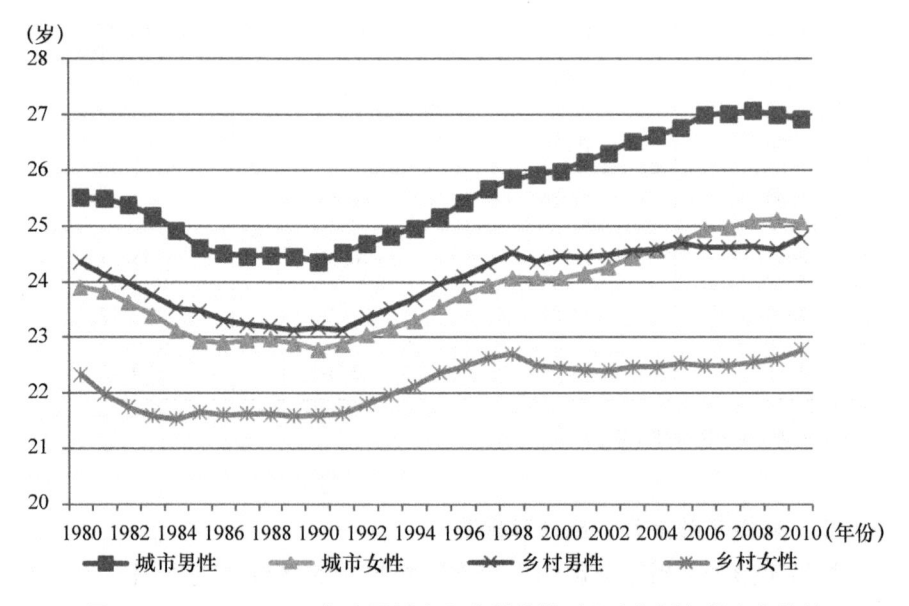

图1-14 1980—2010年中国城市和农村分性别平均初婚年龄变化趋势

与晚婚相关的是离婚登记人数和粗离婚率(crude divorce rate,是年度离婚数与总人口之比,通常以千分率表示)的上升。从2000年以后的数据看,这两个指标都在上升,同特定的经济和文化环境有关(见图1-15)。

同样是使用2010年的人口普查数据,我们绘制了图1-16。从学历来看,学历越低的男性,离婚高峰的年龄越小。未上过学的男性和小学教育程度的男性离婚高峰年龄大约在30岁,高中教育程度的男性的离婚高峰在40—50岁;女性的离婚年龄大致集中在35—45岁。

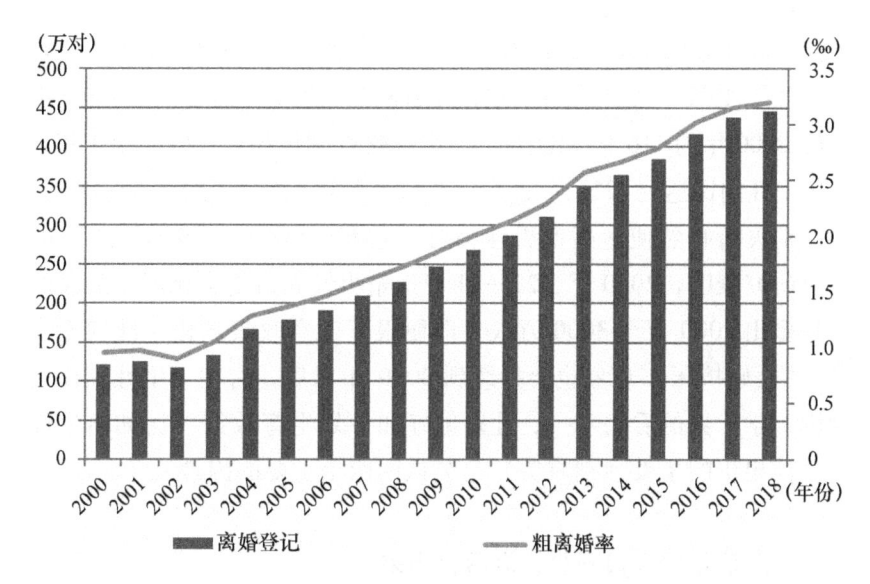

图 1-15　2000—2018 年中国的离婚登记和粗离婚率

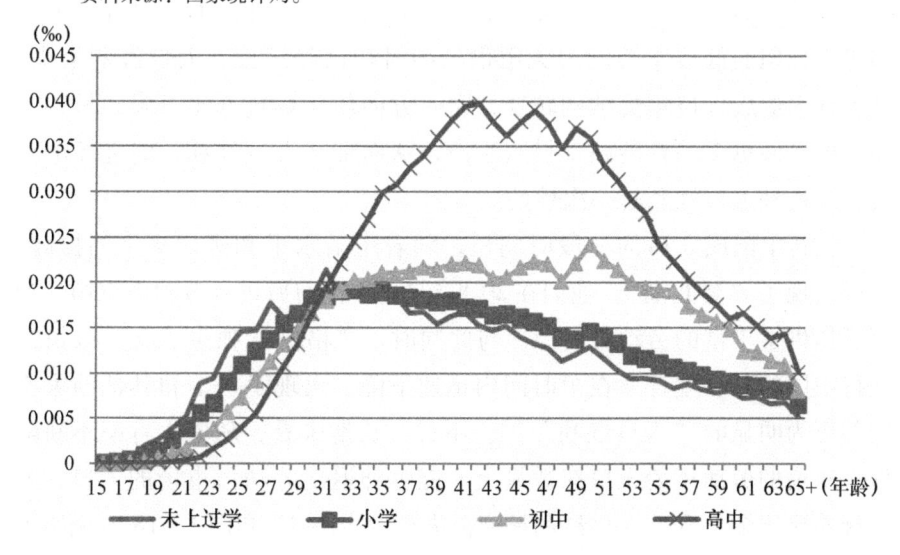

资料来源：国家统计局。

图 1-16　分学历的男性的离婚率

三　出生男女性别比失衡

在讨论计划生育政策的影响时，除了教育之外，人们最常谈到的一个话题是人口的性别比。一般情况下，社会的自然性别比介于 102—107。国家统计局调查数据显示，1979年出生男女性别比为105.8，尚处于正常范围内。到了1982年，出生性别比为108.5，此后一路攀升，1990年为111.7，2000年为116.9，其中有11个省份性别比超过120。2004年，全国的出生性别比达到121.2。近几年性别比逐渐下降，回到合理区间①。

性别失衡必然使适婚期男性相对"过剩"，出现"婚姻挤压"的现象，有研究表明，2020年，22—34岁适婚男性人口将会比同年龄段的女性人口多出2000万至3000万人，即便眼下生育政策放松，性别比恢复正常，"婚姻挤压"现象也会持续到2030年以后。有关出生性别比失调的原因，学术界的看法不一，性别偏好和计划生育政策（比如出生性别比与之前出生的子女性别有关）是公认的两个主要的因素②。

四 劳动年龄人口减少，老龄化到来

中国的经济增长，原因之一是存在规模庞大的劳动人口。但随着中国人口转型的基本完成，生育率下降，劳动适龄人口比重也出现了下降趋势，长期的低成本劳动力无限供给的时代已经结束，人口红利消失。低生育率造成人口年龄结构转变，它一方面使儿童抚养比下降，另一方面又可以使更多的育龄妇女投入生产，从而带来人口红利，促进经济发展，但这种人口红利是一次性的。

在新中国成立后的一段时间里，随着生活水平和医疗水平的提高，中国出现了"婴儿潮"，他们在20世纪80年代前后进入劳动力市场，为市场提供了丰富的劳动力资源。与此同时，严格的"独生子女"政策又使得中国的总和生育率在短时间内迅速下降，出现了一个和其他国家不同的更为明显的"人口红利"期。不过，长期来看，随着生育率不断降低，新增的劳动年龄人口在数量上不能弥补退出劳动力市场的人口，人口抚养比逐渐上升，人口红利最终消失③，图1-17和图1-18也说明了

---

① 侯佳伟、顾宝昌、张银锋：《子女偏好与出生性别比的动态关系：1979—2017》，《中国社会科学》2018年第10期。

② 马瀛通：《人口统计分析学》，红旗出版社1989年版；穆光宗：《近年来中国出生性别比升高偏高现象的理论解释》，《人口与经济》1995年第1期。

③ 陆旸、蔡昉：《从人口红利到改革红利：基于中国潜在增长率的模拟》，《世界经济》2016年第1期。

这一点。图中反映劳动年龄人口比重变化趋势的曲线呈倒"U"形，在2010年达到最高点，之后一直下降，说明人口红利逐渐衰减，并可能在接下来的10年间消失。

从家庭抚养比来看，改革开放后，老年抚养比缓慢上升，但计划生育政策造成了少儿抚养比迅速下降，进而家庭总的抚养比也下降，人口红利逐步释放。到了2010年之后，少儿抚养比开始逐步稳定并略有上升，而老年抚养比则加速上升，这在一定程度上造成人口红利逐渐衰减。

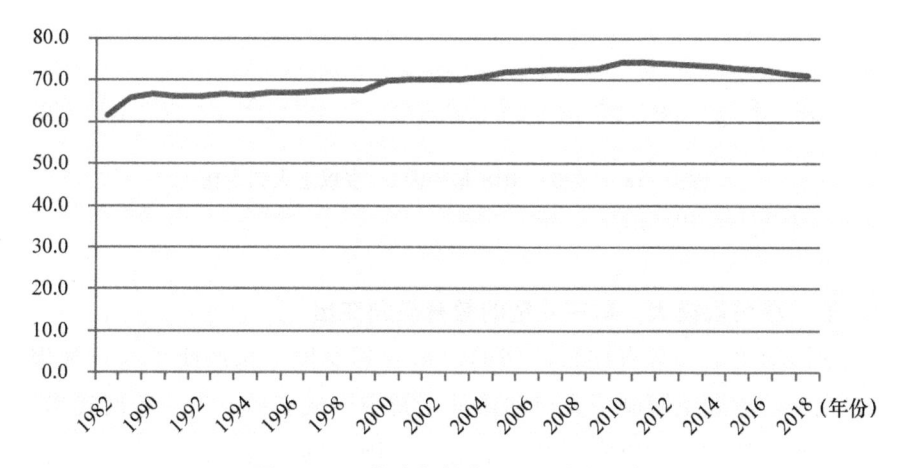

图1-17 劳动年龄人口比重变化趋势

资料来源：《中国统计年鉴2019》。

国际上一般将60岁以上人口占人口总数的10%或65岁以上人口占比7%作为一个国家或地区进入老龄化社会的基准线。20世纪80年代以来的严格的计划生育政策使得中国社会老年人口占比不断攀升。基于上述标准，中国在1999年正式步入老龄化社会。第六次全国人口普查数据表明，60岁及以上人口为17765万人，占13.26%，其中65岁及以上人口为11894万人，约占7%。到了2014年，我国大陆60岁及以上人口占总人口的15.5%，达21242万人，65岁及以上人口占总人口的10.1%，达13755万人。2018年底，我国65岁以上的老年人超过1.6亿人，占全部人口的11.9%。

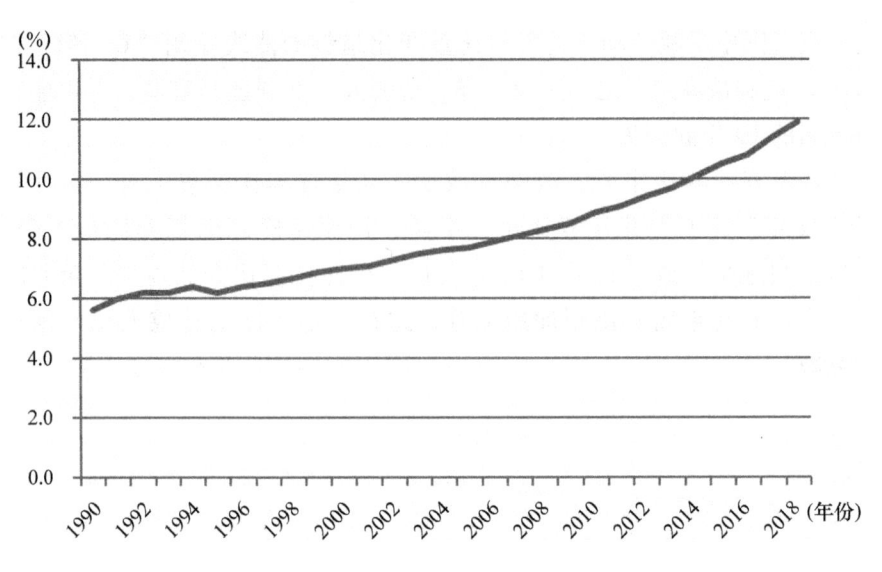

图 1-18　1990—2018 年中国 65 岁以上人口占比

资料来源：《中国统计年鉴 2019》。

五　移民规模大，留守儿童的教育问题突出

中国历史上一直有比较严格的户籍管理制度，虽然便于人口管理，但也在一定程度上限制了人口的流动。新中国成立后，中央政府提出了工业优先发展的目标以实现经济上对西方国家的赶超。由于该目标违背由要素禀赋决定的比较优势，只能逐步用计划来取代市场。户籍方面的措施之一，是禁止农民从农村迁移到城市，劳动力流动基本中断[①]。

随着中国经济的改革开放，户籍限制有所放松，一个越来越自由流动的劳动力市场逐渐产生。城市经济的发展，特别是东部沿海地区的经济快速发展对劳动力产生了巨大的需求，大量农民开始迁入城市地区。2010 年全国人口普查的数据显示，在 40 年前，中国 80% 的人口居住在农村地区。到了 2010 年，离开原来注册地居住 6 个月以上的人口达 2.61 亿人，如表 1-10 所示。调查数据还表明，省内移民（1.75 亿）是省外移民（8600 万）的 2 倍多。在劳动年龄人口中，年龄较小群体移民较多，而 5—9 岁和 10—14 岁年龄段的大部分农村儿童没有迁移。移

---

① 林毅夫、蔡昉、李周：《中国的奇迹：发展战略与经济改革》，上海三联书店 1994 年版。

民人数在15—19岁年龄段迅速增长,在20—24岁这一年龄段达到峰值。40岁之后的移民人数逐渐减少。

人口普查记录了迁移的八个主要原因(务工经商、工作调动、学习培训、随迁家属、投靠亲友、拆迁搬家、寄挂户口、婚姻嫁娶)。表1-11列出了男性和女性在高峰年龄迁移的四个主要原因及其相对重要性。务工经商是男女移民最重要的原因,其次是随迁家属、学习培训,然后是婚姻嫁娶。

表1-10　　　　　2010年中国各年龄段的人口迁移情况　　　（单位:百万人）

	城市			镇			乡村		
	合计	男	女	合计	男	女	合计	男	女
总计	164.03	85.97	78.06	53.46	28.21	25.23	33.61	17.79	15.85
0—4岁	5.60	3.04	2.55	2.10	1.15	0.94	1.20	0.65	0.55
5—9岁	5.81	3.19	2.61	2.55	1.41	1.14	1.23	0.67	0.57
10—14岁	5.72	3.12	2.60	2.65	1.44	1.21	1.15	0.62	0.53
15—19岁	16.74	8.40	8.34	8.64	4.35	4.29	2.93	1.47	1.46
20—24岁	28.76	14.46	14.30	7.03	3.55	3.48	5.63	2.50	3.13
25—29岁	21.30	10.91	10.40	5.40	2.72	2.68	4.24	1.96	2.28
30—34岁	18.13	9.58	8.56	5.35	2.81	2.54	3.71	1.92	1.79
35—39岁	18.17	9.83	8.34	6.06	3.29	2.77	4.03	2.24	1.80
40—44岁	15.63	8.50	7.13	5.27	2.90	2.37	3.64	2.09	1.55
45—49岁	11.24	6.15	5.09	3.48	1.95	1.52	2.43	1.48	0.96
50—54岁	6.93	3.72	3.21	1.95	1.09	0.86	1.36	0.86	0.50
55—59岁	6.11	3.11	3.00	1.76	0.92	0.84	1.20	0.76	0.44
60—64岁	3.89	1.96	1.93	1.22	0.63	0.59	0.86	0.57	0.29

资料来源:2010年全国人口普查数据。

移民的一个重要影响是留守儿童的问题。2010年,全国0—17岁的留守儿童有6972.75万人,其中农村留守儿童规模达6102.55万人。农村留守儿童的年龄结构与之前的5年相比,学龄前儿童规模快速扩大、义务教育阶段儿童规模逐渐缩小、大龄儿童规模明显减少。

表1-11　　　　　　　　　　移民原因　　　　　　　　　　（单位：%）

	总男性	总女性	20—24岁男性	20—24岁女性	25—29岁男性	25—29岁女性
务工经商	0.51	0.39	0.56	0.48	0.72	0.54
学习培训	0.11	0.39	0.56	0.25	0.02	0.02
随迁家属	0.12	0.17	0.05	0.07	0.05	0.10
婚姻嫁娶	0.02	0.08	0.00	0.10	0.02	0.17

资料来源：2010年人口普查数据。

地域上，农村留守儿童主要集中在劳务输出的几个大省，如四川、河南、安徽等，在这些省份的农村地区，留守儿童占农村儿童的比例超过50%，也就是说，农村儿童中，至少有一半是留守儿童。留守儿童的教育状况较差，即便比较容易获得的义务教育阶段，仍有一部分留守儿童不能够按规定完成。

父母外出对儿童教育的影响是两方面的。积极的一面是，家庭收入提高，教育投资增加；消极的一面是，照料缺失，陪伴时间不足，这对儿童的教育极为不利。我们后文会详细分析外出务工对子女教育的影响。只有父母中一方外出的农村留守儿童中，父亲外出流动的比例高于母亲外出的比例。在农村的全部留守儿童中，有47%的儿童父母均外出，他们只能依靠祖父母或亲友照料。隔代照料的祖父母教育水平一般都比较低，他们担负照顾孙子孙女任务的同时，很多人还需要自食其力，负担自己的甚至孙子孙女的花销，生活负担重，很有可能会透支健康[①]。

第四节　结论

在这一部分，我们使用数据和一些学者的研究，对新中国成立以来（特别是现阶段）中国的人口、生育以及教育情况做了详细的介绍。为了增强结论的稳健性，我们还进行了跨国比较，只有将中国的现实问题放在横纵交错的历史视角中，才能做出更准确和客观的评价。

---

① 段成荣等：《我国农村留守儿童生存和发展基本状况——基于第六次人口普查数据的分析》，《人口学刊》2013年第3期。

中国人口的总体特征是总量大、自然增长率低。在生育率方面，参照发达国家的经验，经济增长过程中常常伴随着生育率的下降，再加上中国几十年相对严格的计划生育政策，总和生育率早已经处于更替水平之下，不仅低于发展中国家，也低于大部分发达国家，成为世界上生育率最低的国家之一。生育政策的影响还包括：女性的婚姻和生育推迟，生育间隔变长，出生性别比失衡，人口老龄化严重，人口大规模流动与留守儿童问题，等等。

教育是本书关注的焦点。新中国成立以来，特别是改革开放以来，中国的教育总体发展迅速。成人识字率提高，义务教育基本普及，高等教育不断扩张，在21世纪初，就已经从精英教育阶段过渡到大众教育阶段。这一系列成就在发展中国家是非常令人瞩目的。

有投入才有产出。教育发展的同时，中国政府的教育公共支出从相对量上来看，长期处于世界较低的水平。但另外，家庭的私人教育支出明显增加，教育负担较重。于是，这就引出了本书所要关注的核心问题，即：造成中国家庭有如此强烈的动机投资于子女的教育，原因是什么？在子女的其他人力资本投资方面（如健康、培训和迁移等）是否也存在类似的情况呢？考虑到中国长期执行相对比较严格的计划生育政策，这二者之间又有什么关系呢？

要在理论上回答上述问题并用中国的经验来证实我们的答案，首先需要我们对中国的生育政策及其演变有所了解，这就是下一部分的主要内容。

第二章　中国生育政策的演变及跨国比较

新中国成立后，随着经济逐渐恢复，医疗卫生水平不断提高，人口也迅速增加。为了控制人口的过快增长，使其与经济、社会的发展相适应，中国政府很早就开始对人口和生育进行调节，出台了一系列政策，并在20世纪80年代初将计划生育政策确定为一项基本国策。40多年来，人口过快增长的势头得到控制，对资源和环境压力也有所缓解，总和生育率明显下降。进入21世纪后，计划生育政策所面临的内外部条件均发生了明显变化，"人口红利"逐渐消失，劳动年龄人口和育龄妇女减少，社会老龄化趋势明显，中国政府分别在2014年和2016年先后实施"单独二孩"和"全面二孩"的政策。"全面二孩"政策实施后，生育率出现了短暂的提高，接下来又连创新低，2020年为1.3‰，低于日本，出生率创有记录以来最低水平。有证据表明，2021年生育率将进一步降低到1.1‰左右，出生人口可能降至1000万左右①。中国已经在2021年实施一对夫妻可以生育三个子女的政策。根据以往的生育意愿的调查，想生育三个孩子的家庭数量并不多，所以"三孩政策"几乎类似于全面放开生育，参考全面二胎政策的效果，部分学者对三孩政策提高生育率的效果并不乐观，人口红利消失和老龄化社会的到来必将对中国未来的经济增长产生巨大的影响。如果要客观准确地对计划生育政策的效果进行评价并科学、合理地制定出符合中国现实的生育政策，我们有必要先对新中国成立以来的生育政策进行回顾和梳理，并将其与其他国家的生育政策进行对照和比较，这样才能"知有所不足"。正如2021年7月21日公布的

---

① 梁建章等：《中国人口预测报告2021版》，载微信公众号"育娲人口研究"。

《中共中央 国务院关于优化生育政策促进人口长期均衡发展的决定》所指出的，"人口发展是关系中华民族发展的大事情。党的十八大以来，党中央高度重视人口问题，根据我国人口发展变化形势，做出逐步调整完善生育政策、促进人口长期均衡发展的重大决策，各项工作取得显著成效。当前，进一步适应人口形势新变化和推动高质量发展新要求，实施三孩生育政策及配套支持措施，有利于改善人口结构，落实积极应对人口老龄化国家战略；有利于保持人力资源禀赋优势，应对世界百年未有之大变局；有利于平缓总和生育率下降趋势，推动实现适度生育水平；有利于巩固全面建成小康社会成果，促进人与自然和谐共生"。

第一节　中国计划生育政策的发展和演变

新中国成立以来，中国政府根据经济社会发展的实际需要，制定了有中国特色的生育政策。并且基于人口和社会发展的现实，对计划生育政策不断进行调整。下面我们就对新中国的生育政策进行简单回顾，厘清制定生育政策背后的经济逻辑，也有助于我们对未来的人口政策进行预测。

一　从鼓励生育到节制生育阶段（1949—1969年）

新中国成立初期，领导人相信"人多力量大"，推行的是鼓励生育的政策。在这一时期，人口数量增加，生育率不断提高。接下来朝鲜战争爆发，对外实行一边倒的外交策略，对苏联的一些执政经验也采取了简单照搬的方式，比如"人口增长即为社会主义制度优越性"。在传统观念与政策双重作用下，多生多育观念流行一时，中国的生育水平达到了一个育龄妇女平均要生育5—6个孩子的高峰[1]。出于促进经济发展的目的，政府在这一阶段出台了一系列鼓励生育的政策：

首先，对流产与绝育手术加以限制。在1950年颁布的《机关部队干部妇女打胎限制的办法》中，明确提出"禁止非法打胎"，指出只有在

---

[1] Junsen, Zhang, "The Evolution of China's One-Child Policy and Its Effects on Family Outcomes", *Journal of Economic Perspectives*, Vol. 31, No. 1, 2017, pp. 141-160.

六种特殊情况下才能遵照丈夫的同意，签字后方可堕胎。1951年，中央人民政府又批准了《限制节育及人工流产暂行办法》，明确了实施绝育手术的条件。比如，妇女因心脏病等疾病几近危及生命，由于难产等原因导致剖腹生产两次以上，逾35岁之妇女并有后代六个以上，等等。其次，出台政策对多孩家庭加以扶助，主要体现在资源的分配上按人数计算。比如，在农村，土地的分配和家庭的人口数量挂钩，人多分得的土地就多，获得的其他生活救济也多；在城市，家庭的生活资料和住房等资源的分配也和人口数量联系在一起，通过灵活的就业模式对多子女家庭进行帮扶，对失业者进行补贴，并提供培训以提升工作能力。

社会稳定，经济逐渐恢复，生育率持续上升，加上死亡率随医疗卫生水平的提高而下降，结果是，人口数量在短时间内不断增加。人口的无序增长与计划经济的思维冲突，也对各种经济资源形成了压力。领导人进而产生了要对人口进行计划和节制的想法。根据1954年的人口普查资料，此时中国大陆人口约为5.8亿，自然增长率为19‰，人口过快增长带来了教育和住房等资源紧张的问题。接着，国务院通过了《避孕及人工流产办法》，放宽了人工流产的条件，计划生育政策开始实行。卫生部于1954年批准了《关于改进避孕及人工流产问题的通报》《关于修改避孕及人工流产暂行办法》，这些规定对避孕方法不加限制，在满足一些简单的条件，夫妇双方同意及单位批准后，即可进行人工流产。1956年周恩来总理在《关于发展国民经济第二个五年计划的建议的报告》中指出，在第二个五年计划期间要适当地提倡节制生育。1957年马寅初发表了著名的《新人口论》，强调国家若不对人口资源加以约束，就会对国民生活产生负面影响①。

根据田雪原的研究②（见表2-1和表2-2），在"大跃进"及"三年自然灾害"期间，经济下滑严重，生育率下降，死亡率激增，人口大幅减少，生育政策再度调转方向，从节制生育转向鼓励生育。

"大跃进"使中国经历了长达4年的生育低潮，生育率从29‰一路降

---

① 庄国波：《中国计划生育政策演变及影响研究》，博士学位论文，南京航空航天大学，2017年。
② 田雪原：《新中国人口政策60年》，社会科学文献出版社2010年版。

到了 1961 年的 18‰。1960 年的生育率为 21‰，死亡率为 26‰，该年甚至出现了 5‰ 左右的人口负增长，这在新中国成立后的历史上是极为罕见的。

表 2-1　　　　　　　中国 1958—1961 年的生育低潮　　　　　　（单位：‰）

年份	1958	1959	1960	1961
出生率	29.22	24.78	20.86	18.02
死亡率	11.98	14.59	25.43	14.21
总和生育率	5.68	4.30	3.29	6.02

表 2-2　　　　1962—1964 年中国部分省市提出的计划生育要求

地区	年份	生育子女数量要求
天津市	1962	生育两个合理，有条件可生育三个
上海市	1963	市区提倡"少、稀、晚"
辽宁省	1963	限制生育第三孩
安徽省	1964	机关和事业单位提倡晚婚
广东省	1964	提倡"晚、稀、少"

不过，在接下来的 1962 年，生育率就出现了大幅度的反弹，中央政府也在 1962 年 12 月下发《中共中央、国务院关于提倡计划生育的指示》，"计划生育"一词首次出现，并被定位为一项"既定的政策"，必须"认真地长期地实行"。1963 年中共中央和国务院批转的《第二次城市工作会议纪要》，进一步明确了对生育进行控制的目标。1964 年国家成立了国务院计划生育委员会，各地也纷纷积极响应，这标志着我国开始通过建立计划生育机构来推广节制生育的工作。

在"文化大革命"这 10 年的浩劫中，包括计划生育工作在内的很多社会经济活动都被搁置，这一时期的人口和生育政策也基本和早期一致，没有实质性的变化。

二　"晚、稀、少"阶段（1970—1978 年）

"文革"期间，政府的计划生育政策无法正常落实，生育率大幅上升，这也促使制定控制生育的政策尽快提上日程。在 1971 年国务院的文件中，就提出了在第四个五年计划期间降低人口的自然增长率，将城市人口增长率降至 10‰ 以及农村人口增长率降至 15‰ 以内。1973 年 6 月全国计划工作会议第一次把人口指标纳入国民经济发展计划。此后，历次国家计划均包括人口指标。1973 年 7 月，华国锋兼任全国计划生育工作领导小组组长，各基层单位也纷纷建立自己的计划生育工作机构。经济学家利用各省市成立"计划生育领导小组"年份上的差异（从 1969 年到 1975 年），证明了在 20 世纪 70 年代初期，一个省在成立计划生育领导小组之后，该省的生育率会出现一个快速的下降①。国务院计划生育领导小组办公室于 1973 年 12 月召开了全国第一次计划生育工作汇报会，在这次会议上，正式提出了"晚、稀、少"的生育政策（即晚婚晚育，两胎间需要有时间间隔，要少生等）。到了 1975 年，各级党委都将计划生育工作列入议事日程，并指定一位负责同志分工负责抓好这项工作。全国计划生育工作在短时间内已经初见成效，这一年总人口增长率为 17‰。从 1974 年到 1985 年，12 年间人口共增加 15321 万，年平均增长率为 13.3‰，较前一阶段大大降低②。

1978 年，在五届全国人大一次会议上通过的《中华人民共和国宪法》（即七八宪法）中明确规定："国家提倡和推行计划生育。"时任国务院副总理陈慕华还提出了"书记挂帅、全员动手"等 36 字的工作方针。同年 10 月，中央批转《关于国务院计划生育领导小组第一次会议的报告》，这是首次在中央文件中对生育子女数量做出具体的指标要求，报告指出，"提倡一对夫妇生育子女数量最好一个、最多两个，生育间隔三年以上"。

三 独生子女政策实施阶段（1978—2013 年）

1976 年"文革"结束时，中国人口为 9.4 亿，到了 1978 年，已接近 10 亿。人口规模庞大且生率育高，各种资源紧张，引起了决策者和社

---

① Chen, Yi and Yingfei Huang, "The Power of the Government：China's Family Planning Leading. Group and the Fertility Decline since 1970", *GLO Discussion Paper*, 2018；Chen, Yi and Hanming Fang, "The Long-Term Consequences of Family Planning in Old Age：Evidence from China's Later, Longer, Fewer' Campaign", *NBER Working Paper*, 2018.

② 许涤新：《当代中国的人口》，中国社会科学出版社 1988 年版。

会的普遍担忧,对人口加以计划和控制的呼声日益高涨。1980年,在第五次人口座谈会上,基于对人口发展趋势的判断,一些专家提出了"一家一孩"的政策建议,并提出,2000年全国人口总数不超过12亿的目标。对独生子女家庭父母执行养老保险政策以克服未来老龄化所造成的社会问题,同时提出的其他建议还包括:"奖一罚三";少数民族的计划生育政策;提倡优生;加强节育技术指导;等等。

1980年9月25日,中央颁布《中共中央关于控制我国人口增长问题致全体共产党员、共青团员的公开信》,重申了实行计划生育政策和进行人口控制的必要性,并对面临的问题和解决办法进行了说明。1982年2月9日,中共中央、国务院发布《关于进一步做好计划生育工作的指示》,文件提出要继续提倡晚婚、晚育、少生、优生。无论城乡,一对夫妇只生育一个孩子,若确有困难要求生二胎,经过审批可以有计划地安排,不允许生三孩,计划生育政策对少数民族群体可以适当放宽。在1982年9月"十二大"上,确定了"实行计划生育,是我国的一项基本国策"。同年第五届全国人民代表大会第五次会议通过的《中华人民共和国宪法》也做出了相应的规定:"国家推行计划生育""夫妻双方都有实行计划生育的义务"。

到了20世纪80年代中期,由于一孩政策与大多数居民特别是农村独生子女家庭的生育意愿相悖,加上政策在实施过程中存在各种各样的困难和阻碍,中央决定适度放宽生育政策,提出"开小口"和"堵大口"。具体做法是:(1)农村地区可以把口子开得稍大一点,符合条件并经过批准的夫妇可以生二胎;(2)严禁超计划的二胎或多胎;(3)针对少数民族要制定适当的政策。人口在1000万以下的地区允许生育二胎,个别可以生育三孩,不准生四胎。继续"提倡一对夫妇只生一个孩子"。

在计划生育政策"开小口",允许符合条件的农村家庭生二胎后,从1984年开始,中国的生育率出现了明显的反弹,为防止人口出现高位增长,1986—1990年,中央在全国范围内再度收紧生育政策,地方官员个人需要对政策执行情况负责,并对计划生育政策执行不到位的官员实行一票否决制,这一期间的超生罚款或者社会抚养费也明显提高了[①],

---

① Ebenstein, A., "The 'Missing Girls' of China and the Unintended Consequences of the One Child Policy", *Journal of Human Resources*, Vol. 45, No. 1, 2010, pp. 87–115.

直到1990年以后,生育政策才逐渐稳定下来。

从20世纪70年代开始,中国加大了对人口的调控力度,从最初的"晚、稀、少"政策,逐渐过渡到严格的"一孩政策",稍后又在农村地区略有放松,实施有条件的"二孩政策"。政策力度之大、时间之长,历史罕见。如前述张俊森的研究所言,从计划生育政策的效果来看,对人口的改变不仅体现在数量上,还体现在结构上,生育政策使人口结构从年轻型(增长型)向成年型(稳定型)转变。1992年,中国的总和生育率低于2.1‰,已经位于更替水平之下。

四　开放二胎阶段(2014年至今)

进入21世纪后,虽然生育政策没有明显的变动,但人口调控的目标已经基本实现,人口增长的势头大大减缓,生育率长期处于更替水平之下,支撑中国经济增长的"人口红利"逐渐消失,其他一些人口问题逐渐涌现,甚至出乎当初的预料。比如,"未富先老"的人口老龄化到来,生育性别选择造成的出生性别比失调,劳动年龄人口变化带来的就业问题,城市化、劳动力流动以及留守儿童问题,等等。中国改革开放以来的经济和社会的发展,以及人口总量和生育率的变化,使得原有的生育政策不再适宜,改革势在必行。

经过充分酝酿,在2013年11月12日,党的十八届三中全会上通过了《中共中央关于全面深化改革若干重大问题的决定》(以下简称《决定》),在《决定》提出的"推进社会事业改革创新"中,其中一条便是"坚持计划生育的基本国策,启动实施一方是独生子女的夫妇可生育两个孩子的政策,逐步调整完善生育政策,促进人口长期均衡发展",这就是"单独二孩"政策,2014年1月1日起在全国范围内开始全面实施。

"单独二孩"的政策一经公布,就在社会各界引起了强烈的反响,政策的具体实施过程、结果都引起了全社会的高度关注。根据中国人口与发展中心在全国做的一个生育意愿调查显示,全国当时符合条件可以生育二胎的一孩家庭有1100万户,预计5年内应该每年有200万左右的单独二孩出生。不过,在政策实施后,申请单独二孩的家庭数量远低于调查预期。在2014年只有107万对夫妇提出了生育二孩的申请，实际生育的仅有 47 万对，单独二孩出生数小于 50 万人，仅为预期的四分之一。

对于"单独二孩"政策遇冷目前主要有两种看法。一种观点认为，生育政策的效果会有时滞。而且，受传统观念的影响，2015 年是"羊年"，生育人数本来就少；还有一种观点认为，低生育率反映了目前的生育现实，这在发达国家屡见不鲜。年轻人迫于生活压力和育儿成本等因素，倾向于推迟生育和少生。"就算全面放开生育，生育率也不会提高多少，因为现在很多人也不愿多生孩子。比如，上海市户籍新婚夫妇有 90% 都符合双独或单独的条件，但大部分都已不愿意生二胎。"所以，即便全面放开二胎生育，也不会出现所谓的生育高峰[①]。

"单独二胎"政策效果并不明显，人口危机迫在眉睫，2015 年 12 月 21 日，全国人大常委会又通过了《中华人民共和国人口与计划生育法修正案》，提出提倡一对夫妻生育两个子女的政策，同时调整完善奖励保障等计划生育配套制度。比如，删除了对晚婚晚育夫妻、独生子女父母进行奖励的规定，符合政策生育的夫妻可以获得延长生育假期的奖励或者其他福利待遇等。这就是"全面二孩"政策，从 2016 年 1 月 1 日开始全面实施。

从"全面二孩"政策实施的短短几年看，政策效果依然不尽如人意。生育率除了在 2016 年有小幅反弹，2017 年和 2018 年又开始迈入下降的通道，甚至连创新低。人口老龄化和低生育率的形势日益严峻。2021 年 7 月，中国政府进一步推出了三孩生育政策及配套支持措施，各地也很快相继推出了支持生育的配套措施。

中国的计划生育政策经历了从"晚、稀、少"、"提倡一对夫妇生育一个孩子"、"单独二孩"、"全面二孩"和"三孩政策"的几个发展阶段。政策在不断调整，也一直存在争议。但根据不同时期的自然条件、社会经济发展、人口环境的变化做出切合实际的人口预测，仍然是制定人口政策所遵循的基本前提。表 2-3 对建国以来中国的生育政策及其变化进行了概括。

---

① 王晓慧：《二孩生育意愿远低于预期 "放开二孩"不容久拖》，《华夏时报》2015 年 3 月第 20 版，https：//finance. sina. com. cn/china/20150320/222421771968. shtml。

表2-3　　　　　　　新中国成立以来生育政策的演变

阶段	政策	文件	影响
计划生育政策的初步建立（1949—1969年）	限制堕胎	《限制节育及人工流产暂行办法》	出生率上升，1952年达到37.8‰；死亡率下降，从1949年的20‰降至1952年的17‰
	自由选择避孕方法，适度放宽人流	《关于修改避孕及人工流产暂行办法》《关于控制人口问题的指示》	1953—1957年出生率下降了6‰（24‰的人口平均增长率）
	"大跃进"冲击了人口限制的思想	对《新人口论》的批判	生育率出现下降，甚至出现负增长
	重新采取计划生育政策；后来受"文革"的冲击	《关于认真提倡计划生育的指示》	城市中有一定效果，农村人口形势严峻。人口增至8亿；人口的出生率从1970年的26‰降至12‰
"晚、稀、少"政策实施阶段	晚婚、生育间隔三年以上、一对夫妇不能生育超过两个孩子；将自然人口增长率降到10‰以下	《关于做好计划生育工作的报告》《关于全国计划生育工作汇报会的报告》《中华人民共和国宪法》	
老龄化独生子女政策实施阶段（1978—2013年）	一对夫妻只生育一个孩子；有特殊需要可申请生二孩，少数民族适当放宽；后来对农村"开小口"	《致全体共产党员、共青团员的公开信》《关于进一步搞好计划生育工作的指令》《关于计划生育工作情况的汇报》《关于加强人口与计划生育稳定低生育水平的决定》	人口总量与生育率不断下降，加速老龄化社会的到来
"二孩"政策阶段（2014年至今）	"单独二孩"和"全面二孩""三孩政策"	《中共中央关于全面深化改革若干重大问题的决定》《关于调整完善生育政策的意见》《人口与计划生育修正案》《关于优化生育政策 促进人口长期均衡发展的决定》	生育率短暂回升后进一步下降，持续创新低。人口和生育问题依然严峻

资料来源：王子旋：《新中国成立以来中国计划生育政策的演进及发展研究》，硕士学位论文，吉林大学，2018年。

第二节 生育政策的国际比较

前面介绍过,人口政策贯穿了新中国发展和建设的始终,并且随着环境的变化不断进行调整。从新中国成立伊始的鼓励生育到后来的限制生育,从改革开放前的"晚、稀、少"到改革开放后严格的"一孩政策"、"单独二孩"、"全面二孩"和"三孩政策",不同时期的政策均对当时的出生率和经济、社会的发展产生了重要的影响。虽然生育政策不断放松,但生育率下降、人口红利消失、人口老龄化的状况没有发生根本改变,我们站在了重新思考和制定人口政策的历史节点。无独有偶,纵观历史,许多国家(特别是亚洲国家)和地区在历史上都曾经面临过类似的人口问题,也曾经出台过生育控制的政策,只不过政策执行的时间长短和强度各有不同。所以,了解其他国家的人口和生育政策,是我们对本国生育政策做出客观评价,并科学、合理地制定出下一阶段的生育政策的基础。

一 中国、印度、日本、韩国、新加坡五国人口变化趋势

(一)总和生育率的变化。东亚和东南亚的一些国家和地区都经历过生育率的快速转型。在1960年,韩国、中国香港、新加坡和泰国的总生育率(TFR)约为每名妇女5个孩子,到了2010年,它们的总生育率均位于替代水平2.1之下。历史上,这些国家在人口发展过程中也曾经面临过中国类似的问题,生育率的波动也有相似之处。图2-1给出了五国1950年至2020年的人口总和生育率变化趋势。从中可以看出,中国在新中国成立初、"大饥荒"后出现过两次生育高潮,韩国、日本也曾经历了生育率的小幅回升,但除个别年份外,各国的总和生育率水平总体上均呈下降趋势。特别是在实施生育控制政策后,人口增长明显放缓。印度和日本实施人口控制政策的时间最早,日本虽然并未明文规定计划生育的政策目标,但在1948年推出了《优生保护法》,目的是使人工流产和绝育合法化[①]。印度则于20世纪50年代第一个五年计划时期提出了

---

① 汤梦君:《中国生育政策的选择:基于东亚、东南亚地区的经验》,《人口研究》2013年第37期。

人口控制的目标。新加坡和韩国的计划生育政策在20世纪五六十年代开始推行，对控制高生育率起到了至关重要的作用。

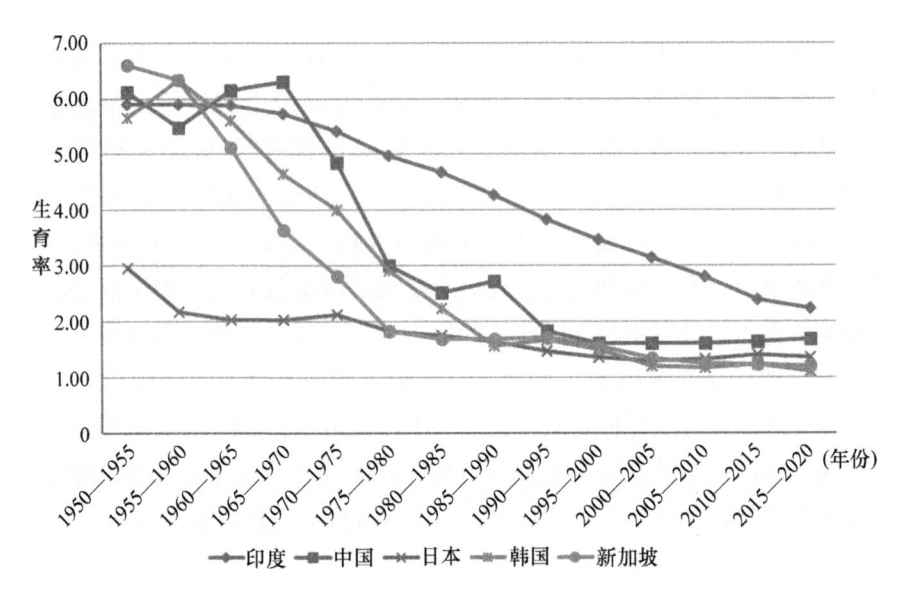

图2-1 亚洲5国的总和生育率变化趋势（1950—2020年）

资料来源：Unite Nations, *World Population Prospects*, Department of Economic and Social Affairs, 2019（https://www.un.org/zh/node/89774）.

（二）人口规模及结构变化。之前的各种预测表明，中国人口将在2030年左右达到人口峰值，之后人口总数开始下降。可实际上，2022年底，中国总人口的数量就已经比上一年少了85万，当然，这是否就是人口顶峰并确立长期下降的趋势，还有待进一步确认。韩国、日本和印度的人口顶峰分别发生在2010年、2025年和2059年。就人口的年龄结构分布来看，中国的人口结构正处在由成年型向年老型的转变过程中，而印度目前还处在成年型人口结构阶段，日本则已步入老龄化社会。人口结构的变化与人口老龄化问题密不可分，自中国20世纪80年代执行"独生子女"政策开始，中国的人口结构也加快了向成年型转变的步伐。在国家达到人口峰值后，推动我国经济增长的"人口红利"消失，取而代之的是劳动人口比例的下降和65岁以上老年人口在总人口的比例上升，人口结构逐步向年老型转变。年龄结构的失衡会使需求趋于疲软、社会老年抚养比上升、劳动力供给水平下降,这些都将会给社会带来严重的经济隐患。

日本"人口问题研究所"的统计资料显示,日本、韩国和新加坡均出现了不同程度的老龄化问题,而这其中日本的人口老龄化问题要更为严重。20多年来日本一直着手解决"少子老龄化"的问题,但效果并不理想。根据联合国世界人口展望预测,到2050年,日本将呈现出一个"倒金字塔"型的人口结构,劳动人口短缺已成为日本政府亟待解决的问题。近年来,日本政府通过大规模吸引外籍劳动者来弥补劳动力的供给缺口,但也未能从根本上解决由适龄劳动人口下降所带来的发展危机。

在家庭计划政策和节育宣传的推动下,韩国的人口增长得到了有效遏制,最终也出现了人口老龄化的问题。从2015年起,韩国的劳动年龄人口开始减少。考虑到劳动力是最基本的生产要素,劳动年龄人口的减少必然会对经济产生非常大的影响,影响未来的经济增长。

(三)人口出生性别比的影响。没有生育政策的干预时,出生性别比一般会稳定在某一水平。联合国认定,正常的出生性别比介于102—107。我们根据联合国《世界人口展望》中国的数据绘制了表2-4和下面各国的人口图2-2至图2-6。表2-4给出了我国出生性别比变化。从中可以发现,在20世纪中期,我国的出生性别比为107,尚处于正常水平范围。在20世纪80年代实施了更加严格的计划生育政策后,出生性别比逐年攀升,在2007年达到125.5的历史最高纪录,成为世界上性别失衡程度最严重的国家之一[①]。不过,根据最新的全国第七次人口普查数据,中国目前总人口的性别比是105.07,随着生育观念和生育意识的转变,人口性别比将逐渐回到正常区间。

前面说过,性别比失衡可能是由于严格的计划生育政策限制了家庭孩子的数量,而传统"重男轻女"的思想又使得多数家庭对男孩更加偏好,从而导致对女孩生命和健康的普遍忽视,甚至出现选择性的堕胎、遗弃等行为。

---

① 于弘文:《出生婴儿性别比偏高:是统计失实还是事实偏高》,《人口研究》2003年第27期。

表2-4　　1950—2020年中国的生育率、女童死亡率及出生
性别比变动趋势

年份	生育率	女童死亡率（0—4岁）（%）	出生性别比
1950—1955	6.11	5.02	1.07
1955—1960	5.48	4.50	1.07
1960—1965	6.15	5.37	1.07
1965—1970	6.30	3.04	1.07
1970—1975	4.85	1.96	1.07
1975—1980	3.01	1.34	1.07
1980—1985	2.52	1.19	1.07
1985—1990	2.73	1.16	1.08
1990—1995	1.83	0.83	1.12
1995—2000	1.62	0.79	1.14
2000—2005	1.61	0.61	1.16
2005—2010	1.62	0.40	1.17
2010—2015	1.64	0.25	1.15
2015—2020	1.69	0.19	1.13

资料来源：Unite Nations, *World Population Prospects*, Department of Economic and Social Affairs, 2019（https://www.un.org/zh/node/89774）.

图2-2是中国、日本、韩国、印度和新加坡五国的出生人口性别比变化趋势。日本、新加坡的人口出生性别比一直稳定在正常水平；韩国在20世纪80年代一直到21世纪初，出现了比例失衡的情况，最近10年恢复到正常水平；印度的出生性别比一直缓慢上升，最近三四十年始终位于正常范围水平之上，目前接近1.1。印度女性的地位通常较低，早婚早孕现象盛行，并且女性出嫁通常需要承担高额的嫁妆费用，贫穷家庭由于无法承担养育女孩的经济负担甚至会做出杀婴等的极端行为，这也加剧了印度社会的性别不平等。与其他4个亚洲国家相比，中国的出生性别比仍然是最高的，好消息是，最近10多年，这一比率呈下降的趋势。

中国的出生性别比失衡，部分原因是由于当人们可以生育较多孩子时，他们可以通过多次生育来确保育有至少一名男孩。但是当存在生育

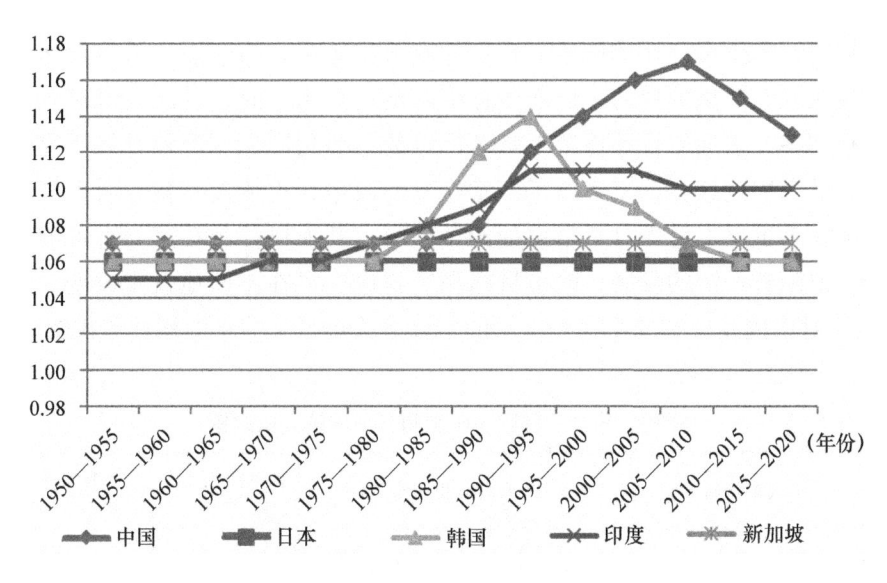

图 2-2　亚洲五国出生性别比变动趋势（1950—2020 年）

控制政策时，人们并不能得偿所愿，因此在"男主外，女主内"观念的推动下，人们对于男孩的需求变得更为迫切，甚至会采取极端的手段来获得生育男孩的权力。

相对而言，日本通过立法保障妇女权益，政府在为女性营造公平就业机会、孕产假等方面做出了许多努力，促进了日本社会女性地位的提升，因而相较其他国家而言性别比例更加合理。出生性别比失衡将导致一系列的社会问题，人口规模及结构的变化、劳动力的供给水平、社会的稳定等都将会产生影响。政府应实行较为宽松的生育政策来解决目前出生性别比严重失常和女婴死亡严重偏高的问题[1]，并采取更加公平的就业政策来维护女性权益，保障女性的人身安全、改善就业环境，通过促进性别平等来从观念上解决性别失衡问题。

二　中国、印度、日本、韩国和新加坡生育政策比较

日本等其他几个亚洲国家历史上也曾经对生育进行过干预，实施过

---

[1] 张二力：《从"五普"地市数据看生育政策对出生性别比和婴幼儿死亡率性别比的影响》，《人口研究》2005 年第 1 期。

类似于计划生育这样的政策。它们的政策实施早，历时短，虽然也达到了控制人口数量的目的，但在生育率降至更替水平时，没能及时对政策进行调整，造成生育率持续下降及严重的老龄化问题。汤梦君的研究认为，后来即便这些国家实施了鼓励生育的政策，也成效甚微。而中国和印度作为世界上总人口数最多的两个国家，其人口控制政策一直贯彻至今，但随着经济的发展，政策目标和实施途径也在不断地发生改变。表2-5对中国及上述几个亚洲国家的生育政策进行了简单的概括和比较。

表2-5　　　　中国、日本、韩国、印度和新加坡的人口政策

	政策开始年份	政策内容及目标	人口降至更替水平年份	生育政策执行时长
中国	20世纪60年代	1. "晚、稀、少"政策实施阶段； 2. 独生子女政策实施阶段； 3. "单独二孩"和"全面二孩"政策实施阶段	20世纪90年代	60余年
日本	20世纪50年代	1.《优生保护法》（1948年）； 2. 1960年转为中立； 3. 1990年转为鼓励生育	1957年	10余年
韩国	1962年	1. 计划生育"十年计划"、《妇幼保健法》； 2. 1996年转为中立，后取消计划生育政策； 3. 2005年转为鼓励生育	1982年	34年
印度	"一五"计划（1951—1956年）期间	1. "一五"计划； 2. "家庭幸福工程"：自愿和鼓励家庭节育； 3.《国家人口政策2000》	2019年接近更替水平，但仍在其之上	近70年
新加坡	1965年	1.《家庭计划法》（1965年）："在未来保持相对稳定的人口"； 2. 1984年转为双向； 3. "婴儿花红"计划：鼓励生育	1975年	19年

资料来源：汤梦君：《中国生育政策的选择：基于东亚、东南亚地区的经验》，《人口研究》2013年第6期。

三　各国人口政策历程

（一）韩国的人口政策。各国的经验表明，战争后的和平年代往往最

容易出现生育高峰，韩国也是如此，生育高峰期出现在朝鲜战争后。面对居高不下的生育率，韩国政府于20世纪60年代初开始对生育进行调控，提倡一对夫妇生育两个孩子，鼓励避孕。1962年的"家庭生育计划方案"进一步明确要在1970年将人口增长率降至20‰以下。进入80年代，为避免育儿潮出生的年轻人再次将韩国推向生育高潮，政府采取了更为严厉的生育控制政策，并对独生子女夫妇进行奖励①。不过，从20世纪末开始，生育政策和经济增长的效果叠加在一起，生育率连续降到更替水平之下，社会人口老龄化和出生人口性别比失调的问题也日益突出，鼓励生育的政策被迫加码，但目前来看，收效甚微（如图2-3所示）。目前韩国的人口增长率为0.4‰左右，这意味着人口总量基本保持不变。

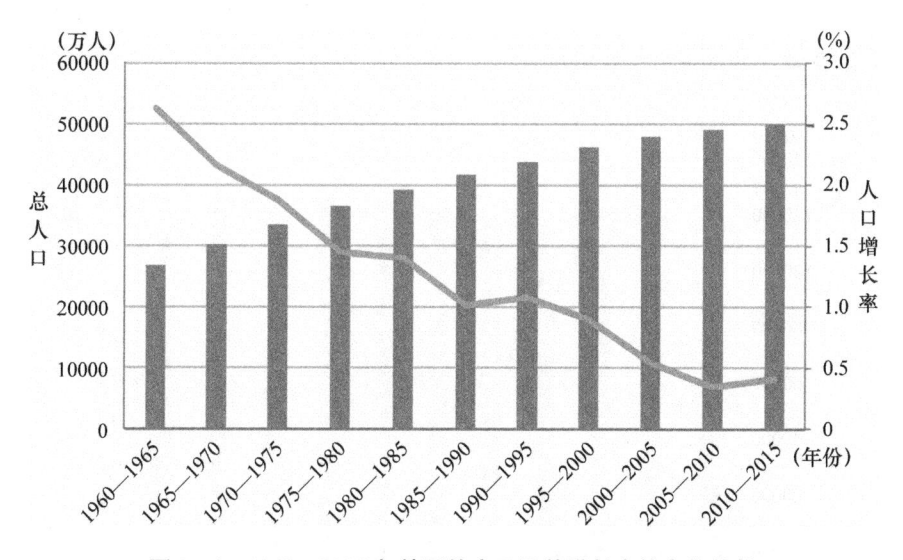

图2-3 1960—2015年韩国的人口及其增长率的变化趋势

（二）日本人口政策。在第二次世界大战结束后，日本很快就出现了"婴儿潮"，政府立刻着手制定政策对生育和人口进行干预。1948年，国会通过了《优生保护法》，日本成为现代国家中最早为生育率和人口增长设定目标的国家之一。经过10余年的时间，政策效果显著。出生率

---

① 杨舸：《日、韩、印人口结构变动趋势及给中国的启示》，《北京社会科学》2013年第4期。

降低至只有 20 世纪 40 年代一半的水平。60—70 年代是日本经济增长的爆发期，这时日本政府对生育的态度是中立的立场：不鼓励、不限制。这一阶段的人口增长率为几十年来的最高，之后一路下跌，到 90 年代，总和生育率降至 1.5‰ 左右，此时日本政府才决定调整生育政策，决定鼓励生育。它最初主要采用经济奖励的方式，比如对儿童进行补贴。1994 年又推出"天使计划"。21 世纪初，政府开始关注女性生育后的就业问题，并不断完善休假和托儿服务，2003 年颁布的《少子化社会对策基本法》使得人口政策具备了法律效力。日本政府在近年来为了促进性别平等，也开始强调女性在社会和家庭中的公平问题，向着更全面的协调工作与家庭政策的方向转变。目前，在亚洲的国家中，日本是为数不多的人口增长率为负的国家，这意味着，日本面临着更严峻的人口老龄化等问题（如图 2-4 所示）。

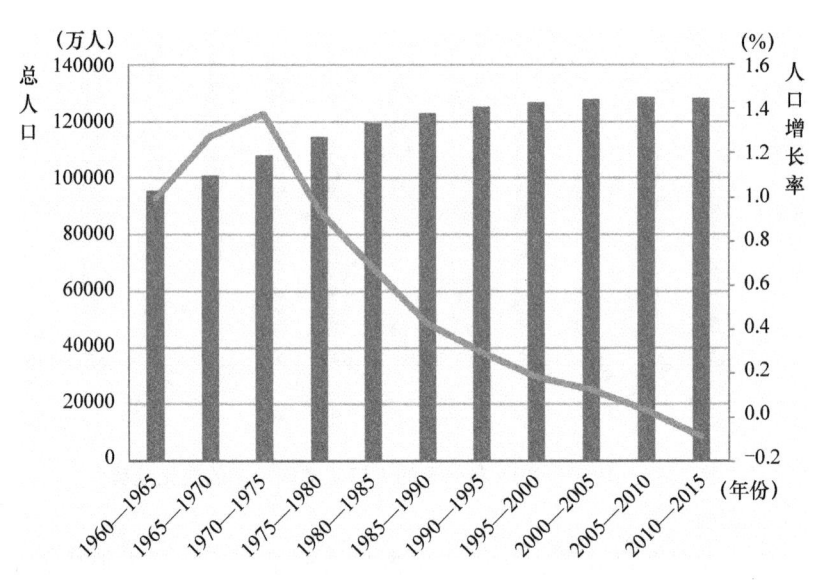

图 2-4 1960—2015 年日本的人口及其增长率的变化趋势

（三）印度的人口政策。印度是最早制定人口控制政策并将其上升到国家计划的国家之一。早在 1952 年第一个五年计划期间，政府就开始为计划生育提供专项资金，并为育龄妇女提供避孕方法。不过，政策的效果并不理想，生育率仍然很高，人口增长也比较快。于是，政府开始不断增加拨款,并成立了计划生育委员会。

随着形势日益严峻,政府的政策逐渐加码。到了20世纪70年代,还通过修改宪法的手段来实施更加严格的计划生育政策。但终因严格的节育政策与传统的文化和宗教理念相悖,引发了严重的政治骚乱,计划生育政策被迫中止①。

印度人民党上台后,实施自愿和鼓励为核心的"家庭幸福工程",该政策受到了民众的支持,但效果并不理想,没能遏制人口上涨的势头。到了20世纪80年代,人口压力越来越大,政府不得已再次推行计划生育项目,并提出要在2000年将印度的总和生育率控制在更替水平,虽然最终目标没有实现,但印度的人口增长率开始呈下降的趋势。2000年,印度政府颁布了《国家人口政策2000》,希望转变国民的生育观,完善配套措施。不过,由于政策并未对生育孩子的数量做出明确限制,不具有法律约束力,效果依旧不显著。印度是仅次于中国的人口大国,虽然增长率放缓,但人口总量还继续增加,人口问题依然严峻(如图2-5所示)。根据中国、印度两国的生育率和人口增长率,印度的人口总量将长期处于高位,有朝一日势必会超过中国,成为世界第一人口大国。

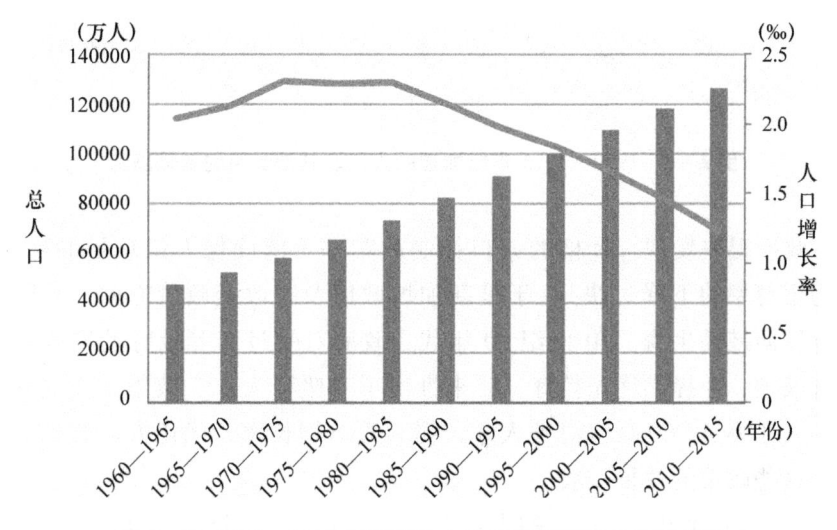

图2-5 1960—2015年印度的人口及其增长率的变化趋势

---

① 申秋红:《印度人口发展状况与人口政策》,《人口学刊》2014年第1期。

（四）新加坡人口政策。新加坡在新中国成立之初就颁布了《家庭计划法》，成立"家庭计划与人口局"（简称 SFPPB）以解决日益严峻的人口问题。SFPPB 采取了强有力的人口控制措施，主要包括：鼓励"两子女家庭模式"，对少子家庭给予住房优惠和教育优先权，对多子女家庭实施征收高额税收，限制产妇产假以及征收更多的分娩费用等。在一系列政策的影响下，生育率在短时间内迅速降低，总和生育率也在 20 世纪 70 年代降至"更替水平"以下。

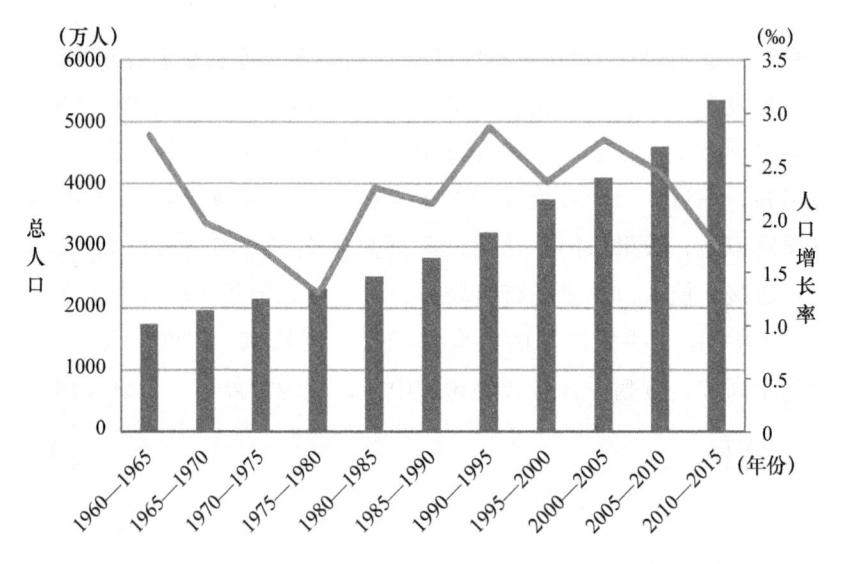

图 2-6 1960—2015 年新加坡的人口及其增长率的变化趋势

政府很快发现，严格的人口控制政策并不能确保人口总量的稳定，因为生育率的下降过快①。于是新加坡政府及时改变政策方向，从限制生育转向鼓励生育。20 世纪 80 年代，政府对受过高等教育的家庭实施生育鼓励，并提供优先教育。后来推出了"吸引人才"政策，还成立专门的人才委员会以吸引海外人才，提高人口增长率，优化人口结构。不过，这些政策的效果一般。

进入 21 世纪，新加坡的生育率进一步呈现出下降的趋势，生育率进

---

① 崔晶、Quah. J.：《新加坡公共住房和人口控制政策》，《东南亚纵横》2011 年第 1 期。

一步下降并伴随着人口老龄化等一系列社会问题。2000年，新加坡政府宣布实行"婴儿花红计划"，向多子女的家庭提供补贴，降低家庭养育孩子的成本，鼓励人们生育孩子。这个计划一开始确实提高了生育率，不过没过多久，新加坡的生育率又开始下滑。

新加坡的问题在于，当总和生育率降至"更替水平"之下时，政府未能及时地调整政策，失去了政策调整的最佳时机。结果在进入21世纪后，人口总数一直处于低水平，一旦经济和社会、文化等条件发生变化，此时即便鼓励生育，也很难达到理想的目标。

第三节　结论

纵观新中国70年的生育政策的历史，特别是在参考了亚洲邻国的经验，我们对中国的生育政策基本可以做出如下判断：

首先，中国的计划生育政策历时较长。即便忽略新中国成立初期的政策起伏变化阶段，从20世纪70年代的"晚、稀、少"阶段算起，限制生育的政策持续到今天也有50年的历史了，相比于日本、韩国等其他国家，政策所持续的时间确实较长，这其中大概只有印度可以相比。

其次，执行的力度比较大。计划生育政策上升为一项基本国策，靠国家强制力保障实施。加上各种配套的措施，比如，中央和地方有专门的计划生育委员会，有主要领导分管计划生育工作，在超生问题上还实行"一票否决制"，征收"社会抚养费"，甚至对超生实施强制堕胎，等等。这种政策的执行力度虽然在不同地区和人群存在差异，但总体上是空前的。这一点其他国家无法比拟。

再次，从政策的效果上来看，使中国从一个人口大国和生育率较高的国家，变成一个低生育率的国家。虽然政策在一定程度上与中国的传统生育观念不符，但在严格且有效地推行几十年后，随着社会经济的转型，人们的生育观也悄然变化，多重因素的叠加，使得中国人口在基数大的高位中完成了生育率的过渡和转型。同印度等国家相比，政策的效力和效果都比较明显。

最后，中国当前面临的一个主要问题是生育率过低，即便在2016年"全面二胎"之后，生育率仍然处于历史低位，没有提高的迹象。低生育率所带来的一系列后果也是之前制定政策时没有认真思考过的问题。微观上，低生育率会影响家庭结构、子女的教育和就业、企业的技术选择，宏观上也会影响一国的产业结构、对外贸易和经济增长。有鉴于此，我们只有从历史的眼光来客观看待和评价中国的计划生育政策，并借鉴发达国家的经验，才能在新的历史时期，制定出更加适宜中国未来发展的生育政策。

第三章 有关生育政策影响的文献综述

考察生育政策变化及其对家庭子女教育投资的影响时,首先要从理论上探究家庭生育行为的形成及其影响因素,而贝克尔①的一系列工作为我们研究这一问题奠定了理论基础。根据马尔萨斯的理论,收入增加会导致生育率提高进而导致人口总量的增加,同时人的教育水平也会提高。这一观察须符合马尔萨斯的时代,但与现代国家的情况相反。无论是从截面数据,还是从时间序列数据来看,大部分国家的生育率都是随着收入的增加而下降的。也就是说,我们同时观察到了收入增加、生育率下降、教育水平提高这三个事实,中国的情况尤其如此。为了破解这一谜团,贝克尔首先在新古典经济学的理论框架内进行了分析。他试图通过新消费者行为理论,来解释收入增长、生育选择以及家庭人力资本投资的关系。在模型中,孩子是家庭的消费品,既能为家庭带来效用,也是家庭生产的结果。家庭收入的增长将会导致生育率的长期下降,而该变化主要受到家庭收入水平和孩子的"价格"或者说是抚养孩子的机会成本的共同影响。

从贝克尔开始,为解释生育选择行为及影响,许多重要的模型和理论得以产生和发展。下面我们就一些重要的理论和实证研究进行系统的回顾。②

---

① Becker, G., "A Theory of Marriage, Part Ⅰ", *Journal of Political Economy*, Vol. 81, No. 4, 1973, pp. 813 – 846; Becker, G., *A Treatise on the Family*, Cambridge: Harvard University Press, 1981.

② 此处主要参考了霍兹等(1996)的介绍,更详细内容见 Hotz, V. J., Klerman, J. A. and Willis, R. J., "The Economics of Fertility in Developed Countries: A survey", in Mark. R. Rosenzweig and Oded Stark, eds., *Handbook of Population and Family Economics*, Vol. 1, North Holland, 1996, pp. 275 – 347。

第一节 有关生育理论的研究综述

一 静态模型

早期有关生育问题的经济分析的主要成果有两项：一是生育的"数量—质量替代"模型；二是认识到父母陪伴时间的重要性。无论是贝克尔[1]，还是明塞尔[2]，他们在研究中都注意到了这一点。威利斯[3]将其与贝克尔的家庭生产理论框架相融合，贝克尔和刘易斯赋予"数量—质量替代"模型更加丰富的含义，并将其进一步发展。

（一）"数量—质量替代"模型（Quantity-Quality Trade-off Model，简称 QQ 模型）。贝克尔的生育模型是采用无差异曲线分析法来研究单个家庭对孩子的需求，他将父母对孩子的需求分为数量和质量两个维度，通过价格变化的收入效应和替代效应的大小来分析家庭在孩子数量与质量之间的选择。

贝克尔认为，养育孩子需要花费成本，但同时能带来产出。养育孩子的成本主要是父母抚养成本以及母亲生育孩子的机会成本，而产出主要是指孩子能够为整个家庭带来的直接收入和心理收入。所以在不考虑孩子质量的前提下，对孩子数量的需求与对其他商品的需求相同，会受到商品价格和家庭预算约束的影响。

假定消费的偏好不变，将家庭支出分为两个部分：一是对孩子的开支；二是对其他商品的购买。不考虑孩子质量时，若孩子的相对价格不变，当家庭总收入增加，对孩子的需求也增加；反之则减少。而在收入一定时，如果孩子的相对价格上升，父母会相对减少对孩子数量的需求，

---

[1] Becker, G., "A Theory of the Allocation of Time", *Economic Journal*, Vol. 75, No. 299, 1965, pp. 493 – 517; Becker, G. and Lewis, G., "On the Interaction between Quantity and Quality of Children", *Journal of Political Economy*, Vol. 81, No. 2, 1973, pp. S279 – S288; Becker, G., "A Theory of Marriage, Part Ⅱ", *Journal of Political Economy*, Vol. 82, No. 2, 1974a, pp. S11 – S26.

[2] Mincer, J., *Market Prices, Opportunity Costs and Income Effects*, California: Stanford University Press, 1963; Mincer, J. and Polachek, S., "Family Investments in Human Capital: Earnings of Women", *Journal of Political Economy*, Vol. 8, No. 2, 1974, pp. S76 – S108.

[3] Willis, R., "A New Approach to the Economic Theory of Fertility Behavior", *Journal of Political Economy*, Vol. 81, No. 2, 1973, pp. S14 – S64.

转而去购买其他的商品,以保持家庭总效用不变。这也是传统的马尔萨斯的人口论中的结论。

不过,在当代社会,很多国家的人口变化趋势刚好与此相反,即生育率会随着收入的提高而下降。贝克尔认为,造成这一现象的原因是母亲的就业率和工资的上涨。由于工资上涨会导致生育孩子的机会成本增加,也就是说孩子数量的相对价格提高,因此家庭会减少对孩子数量的需求;同样,如果母亲的工资上涨,会造成孩子质量的价格下降,导致对孩子质量需求的增加。而后一种需求的增加一般就是增加对孩子的教育投资(或者更广泛意义上的人力资本投资)。在贝克尔的模型中,孩子数量的相对价格和孩子的质量正相关,孩子质量的影子价格和孩子的数量正相关。在考虑固定成本的变化后,孩子的数量下降,孩子质量的影子价格会下降,进而家庭会增加对孩子质量的需求,而这又导致孩子数量的影子价格的提高,进一步减少对孩子数量的需求。因此,对成本的分析解释了在孩子的数量和质量之间存在相互替代的关系。比如,政府减少了对孩子的津贴,或者避孕成本下降,都会导致父母增加对孩子质量的需求,降低家庭的生育率。

值得注意的是,在实践中,很难把家庭中孩子的开支和其他的开支区分开来。由于孩子是不可交易的,所以运用"享乐理论"来测度商品的隐形价格的方法在衡量具有特定特征的孩子的成本时几乎毫无用处(本—波拉斯和韦尔奇,1976[1];萨哈,1991[2])。莱博维茨[3]公开表示可以运用人力资本来作为衡量儿童素质的一种方法,该思想由贝克尔和汤姆斯[4]首次提出。

20 世纪 70 年代,贝克尔等对家庭中的生育及人力资本投资行为进行分析时,提出了"数量与质量替代模型"并做了实证检验。应该说多

---

[1] Ben-Porath, Y. and Welch, F., "Do Sex Preferences Really Matter?" *Quarterly Journal of Economics*, Vol. 90, No. 2, 1976, pp. 285 – 307.

[2] Sah, R., "The Effect of Child Mortality Changes on Fertility Choice and Parental Welfare", *Journal of Political Economy*, Vol. 99, No. 4, 1991, pp. 582 – 606.

[3] Leibowitz, A., "Home Investments in Children", *Journal of Political Economy*, Vol. 82, No. 2, 1974, pp. S111 – S131.

[4] Becker, G. and Tomes, N., "Child Endowments and the Quantity and Quality of Children", *Journal of Political Economy*, Vol. 84, No. 4, 1976, pp. S143 – S162.

数研究是支持这一理论的,但也有部分研究得出不同的结论。于是一些学者开始对贝克尔的理论提出质疑并进行修正,主要包括以下三个方面:

一是对于家庭规模内生性的修正。通过采用自然生产的多胞胎、所在地区人口政策是否有所放松、父母对孩子性别的偏好,以及第一胎性别、前两胎性别组合等外生工具变量,考察家庭规模(即家庭内子女数量)的内生性[1]。二是对子女质量的评价标准进行修正,分别针对未成年人和成年人样本,制定更加具有操作性的测量变量[2]。三是对父母效用函数的约束条件进行修正,引入时间约束,并对时间、收入约束进行细分[3]。

(二) 时间分配模型。除了质量与数量的相互作用外,另一些学者从时间成本的角度来进行分析。他们认为,收入越高,女性的时间成本就越高,原因可能是女性的工资水平提高了,还有可能是家庭收入增加提高了女性在非市场活动中的时间价值。对女性而言,生儿育女是一项"时间密集型"的家务活动,需要大量的时间,收入或工资水平的提高会导致孩子的相对成本(相对于其他商品而言)增加,进而出现孩子数量的替代效应。明塞尔之后,贝克尔也吸收了这一理论成果,并在此基础上建立了家庭生产模型。

威利斯后来建立了一个包含时间分配、劳动供给和生育行为的静态模型。他认为,效用除了源于一般商品和服务的消费之外,还和孩子的数量及质量有关。与贝克尔的模型不同,他将购买商品的非市场时间作为家庭生产过程的投入,其产出进入效用函数。在模型中,孩子数量、女性的劳动供给等方面的选择是在婚姻之初就做出的,此后无法修改。

---

[1] Black, S. E., Devereux, P. J. and Salvanes, K. G., "The More the Merrier? The Effect of Family Size and Birth Order on Children's Education", *Quarterly Journal of Economics*, Vol. 120, No. 2, 2005, pp. 669 – 700; Angrist, J. D., Lavy, V. and Schlosser, A., "New Evidence on the Causal Link between the Quantity and Quality of Children", *NBER Working Paper*, No. 11835, 2005; Li, H., Zhang, J. and Zhu, Y., "The Quantity-quality Trade-off of Children in a Developing Country: Identification Using Chinese Twins", *Demography*, Vol. 45, No. 1, 2008, pp. 223 – 243.

[2] Rosenzweig, M. R. and Zhang, J., "Do Population Control Policies Induce More Human Capital Investment? Twins, Birthweight, and China's 'One Child' Policy", *Review of Economics & Statistics*, Vol. 76, No. 3, 2006, pp. 1149 – 1174.

[3] Hanushek, E., "The Trade-Off between Child Quantity and Quality", *Journal of Political Economy*, Vol. 100, No. 1, 1992, pp. 84 – 117.

该模型可以使用简单的一般均衡模型进行分析。首先，假设只有妻子参与家庭内部生产活动，而丈夫完全专注于市场工作，他的收入 H 被视为外生的。家庭总收入是：

$$I = H + w \cdot L \tag{3.1}$$

其中，w 是妻子的实际工资，L 是她的劳动供给。

其次，儿童满意度是通过"儿童服务"$c = nq$ 来衡量的，而 c 在儿童数量和质量之间的划分则暂时不做讨论。

最后，家庭生产按照固定收益生产函数进行：

$$s = g(t_s, x_s) \tag{3.2}$$

$$c = f(t_c, x_c) \tag{3.3}$$

其中，t_s 和 t_c 是妻子的时间投入，x_s 和 x_c 是购买的商品，分别用于生产父母的生活水平和儿童服务。

该模型的一个关键假设是，相对于父母的生活水平，儿童服务是时间密集型的。妻子的总时间 T，被分配在家庭和市场工作之间，即：

$$T = t_s + t_c + L \tag{3.4}$$

同样，市场商品的购买受到家庭总收入的限制，因此：

$$I = H + w \cdot L = x_s + x_c \tag{3.5}$$

由于抚养孩子是时间密集型活动，而时间投入价格的增加将导致时间密集型产出的相对成本的增加。因此，当儿童的产量达到一定水平时，它的相对影子价格 π_c/π_s 会趋于增加。相反，当 s 的产出增加到一定程度时，母亲时间的影子价格会低于市场工资，这意味着她把所有时间都花在家庭生产上是低效的。一旦进入劳动力市场，会增加家庭的货币收入，减少非市场活动的时间供给。

威利斯的静态模型主要是通过分析丈夫收入和女性工资率的外生变化对生育选择和母亲劳动供给的影响而发展起来的。家庭的生育决策由效用最大化所决定，并受生产可能性边界约束。研究的结果表明，家庭的效用水平会随着妻子对劳动力市场的参与而变化。相比于一般产品的消费，如果家庭更偏好儿童，则母亲时间的影子价格就会超过其市场工资，她就会退出劳动力市场，成为"全职妈妈"。

威利斯研究推动了对家庭时间分配理论中相关因素稳健性的研究。

波拉克和沃希特[①]关注了对家庭生产中关于价格和收入影响结果的稳健性，一旦放松了规模收益不变且不存在联合生产这个假设后，市场工资和孩子的影子价格之间密切对应的关系就会消失。桑德森[②]则认为，与其他家庭生产活动相比，孩子是更为时间密集型的产品，可以将其影子价格与母亲的工资率之间的正相关关系扩展到更一般的模型中。

（三）未婚生育。除了上述两种理论之外，由于第二次世界大战后非婚生育增加，也促使学者开始关注这方面的问题。比如，威利斯[③]试图将生育和婚姻的经济理论结合起来，以解释婚姻决策和生育决策之间的相互作用。他在贝克尔、维斯和威利斯[④]的理论基础上发现，一旦妇女的资源相对富余，则高收入群体的生育模式不变，而低收入人群中的男性会选择尽可能多地生育子女，女性则更可能成为单亲妈妈，选择自己独自抚养孩子。在这种均衡中，对子女的支出低于"传统"均衡——所有现有的男子结婚并生儿育女，母亲和父亲共同分担养育子女的费用，未婚妇女则没有子女。

维斯和威利斯证明，如果父母中有一个人有监护权，而另一人只能通过将钱转给监护人来影响孩子的福利，则对儿童教育和质量的支出将低于婚姻背景下的支出。阿克洛夫等[⑤]尝试将不完美的生育控制技术纳入模型中，其结果表明，通过堕胎来减少妇女的生育行为也将会减少非婚生育的可能性，而凯恩等[⑥]的实证研究结果与此恰恰相反，他们认为增加妇女进入流产门诊的机会通常会增加非婚生子女数。

---

① Pollak, R. A. and Wachter, M., "The Relevance of the Household Production Function and Its Implications for the Allocation of Time", *Journal of Political Economy*, Vol. 83, No. 2, 1975, pp. 255 – 277.

② Sanderson, W., "A New Non-Utilitarian Economic Model of Fertility and Female Labor Force Behavior", *Revue Economique*, Vol. 31, No. 6, 1980, pp. 1045 – 1080.

③ Willis, R., "A Theory of Out-of-Wedlock Childbearing", *Journal of Political Economy*, Vol. 107, No. S6, 1999, pp. S33 – S64.

④ Weiss, Y. and Willis, R., "Children as Collective Goods and Divorce Settlements", *Journal of Labor Economics*, Vol. 3, No. 3, 1985, pp. 268 – 292.

⑤ Akerlof, G., Yellen, J. and Katz, M., "An Analysis of Out-of-Wedlock Childbearing in the United States", *The Quarterly Journal of Economics*, Vol. 111, No. 2, 1996, pp. 277 – 317.

⑥ Kane, T. and Staiger, D., "Teen Motherhood and Abortion Access", *The Quarterly Journal of Economics*, Vol. 111, No. 2, 1996, pp. 467 – 506.

二 动态模型

动态模型涉及父母在养育子女方面的跨期选择问题。虽然价格和收入的变化不会导致终生的生育率变化,但会改变生育的时机。此外,动态模型的设定也提供了一个更为合适的背景,使我们能够解释母亲的劳动力市场供给、人力资本投资和生育决策之间的关系。

(一)基础模型。最简化的生命周期模型由哈佩尔等[①]提出。基于对偏好结构的考虑,父母的终身偏好和约束条件如下:

$$U = \sum_{t=0}^{T} \beta^t u(c_t, l_t, s_t) \tag{3.6}$$

$$s.t. \ c_t = c_t(b_0, b_1, \cdots, b_{t-1}, t_{ct}, x_{ct}) \tag{3.7}$$

其中,l_t为母亲在t时刻(岁)时用于休闲活动的时间,s_t为t时刻的父母消费,β^t是t时刻夫妻的时间偏好率($0 \leq \beta^t \leq 1$),c_t是父母在t时刻时从其子女存量中获得的儿童服务流量。如果母亲在t时刻(t = 0, …, t-1)时生了孩子,则$b_t = 1$,否则为0。t_{ct}、x_{ct}分别表示母亲对孩子的时间投入和养育孩子的商品投入。假设孩子们不会比他们的父母先去世,那么这对夫妇在t时刻孩子数量为:

$$n^t = \sum_{t=0}^{t-1} b_t \tag{3.8}$$

哈佩尔的模型与前面的静态模型相似,因为父母的效用不受出生时间的影响,他们关心的只是完整的家庭规模。目前发展的诸多模型都有一个共同的特点:儿童服务c_t随父母的年龄而变化,但与生育子女的数量严格成比例。例外是莫菲特(1984)[②]等学者的研究。他们认为,年幼的孩子更需要母亲的陪伴,而年长的孩子则需要更多的市场投入,所以父母的时间投入和市场投入(t_{ct}, x_{ct})应该随着孩子的年龄增长而变化。

(二)动态生育模型。在现有的动态生育模型中,父母的预算取决

---

① Happel, S., Hill, J. and Low, S., "An Economic Analysis of the Timing of Childbirth", *Population Studies*, Vol. 38, No. 2, 1984, pp. 299 – 311.

② Moffitt, R., "Optima Life-cycle Profiles of Fertility and Labor Supply", *Research in Population Economics*, Vol. 5, No. 1, 1984, pp. 29 – 50.

于对他们的储蓄和进入资本市场机会。资本市场可能是完备的,也可能是不完备的。如果资本市场不完备,父母可以储蓄,但不能借贷。动态生育模型考虑到父母生命周期、潜在的不确定性对生育行为的影响,其结果更具有现实意义,因此也广泛地运用到解决各类生育决策问题。

在首次生育时间的最优决策中,哈佩尔等的研究表明,若父母只有一个孩子且资本市场是完全的,则父亲在整个生命周期中的收入变化对最佳生育时间没有影响,生育的时间取决于生育孩子给父母带来的成本,这种成本是母亲为了照顾新生儿而退出劳动力市场所造成的收入损失。另一种情况下,如果资本市场是不完全的,父亲获得收入的时间路径就变得很重要。研究发现,如果母亲的技能水平始终恒定不变,最佳生育时间就是父亲的生命周期中收入最高的那个时段。莫菲特的研究表明,由于父母在人力资本积累的早期,其机会成本超过了养育孩子的价值,因此对于父母来说,将生育第一个孩子的时间推迟可能是最理想的结果。

赫克曼和威利斯[1]指出,生育控制不理想或者避孕失败,可能导致夫妻在生命周期的早期采取避孕措施。这是由于在这种情况下,夫妻们可能会发现,在生命周期的早期采取"预防性"避孕措施是最理想的,可以减少生育的风险。于是,他们不会选择生育更多的孩子。

不同孩子的出生需要有生育间隔,纽曼[2]认为一个动态模型必须能够产生一种生育间隔模式,当资本市场不完全时,家庭收入的周期性变化的确决定了生育的时间和间隔。在其他条件相同的情况下,若父母在孩子出生时就能获得效用,则他们往往会提前生育,而且生育之间没有(或最小)间隔。但是,在不存在资本市场的情况下,生育间隔的出现是为了解决想要早生孩子的愿望与在高收入时想要晚生孩子的经济动机之间的矛盾。因此,赫克曼和威利斯以及纽曼的模型都预测,家庭收入增长得越快,父母越有可能采取避孕措施来延长生育时间的间隔。

---

[1] Heckman, J. and Willis, R., "Estimation of a Stochastic Model of Reproduction: An Econometric Approach", *NBER Working Paper*, No. 34, 1974.

[2] Newman, J., "A Stochastic Dynamic Model of Fertility", *Research in Population Economics*, Vol. 6, No. 1, 1988, pp. 41–68.

三 国内研究的情况

和国内经济学的其他研究类似,在有关生育问题及其对教育的影响方面,国内研究依然呈现出起步晚、实证多这两个特征。起步晚是说,对于生育问题的经济学和社会学分析,只是在改革开放甚至进入了 21 世纪后才进一步活跃起来,之前的研究是零星的,也比较分散;实证多说的是,国内多数研究都是对西方现有经典理论的检验,而不是建立一套符合中国实际情况的新理论。近几十年来,计划生育问题重要且发生了数次变化,加上西方理论源源不断地引入,才推动了国内相关的研究,研究的内容也越发丰富和详尽。

李小平[①]通过研究家庭的无差异曲线和预算线的均衡,推出家庭期望生育率,但没有结合我国的实际生育现状进行进一步讨论。肖经建[②]结合贝克尔的"数量—质量替代"模型对中国家庭的生育决策行为进行了分析。研究指出,家庭对孩子质量的需求收入弹性要远大于对孩子数量的需求收入弹性。这也意味着家庭收入增加将主要用于对孩子质量的需求,而很少增加孩子的数量。姬雄华等[③]、郭剑雄[④]指出家庭人力资本投资与内部生育率决策之间的交互作用是解释人口与经济增长、投资决策行为的重要支撑,但是其理论缺少定量分析。

庄渝霞[⑤]对家庭生育决策行为的研究主要依据成本—效益理论、外部性理论及消费者选择理论。林毅夫[⑥]、邹薇[⑦]利用内生经济增长理论,将人力资本与技术发展等因素作为解释城乡经济差距的重要因素,进行了相关的实证研究,揭示了家庭人力资本投资对家庭经济的重要影响。

---

① 李小平:《期望孩子的交易价格及其在生育控制中的应用》,《中国人口科学》1992 年第 5 期。
② 肖经建:《现代家庭经济学》,上海人民出版社 1993 年版。
③ 姬雄华、冯飞:《我国农村生育率对家庭人力资本的影响与对策》,《农业现代化研究》2007 年第 28 期。
④ 郭剑雄:《人力资本、生育率与城乡收入差距的收敛》,《中国社会科学》2005 年第 3 期。
⑤ 庄渝霞:《社会生育成本研究》,博士学位论文,厦门大学,2006 年。
⑥ 林毅夫、刘培林:《中国的经济发展战略与地区收入差距》,《经济研究》2003 年第 3 期。
⑦ 邹薇、李淑赟:《人力资本结构与长期经济增长:一个新的分析思路》,《中华外国经济学说研究会第十四次学术讨论会论文摘要文集》,2006 年。

这些文献都从社会学或经济学角度对我国的人口现状及存在问题进行分析，说明了经济发展、社会生育水平和家庭人力资本投资之间的相关关系，指明了我国的人口现状、人力资本投资的必要性和实施计划生育政策对我国经济社会的重要影响。

第二节　计划生育政策对教育影响的实证研究

在贝克尔和明塞尔等的理论创建之后，有关计划生育政策及其影响的研究大量涌现出来。这些研究的关注点各不相同，除了我们关注的对教育的影响之外，还有研究对子女福利、年龄结构、劳动供给、个体行为和认知能力等的影响。而且，这些研究绝大部分都属于实证研究。学者们使用了不同国家的微观数据，并借鉴最新的微观计量方法，对上述经典理论进行检验。从结果上看，证实的居多。无论证实与否，只要厘清问题背后的机制，都为我们认清生育政策的影响并对其进行客观评价奠定了基础。

一　计划生育政策对生育率的影响

计划生育政策是不是一定会降低生育率呢？如果是，政策的影响有多久，也就是计划生育政策对生育率是否有长期效应？目前的研究还没有统一的结论。菲利普斯等[1]关于计划生育实验的研究显示，在计划生育实验开始的前两年，实验地区总生育率下降了25%。柯宁等[2]的相关研究发现，在整个20世纪80年代，总和生育率下降的趋势还一直在持续，根据他们的长期追踪调查，计划生育政策的效应至少持续20年，每个家庭平均少出生了1—1.5个孩子，出生间隔也延长了8—13个月。据

---

[1] Phillips, J., Stinson, W. and Bhatia, S., "The Demographic Impact of the Family Planning—Health Services Project in Matlab, Bangladesh", *Studies in Family Planning*, Vol. 13, No. 5, 1982, pp. 131–140.

[2] Koenig, M., Rob, U. and Khan, M., "Contraceptive Use in Matlab, Bangladesh in 1990: Levels, Trends, and Explanations", *Studies in Family Planning*, Vol. 23, No. 6, 1982, pp. 352–364.

学者们[1]估计，终生生育率的下降幅度在14%—23%之间。迪普尔等[2]在关于加纳的Navrongo计划生育实验的研究中发现，在拥有计划生育服务培训和社区服务的实验组中，已婚妇女的生育率下降了15%。与此不同，德赛和塔洛兹[3]在研究埃塞俄比亚的计划生育实验（直接纳入现有的小额信贷方案）时，未发现计划生育实验对生育率有明显的影响。

格特勒等[4]在研究印度尼西亚国家计划生育协调委员会在20世纪70年代末和80年代实施的计划生育政策的影响时，发现计划生育的实施仅仅解释了这一时期（1982—1987年）印度尼西亚生育率下降的4%—8%，其余的均无法通过该政策加以解释。而皮特等[5]的研究则发现，在1976—1986年期间，计划生育方案对生育率没有显著影响。在研究从1965年到1980年哥伦比亚主要的计划生育提供者普罗阿米利亚的长期影响时，米勒[6]发现，计划生育服务的存在解释了这一时期哥伦比亚生育率下降的6%—7%。

由安杰利斯等进行的研究也使用了计划生育实施的空间和时间变化来估计对生育率的长期影响。在两项研究中，他们发现计划生育使得秘鲁出生的孩子减少了25%—35%[7]，使坦桑尼亚出生的孩子减少了

---

[1] Sinha, N., "Fertility, Child Work, and Schooling Consequences of Family Planning Programs: Evidence from an Experiment in Rural Bangladesh", *Economic Development and Cultural Change*, Vol. 54, No. 1, 2005, pp. 97 – 128; Joshi, S. and Schultz, T., 2013, "Family Planning and Women's and Children's Health: Long-Term Consequences of an Outreach Program in Matlab, Bangladesh", *Demography*, Vol. 50, No. 1, 2013, pp. 149 – 180.

[2] Debpuur, C., Phillips, J. and Jackson, E., "The Impact of the Navrongo Project on Contraceptive Knowledge and Use, Reproductive Preferences, and Fertility", *Studies in Family Planning*, Vol. 33, No. 2, 2002, pp. 141 – 164.

[3] Desai, J. and Tarozzi, A., "Microcredit, Family Planning Programs, and Contraceptive Behavior: Evidence from a Field Experiment in Ethiopia", *Demography*, Vol. 48, No. 2, 2011, pp. 749 – 782.

[4] Gertler, P., and Molyneaux, J., "How Economic Development and Family Planning Programs Combined to Reduce Indonesian Fertility", *Demography*, Vol. 31, No. 1, 1994, pp. 33 – 63.

[5] Pitt, M., Rosenzweig, M. and Gibbons, D., "The Determinants and Consequences of the Placement of Government Programs in Indonesia", *The World Bank Economic Review*, Vol. 7, No. 3, 1993, pp. 319 – 348.

[6] Miller, G., "Contraception as Development? New Evidence from Family Planning in Colombia", *The Economic Journal*, Vol. 120, No. 545, 2010, pp. 709 – 736.

[7] Angeles, G., Guilkey, D. and Mroz, T., "The Determinants of Frtility in Rural Peru: Program Effects in the Early Years of the National Family Planning Program", *Journal of Population Economics*, Vol. 18, No. 2, 2005, pp. 367 – 389.

10%—20%①。在研究印度尼西亚计划生育对生育率的影响时,安杰利斯、吉尔基和姆罗茨②发现,生育率的下降中约有20%的部分(大约减少一个孩子)同计划生育的长期存在有关。

萨利希—伊斯法哈尼等③研究了20世纪80年代伊朗的计划生育对生育率的影响。政策造成了生育率显著下降,研究期间生育率下降的8%—20%可以由计划生育政策加以解释。通过分析2006年伊朗人口普查中各年龄组妇女接触计划生育方案的情况。莫德里克等④发现,在20—34岁之间首次接触计划生育的妇女所生的孩子数量减少了18%,在15—19岁之间首次接触计划生育的妇女所生的孩子数量减少了28%。使用类似的方法,哈谢米和萨利希·伊斯法罕⑤的研究表明,计划生育使生育间隔增加了5%—7%。

鲍勃-埃利奇斯⑥使用了类似断点回归的方法,研究了1989年罗马尼亚突然终止有关堕胎和计划生育禁令的影响,发现禁令的解除与生育率下降30%有关。德席尔瓦和滕雷罗⑦通过研究发现,计划生育在全球生育率最近几十年的下降中发挥了重要作用。

有关中国的研究方面,一些研究认为计划生育政策解释了中国生育

---

① Angeles, G., Guilkey, D. and Mroz, T., "Purposive Program Placement and the Estimation of Family Planning Program Effects in Tanzania", *Journal of the American Statistical Association*, Vol. 93, No. 443, 1998, pp. 884 – 899.

② Angeles, G., Guilkey, D. and Mroz, T., "The Effects of Education and Family Planning Programs on Fertility in Indonesia", *Economic Development and Cultural Change*, Vol. 54, No. 1, 2005, pp. 165 – 201.

③ Salehi-isfahani, D., Abbasi-shavazi, M. and Hosseini-Chavoshi, M., "Family Planning and Fertility Decline in Rural Iran: The Impact of Rural Health Clinics", *Health Economics*, Vol. 19, No. 5, 2010, pp. 159 – 180.

④ Modrek, S. and Ghobadi, N., "The Expansion of Health Houses and Fertility Outcomes in Rural Iran", *Studies in Family Planning*, Vol. 42, No. 3, 2011, pp. 37 – 146.

⑤ Salehi-isfahani, D., "From Health Service Delivery to Family Planning: The Changing Impact of Health Clinics on Fertility in Rural Iran", *Economic Development and Cultural Change*, Vol. 61, No. 2, 2013, pp. 281 – 309.

⑥ Pop-Eleches, C., "The Supply of Birth Control Methods, Education, and Fertility: Evidence from Romania", *Journal of Human Resources*, Vol. 45, No. 4, 2010, pp. 971 – 997.

⑦ De Silvat and Tenreyro S., "Population Control Policies and Fertility Convergence", *Journal of Economic Perspectives*, Vol. 31, No. 4, 2017, pp. 205 – 228.

率下降的相当大一部分①。例如，李等基于双重差分法调查了汉族和少数民族之间有二胎概率的差异，他们发现与少数民族相比，独生子女政策使得汉族人生二胎的概率显著降低了11个百分点。除了独生子女政策，20世纪70年代的"晚、稀、少"计划生育运动也是学者们研究的关注点。很多研究发现，这一计划也大大降低了受影响的人口的生育率。比如，陈和方②的研究显示，"晚、稀、少"运动可以解释生育率下降的50%左右，大大减少了每对夫妇生育的孩子数量。

但也有许多研究发现，独生子女政策仅仅解释了生育率变化的一小部分③。生育率下降的很大一部分可归因于广泛的社会经济发展④，例如，妇女的学校教育，家庭收入以及劳动力从农业活动向工业生产的转变。

麦克尔罗伊和杨利用计划生育政策执行的时间和空间变化来确定计划生育政策对生育率的影响。他们发现，对生育率的影响很小，若完全取消现有的惩罚措施将使每名妇女的生育率小幅增加，大概多生育0.33个孩子。王⑤的模拟结果表明，如果没有计划生育政策，1970年出生的女性一生中会生育2.5—3.5个孩子，而1980年出生的女性的生育会进一步下降到2—3个孩子。

蔡⑥通过比较江苏和浙江独生子女政策实施强度的差异，发现独生

---

① Lavely, W. and Freedman, R., "The Origins of the Chinese Fertility Decline", *Demography*, Vol. 27, No. 3, 1990, pp. 357-367; Yang, T. and Chen, D., "Transformations in China's Population Policies and Demographic Structure", *Pacific Economic Review*, Vol. 9, No. 3, 2004, pp. 269-290.

② Chen, Y. and Fang, H., "The Long-term Consequences of Having Fewer Children in Old Age: Evidence from China's 'Later, Longer, Fewer' Campaign", *NBER Working Paper*, No. 25041, 2018.

③ Schultz, P. and Zeng, Y., "Fertility of Rural China Effects of Local Family Planning and Health Programs", *Journal of Population Economics*, Vol. 8, No. 4, 1995, pp. 329-350; McElroy, M., Yang, D. T., "Carrots and Sticks: Fertility Effects of China's Population Policies", *American Economic Review*, Vol. 90, No. 2, 2000, pp. 389-392; Whyte, M. K., Wang, F. and Cai, Y., "Challenging Myths About China's One-Child Policy", *China Journal*, Vol. 71, 2015, pp. 144-159.

④ Zhang, J., "Socioeconomic Determinants of Fertility in China: A Microeconometric Analysis", *Journal of Population Economics*, Vol. 3, No. 2, 1990, pp. 105-123.

⑤ Wang, F., Zhao, L. and Zhao, Z., "China's Family Planning Policies and Their Labor Market Consequences", *Journal of Population Economics*, Vol. 30, No. 1, 2016, pp. 31-68.

⑥ Cai, Y., "China's Below-Replacement Fertility: Government Policy or Socioeconomic Development?", *Population and Development Review*, Vol. 36, No. 3, 2010, pp. 419-440.

子女政策可能加速了中国生育率降到替代水平之下的这一进程，但不是低生育率的最重要的原因，社会经济因素才是关键。怀特和王等[1]认为，中国的总和生育率在20世纪的70年代从每名妇女生6人下降到每名妇女生2.7人，这意味着到目前为止生育率下降的约四分之三是发生在独生子女政策之前。进而，他们将生育率下降归因于70年代的"晚、稀、少"政策，并认为中国自改革开放以来的经济快速增长是生育率进一步下降的重要原因。张等[2]的研究也发现，独生子女政策能够在短期内使得生育率下降更快，但是从长期来看，经济发展才是最重要的因素。

在研究二胎政策对生育率的影响时，我们要重点介绍一下王等的研究。他们预测，如果二胎政策在2015年实施，2016年的总和生育率可能不会超过1.93‰。此后不久，生育率就会下降。因此，即使实施二胎政策，生育率的增长也将是温和的，每名妇女多生育0.3—0.7胎。即使生育率增加0.7‰，中国总人口仍将在2030年左右达到峰值，约为14.6亿人。他们还模拟了未来30年独生子女和二孩政策下的老龄人口比例，发现这两种政策下只有很小的差异。也就是说，新的二胎政策无法将中国从老龄化的泥沼中拉出来。有效的手段是取消生育配额而不是二胎政策，但这也可能还远远不够。根据日本、韩国等国家的经验，中国应该尽快采取行动。

二 计划生育政策对教育的影响

学者在研究计划生育政策对儿童教育的影响时，相当一部分研究都是从贝克尔经典的"数量—质量替代"模型出发展开的，这是因为该模型从逻辑上给出了生育政策影响儿童教育的经济机制，在大数据时代，这种由经典理论驱动的实证研究显得尤为珍贵。

经济学家关注商品的数量和质量之间替代关系已经有大半个世纪的时间了。从贝克尔及其同事开创性的工作开始，学者们建立了一个丰富的理论框架来理解生育政策、儿童数量和质量之间的相互作用。"数量—

---

[1] Whyte, M. K., Wang, F. and Cai, Y., "Challenging Myths About China's One-Child Policy", *China Journal*, Vol. 74, 2015, pp. 144 – 159.

[2] Zhang, J., "The Evolution of China's One-Child Policy and Its Effects on Family Outcomes", *Journal of Economic Perspectives*, Vol. 31, No. 1, 2017, pp. 141 – 160.

第三章　有关生育政策影响的文献综述

质量替代"模型主要有三层含义：家庭在约束条件下追求效用最大化；孩子的数量与质量之间可以互相替代；时间价值的上升导致家庭用提高孩子质量的形式来对孩子的数量进行替代①。

在理论模型基础上，众多学者进行了大量实证研究，以验证数量和质量之间是否存在替代关系。实证研究的结论不尽相同。一些实证研究表明，家庭规模和质量之间存在负相关关系②。但也有一些研究表明二者之间没有关系③，甚至存在正相关关系④。

不同学者得出不同结论，主要原因在于：（1）由于研究样本选取的不同。比如布拉克⑤以挪威为研究对象、刘以中国为研究对象，等等。（2）儿童质量的衡量指标不同。比如菲兹西蒙斯和马尔德的研究是以受教育年限作为质量的衡量指标，而刘的研究是以身高作为质量的衡量指标，等等。（3）选取的工具变量不同。如罗森茨魏格和沃尔平以多胞胎

---

① 许艳丽：《论独生子女家庭人力资本投资的性别偏好》，《人口与经济》2007 年第 3 期。

② Glick, P. and Sahn, D. E., "The Demand for Primary Schooling in Madagascar: Price, Quality, and the Choice Between Public and Private Providers", *Journal of Development Economics*, Vol. 79, No. 1, 2006, pp. 118 – 145; Rosenzweig, M. R. and Zhang, J., "Do Population Control Policies Induce More Human Capital Investment? Twins, Birth Weight and China's 'One-Child' Policy", *Review of Economic Studies*, Vol. 76, No. 3, 2009, pp. 1149 – 1174; Hatton, T. J. and Martin, R. M., "Fertility Decline and the Heights of Children in Britain, 1886 – 1938", *Explorations in Economic History*, Vol. 47, No. 4, 2010, pp. 505 – 519; Liu, H., "The Quality-quantity Trade-off: Evidence from the Relaxation of China's One-Child Policy", *Journal of Population Economics*, Vol. 27, No. 2, 2014, pp. 565 – 602; Lee, J., "Sibling Size and Investment in Children's Education: An Asian Instrument", *Journal of Population Economics*, Vol. 21, No. 4, 2008, pp. 855 – 875; Millimet, D. L. and Wang, L., "Is the Quantity-Quality Trade-Off a Trade-Off for All, None, or Some?", *Economic Development and Cultural Change*, Vol. 60, No. 1, 2011, pp. 155 – 195.

③ Angrist, J., Lavy, V. and Schlosser A., "Multiple Experiments for the Causal Link Between the Quantity and Quality of Children", *Journal of Labor Economics*, Vol. 28, No. 4, 2010, pp. 773 – 824; Fitzsimons, E. and Malde Bansi, "Empirically Probing the Quantity-quality Model", *Journal of Population Economics*, Vol. 27, No. 1, 2014, pp. 33 – 68.

④ Qian, N., "Quantity-Quality and the One Child Policy: The Only-Child Disadvantage in School Enrollment in Rural China", *NBER Working Paper*, No. 14973, 2009; Lordan, G. and Frijters, P., "Unplanned Pregnancy and the Impact on Sibling Health Outcomes", *Health Economics*, Vol. 22, No. 8, 2013, pp. 903 – 914.

⑤ Black, S. E., Devereux, P. J. and Salvanes, K. G., "Small family, Smart Family? Family Size and the IQ Scores of Young Men", *Journal of Human Resources*, Vol. 45, No. 1, 2010, pp. 33 – 58.

作为工具变量,而钱以独生子女政策作为工具变量,等等。

虽然学者们进行了大量的实证研究,但子女数量的内生性问题一直是学者们致力于解决的问题,并采用了不同的措施来解决内生性的问题,主要有双胞胎、子女性别构成、外生冲击,如表 3-1 所示。

在关于"数量—质量替代"模型的实证研究中,首先要解决的问题就是如何衡量儿童的质量。从表 3-1 中可以看出,虽然学者们在研究中选用的变量有所不同,但从整体上看,仍然是从教育和健康的视角来观察和测度儿童的质量,下面我们就对这些研究做一个详细的综述。

(一) 以教育作为质量指标

1. 数量与质量之间存在替代关系

大量的实证研究表明子女的数量和质量之间存在替代关系,但这些文献在研究对象、研究方法以及选取的外生冲击（IV）方面各有不同。

(1) 研究对象的不同。在国外的研究方面,前述罗森茨魏格和沃尔平关于印度的研究、格利克等以及波普·艾丽切斯关于罗马尼亚的研究、卡塞雷斯·德尔皮亚诺关于美国的研究、哈顿和马丁关于英国的研究、米利梅特和王关于印度尼西亚的研究,等等,均证实了贝克尔数量与质量替代理论的真实存在性。再如,李鉴于韩国家庭重男轻女的社会现实,在控制了难以观测的异质性偏好后,发现家庭子女数量的增加会对每一个子女的教育投资产生负效应。他选择用父母在子女教育的金钱投资作为子女质量的衡量方式,而非传统办法利用子女在校的学习表现。同时,作者还选择用第一位子女的性别作为工具变量。由于重男轻女观念的存在,如果第一个孩子为女儿,父母更可能会再生一个,故对于子女数量而言,用第一个孩子的性别作为工具变量是一个不错的选择。研究表明,低生育率的事实与传统的重男轻女有利于生育率提高的观念相违背,而人流技术的存在导致了低生育率与重男轻女同时存在于现实社会中。此外,在韩国,子女课后补课占教育投资较大的比重,并且教育投资呈逐年增长的态势。应该说,类似的研究对我们分析中国的问题是非常有借鉴意义的。

表3-1 代表性文献中有关质量的衡量指标以及使用的工具变量（IV）

作者	研究的国家	质量指标	IV
罗森茨魏格和沃尔平①	印度		双胞胎
布拉克等②	挪威	受教育年限	
卡塞雷斯·德尔皮亚诺③	美国	私立学校入学率（教育投资）	
李等④	中国	受教育水平/入学率	
布拉克等⑤	挪威	IQ	
		高中完成率	
安格里斯特等⑥	以色列	受教育年限	
菲茨西蒙斯和马尔德⑦	墨西哥	受教育年限	
		入学率	
庞塞科和索扎	巴西	受教育年限	
布拉克等	挪威	受教育年限	性别构成
康利和格劳伯⑧	美国	进入私立学校的可能性	
李	韩国	总教育投资	
安格里斯特等	以色列	受教育年限	
米利梅特和王	印度尼西亚	BMI	

---

① Rosenzweig, M. and Wolpin, K., "Testing the Quantity-Quality Fertility Model: The Use of Twins as a Natural Experiment", *Econometrica*, Vol. 48, No. 1, 1980, pp. 227-240.

② Black, S. E., Devereux, P. J. and Salvanes, K. G., "The More the Merrier? The Effect of Family Size and Birth Order on Children's Education", *Quarterly Journal of Economics*, Vol. 120, No. 2, 2005, pp. 669-700.

③ Cáceres-Delpiano, J., "The Impacts of Family Size on Investment in Child Quality", *Journal of Human Resources*, Vol. 41, No. 4, 2006, pp. 738-754.

④ Li, H., Zhang, J. and Zhu, Y., "The Quantity-Quality Trade-off of Children in a Developing Country: Identification Using Chinese Twins", *Demography*, Vol. 45, No. 1, 2008, pp. 223-243.

⑤ Black, E. Devereux, J. and Salvanes, G., "Small Family, Smart Family? Family Size and the IQ Scores of Young Men", *Journal of Human Resources*, Vol. 45, No. 1, 2010, pp. 33-58.

⑥ Angrist, J., Lavy, V. and Schlosser A., "Multiple Experiments for the Causal Link Between the Quantity and Quality of Children", *Journal of Labor Economics*, Vol. 28, No. 4, 2010, pp. 773-824.

⑦ Fitzsimons, E. and Malde, B., "Empirically Probing the Quantity-quality Model", *IFS Working Papers*, Institute for Fiscal Studies, No. W10/20, 2010.

⑧ Conley, D. and Glauber, R., "Parental Educational Investment and Children's Academic Risk Estimates of the Impact of Sibship Size and Birth Order from Exogenous Variation in Fertility", *Journal of Human Resources*, Vol. 41, No. 4, 2006, pp. 722-737.

续表

作者	研究的国家	质量指标	IV
霍兹等①	美国	高中完成情况	外生冲击：流产
马拉拉尼②	印度尼西亚	受教育年限	
罗森茨魏格和沃尔平③	菲律宾	身高、体重	
乔希和舒尔茨④	孟加拉国	BMI	
唐和罗杰斯⑤	越南	受教育年限	
		私人补习	
钱⑥	中国	升学率	外生冲击：计划生育
刘		身高	
		教育程度（入学率、中学毕业情况、受教育年限）	
钟⑦		身高、自评健康状况和体质指数（BMI）	
		心理健康（多指标）	
李和张⑧		最高教育水平、初中入学率	
秦等⑨		受教育年限	

① Hotz, V. J., Mullin, C. H. and Sanders, S. G., "Bounding Causal Effects Using Data from a Contaminated Natural Experiment: Analysing the Effects of Teenage Childbearing", *The Review of Economic Studies*, Vol. 64, No. 4, 1997, pp. 575–603.

② Maralani, V., "The Changing Relationship Between Family Size and Educational Attainment over the Course of Socioeconomic Development: Evidence from Indonesia", *Demography*, Vol. 45, No. 3, 2008, pp. 693–717.

③ Rosenzweig, Mark, R. and Wolpin, K. I., "Evaluating the Effects of Optimally Distributed Public Programs: Child Health and Family Planning Interventions", *The American Economic Review*, Vol. 76, No. 3, 1986, pp. 470–482.

④ Joshi, S. and Schultz, T. P., "Family Planning as an Investment in Development: Evaluation of a Program's Consequences in Matlab, Bangladesh", *Yale University Economic Growth Center Discussion Paper*, 2007.

⑤ Dang, H. H. and Rogers, F. H., "The Decision to Invest in Child Quality over Quantity: Household Size and Household Investment in Education in Vietnam", *The World Bank Economic Review*, Vol. 30, No. 1, 2016, pp. 104–142.

⑥ Qian, N., "Quantity-Quality and the One Child Policy: The Only-Child Disadvantage in School Enrollment in Rural China", *NBER Working Paper*, No. 14973, 2009.

⑦ Zhong, H., "The Effect of Sibling Size on Children's Health: A Regression Discontinuity Design Approach Based on China's One-child Policy", *China Economic Review*, Vol. 31, 2014, pp. 156–165.

⑧ Li, B. and Zhang, H., "Does Population Control Lead to Better Child Quality? Evidence from China's One-Child Policy Enforcement", *Journal of Comparative Economics*, Vol. 45, No. 2, 2017, pp. 246–260.

⑨ Qin, X., Zhuang, C. C. and Yang, R., "Does the One-Child Policy Improve Children's Human Capital in Urban China? A Regression Discontinuity Design", *Journal of Comparative Economics*, Vol. 45, No. 2, 2017, pp. 287–303.

国内研究方面，李等、李和张、秦等、于倩等许多研究，均以中国作为研究对象，并证实了子女数量与质量之间确实存在替代关系。同时，也有很多学者进一步将样本限定在农村、城市、农村与城市之间对比分析，以证实"数量—质量替代"理论在中国确实存在，比如以下方面的研究：

农村样本方面，张凡永、陈方红[①]通过问卷调查探讨家庭子女数量与高等教育选择的关系时发现，农村家庭随着子女数量的增加，家庭高等教育选择意愿与选择期望的总体趋势均有所降低。同样对农村家庭进行研究，杨春芳[②]以中国劳动力动态调查数据作为研究资料来源，使用包含1559个农村家庭的样本发现家庭对未成年子女的人均投资水平与子女教育存在显著负相关关系。

而甘宇[③]使用901个城市家庭的样本研究发现未成年子女数量上升的家庭，其子女的人均教育投资水平将下降。还有的学者用农村和城市样本进行对比分析，如李和张用双胞胎来衡量家庭规模，为家庭规模与子女教育水平之间的因果关系找到合适的证据。这种关系在中国农村更为明显，而在中国城市这种影响减小甚至为0。刘苓玲、王克[④]基于CGSS的经验数据，发现子女数量的增加会显著降低其受教育的程度，并讨论了这种数量与质量替代效应在城乡家庭的异质性，随着子女数量增加，"少生组"家庭或"非农户口"家庭中子女受教育程度会受到更大影响，且他们中受到教育程度为"大专及以上"的概率更大程度上会降低。同样进行对比分析的还有李超[⑤]，他基于微观人力资本投资视角，利用中国家庭追踪调查2010—2014年的面板数据，发现抚幼负担对我国家庭的人力资本投资有显著影响，且对我国农村家庭和中西部家庭的负效应显

---

① 张凡永、陈方红：《农村家庭子女数量与高等教育选择的关系——基于江西省D县的调查》，《高等教育研究》2014年第10期。

② 杨春芳：《未成年子女数量与家庭教育投资的城乡比较研究》，《重庆工商大学学报》（社会科学版）2017年第34期。

③ 甘宇：《家庭收入、未成年子女数量与城市家庭教育投资》，《广州大学学报》（社会科学版）2015年第14期。

④ 刘苓玲、王克：《子女数量对其受教育程度的影响研究——基于经验数据的实证分析》，《南京财经大学学报》2016年第4期。

⑤ 李超：《老龄化、抚幼负担与微观人力资本投资——基于CFPS家庭数据的实证研究》，《经济学动态》2016年第12期。

著大于城镇家庭和东部家庭，对低收入家庭人力资本投资的影响小于其他阶层家庭，该回归结果支持了我国家庭子女质量与数量的替代理论。

（2）研究方法不同。有的学者采用二阶段最小二乘法（2SLS），如李等以中国人口数据作为样本，使用双胞胎作为工具变量，采用二阶段最小二乘估计，证明子女数量与质量之间存在替代关系，结果符合贝克尔的"数量—质量替代"模型；有的学者使用双重差分法（DID），如李和张利用独生子女政策（OCP）在不同地区实行力度的区域差异作为工具变量。使用区域 EFR 的差异，过去出现的生育偏好与社会经济方面出现的净差异特征，以替代 OCP 执法强度的地域差异。利用双重差分法（DID），发现独生子女政策实施更为严格的地区家庭规模下降幅度更大，儿童教育水平（最高教育水平和初中入学率）也有较大提高。还有的学者采用断点回归方法（RD）。秦等使用 2005 年中国人口普查调查数据，采用模糊 RD 设计方法探讨了中国独生子女政策与人力资本长期积累之间的因果关系。他们选择子女的出生日期作为赋值变量，断点选择为 1979 年计划生育政策正式实施时间，独生子女占比作为处理变量，子女的升学率作为结果变量，证实独生子女政策对符合要求的家庭中的独生子女的人力资本存量具有显著的积极影响，并且儿童的数量和质量之间存在负的因果关系。

同样，于倩采用断点回归发现一胎政策的顺从者成为独生子女后使得受教育年限提高五六年，由此可见家庭子女数量的减少将导致子女质量的显著提高，这与经典理论中的预测是一致的。

（3）选取的工具变量（或外生冲击）不同。有学者以双胞胎作为子女数量（家庭规模）的工具变量，如罗森茨魏格和沃尔平将多胞胎作为家庭子女规模的工具变量；李等将兄弟姐妹间的孪生关系作为衡量非双胞胎子女家庭规模的工具变量，结果符合贝克尔的模型。同样，罗森茨魏格和张将双胞胎作为家庭规模的外生变量，用于解决子女数量的内生性问题，并证实了"数量—质量替代"模型替代效应的存在；有学者以子女的性别或性别构成作为子女数量的工具变量，如康利和格劳伯[1]使

---

[1] Conley, D. and Glauber, R., "Parental Educational Investment and Children's Academic Risk Estimates of the Impact of Sibship Size and Birth Order from Exogenous Variation in Fertility", *Journal of Human Resources*, Vol. 41, No. 4, 2006, pp. 722–737.

用年龄最大的两个子女的性别构成作为兄弟姐妹数量的工具变量,发现兄弟姐妹数量的增加会对第二胎男孩的教育产生负面影响,说明子女数量增加会使其受教育水平下降。贝克尔等[1]同样以性别构成作为 IV,他们基于 19 世纪中叶普鲁士的总体区域数据从宏观视角观察"数量—质量替代"模型的替代效应,实证结果支持替代效应的存在;也有学者用流产作为子女数量(家庭规模)的外生冲击,如霍兹等[2]和马拉拉尼[3]以母亲的流产作为子女数量的外生冲击,以检验子女数量和质量之间的替代关系;有的研究以计划生育作为子女数量(家庭规模)的外生冲击,如波普·艾丽切斯关于罗马尼亚计划生育影响的研究发现,那些在禁止堕胎的禁令颁布后出生的孩子完成高中或大学学业的可能性较小(分别为 1.7% 和 1.4%),而获得低回报的职业学位的可能性则高出 2.1%。与之类似的是唐和罗杰斯[4]关于越南计划生育政策效果的研究,他们也发现子女数量会使子女受教育水平或接受私人补习的频率下降。

中国实施的计划生育政策时间久、力度大,政策执行得比较彻底,期间还有过几次调整,相当于一次大型的社会实验,这也为上述相关理论和实证工作提供了丰富的素材,吸引了大批学者的关注。李和张[5]根据中国 1982 年和 1990 年人口普查的微观数据,发现独生子女政策实施严格的地区家庭规模缩减的幅度更大,儿童的教育水平(最高学历和初

---

[1] Becker, O. Cinnirella, F. and Woessmann, L., "The Trade-off Between Fertility and Education: Evidence from Before the Demographic Transition", *Journal of Economic Growth*, Vol. 15, No. 3, 2010, pp. 177 – 204.

[2] Hotz, J., Mullin, H. and Sanders, G., "Bounding Causal Effects Using Data from a Contaminated Natural Experiment: Analysing the Effects of Teenage Childbearing", *The Review of Economic Studies*, Vol. 64, No. 4, 1997, pp. 575 – 603.

[3] Maralani, V., "The Changing Relationship Between Family Size and Educational Attainment over the Course of Socioeconomic Development: Evidence from Indonesia", *Demography*, Vol. 45, No. 3, 2008, pp. 693 – 717.

[4] Dang, H. and Rogers, H., "The Decision to Invest in Child Quality over Quantity: Household Size and Household Investment in Education in Vietnam", *The World Bank Economic Review*, Vol. 30, No. 1, 2016, pp. 104 – 142.

[5] Li, B. and Zhang, H., "Does Population Control Lead to Better Child Quality? Evidence from China's One-child Policy Enforcement", *Journal of Comparative Economics*, Vol. 45, No. 2, 2017, pp. 246 – 260.

中入学率）提高明显。秦等[①]根据2005年中国人口普查调查数据，探讨了中国的独生子女政策与人力资本长期积累之间的因果关系，他们的研究证实了独生子女政策对独生子女的人力资本存量具有显著的积极影响，并且儿童的数量和质量之间存在负向的因果关系。于倩的研究也得出了与之相同的结论。

2. 数量与质量之间没有关系或存在正相关关系

并不是所有的研究都支持贝克尔的观点，也有学者的实证研究表明，孩子的数量和质量之间没有关系，甚至存在正相关关系。

（1）研究对象的不同。国外研究方面，布拉克等基于挪威的数据，以多胞胎作为工具变量，他们的研究表明，家庭在教育方面的投资与生育率之间没有任何关系。安格里斯特等基于以色列的数据以双胞胎作为IV的一项研究也得出了类似的结论。

有关中国的研究方面，钱以计划生育作为外生冲击的研究也认为数量与质量之间并非替代关系，而是正向相关的。刘[②]的研究发现，在以身高作为质量指标时，数量和质量之间的替代关系存在。但当用受教育程度作为质量的衡量指标时，这种替代关系就变得不显著。

（2）选取的工具变量/外生冲击不同。安格里斯特等关于以色列的研究是以双胞胎、性别构成作为子女数量（家庭规模）的工具变量；布拉克等关于挪威的研究是以双胞胎作为子女数量的工具变量；而钱和刘关于中国的研究是以计划生育作为子女数量（家庭规模）的外生冲击，来解决子女数量的内生性问题。虽然选取的工具变量、外生冲击不同，但其研究结论均拒绝数量与质量之间替代关系的存在。

钱利用独生子女政策放松（允许农村夫妇在第一个孩子是女孩的情况下生第二个孩子）的地区差异，使用中国健康与营养调查（CHNS）数据发现，家庭子女规模的变动对于第一个孩子的升学率的影响是积极的，即新子女的出生使得第一个孩子的升学率增加16%，而这种影响在

---

① Qin, X., Zhuang, C. C. and Yang, R., "Does the One-child Policy Improve Children's Human Capital in Urban China? A Regression Discontinuity Design", *Journal of Comparative Economics*, Vol. 45, No. 2, 2017, pp. 287 – 303.

② Liu, H., "The Quality-Quantity Trade-Off: Evidence from the Relaxation of China's One-Child Policy", *Journal of Population Economics*, Vol. 27, No. 2, 2014, pp. 565 – 602.

两个孩子为同一性别时更加明显,背后的原因是学校教育存在规模经济。

刘还利用独生子女政策在各地区实施的差异所引起的生育率变化来确定儿童数量对儿童质量的影响。同样基于 CHNS 数据,他用生育两个孩子的资格、对未经批准生育的罚款以及二者的相互作用作为工具变量,发现当儿童质量以受教育程度(入学率、中学毕业情况、受教育年限)衡量时,在多数情况下,家庭规模对儿童质量(教育)的影响是微不足道的。

3. 影响与出生次序有关

多数学者都在试图验证子女数量和质量之间的关系,也有一些学者想进一步了解这种关系是否会因子女的出生次序而不同,并进行了相关的探索。

布拉克等以出生次序和双胞胎作为工具变量用挪威的数据研究家庭规模对子女教育的影响,得出了与"数量—质量替代"模型一致的结论。不过,在把出生次序加入模型之后,家庭规模对子女教育的影响降至零,而出生次序对子女教育的影响却十分显著。鉴于发达国家的家庭规模持续缩减,这一结论具有格外的政策含义。帕克和钟用孟加拉国的数据展开研究,他们从受教育程度和就业率的视角发现,家庭规模对子女教育的影响会因子女的出生次序的不同而不同,子女数量增加对第一、二顺位出生的孩子有显著的负面影响,但对之后出生的孩子的影响不大。罗凯和周黎安[①]利用 CHNS 数据研究发现子女受教育程度与出生次序正相关。在农村地区,出生顺序的效应显著为正,且男孩平均效应大于女孩,但这些现象在城镇地区均不显著。

(二)将健康状况作为质量指标

1. 子女的数量与质量之间存在替代关系

(1)身体健康。罗森茨魏格和沃尔平将计划生育政策作为家庭规模的外生冲击对菲律宾的儿童进行研究,发现计划生育与儿童身高增加 7% 和儿童体重增加 12% 有关。桥西和舒尔茨用同样的方法研究了 1977 年开始于孟加拉国 Matlab 地区的计划生育实验,他们发现,相对于对照

---

① 罗凯、周黎安:《子女出生顺序和性别差异对教育人力资本的影响——一个基于家庭经济学视角的分析》,《经济科学》2010 年第 3 期。

组（非计划生育）同一年龄层的女孩来说，Matlab 实验组（实施计划生育）中女孩"体重/身高 z 得分"要高出 0.4 个标准差，也就是说，计划生育政策的实施改善了实验组女孩的健康状况。

法尔伯①的研究发现，在美国，独生子女的平均体重和身高显著高于非独生子女。此外，加格等②利用世界银行关于加纳的 1988—1989 年生活标准调查数据发现，孩子的健康状况与家庭规模负相关，这也同"数量—质量替代"模型的结论一致。

一些基于中国的研究也得出了类似的结论。刘以身高作为子女质量的衡量标准，利用不同地区独生子女政策实施情况的差异观察生育率的变化，他发现，在独生子女政策执行更严格的环境中出生的儿童身高更高，这表明子女的数量会对其质量（身高）产生替代效应。樊敏杰通过对 1—14 岁儿童的健康数据进行研究发现，在严格的"一胎化"政策下，与非独生子女相比，独生子女的身体素质要更高一些。还有学者利用体育测试结果进行研究，发现独生子女的平均身高要比非独生子女高，非独生子女的平均体重要比独生子女轻。其他一些学者也得出了类似的结论③。宋月萍和谭琳④使用"中国营养与健康调查"（CHNS）的数据考察了在农村一孩政策、一孩半政策与二孩政策执行地区的男孩与女孩健康差异情况，发现计划生育政策对不同性别儿童的健康影响并不显著，反而是家庭决策层面的影响更大。1991—2000 年间，男孩和女孩之间的健康差异逐步缩小，但男孩偏好依然存在。

（2）心理健康。杨等⑤的研究发现，对于那些在已经实施"一胎"政策下出生的非独生子女来说，他们可能会受到社会歧视，进而造成心

---

① Falbo, T., "The One-child Family in the United States: Research Issues and Results", *Studies in Family Planning*, Vol. 13, No. 6, 1982, pp. 212 – 215.

② Garg, A. and Morduch, J., "Sibling Rivalry, Resource Constraints, and the Health of Children: Evidence from Ghana", *Development Discussion Papers-harvard Institute for International Development*, No. 1779, 1996.

③ 孙乃学：《大学生独生子女体质调查》，《中国公共卫生》2002 年第 6 期。

④ 宋月萍、谭琳：《男孩偏好与儿童健康的性别差异：基于农村计划生育政策环境的考察》，《人口研究》2008 年第 3 期。

⑤ Yang, B., Ollendick, H. and Dong, Q., "Only Children and Children with Siblings in the People's Republic of China: Levels of Fear, Anxiety, and Depression", *Child development*, Vol. 66, No. 5, 1995, pp. 1301 – 1311.

理调节能力变差,产生高度的焦虑、抑郁和仇视心理。与之类似,赖斯等[1]的研究发现,子女可能会被父母区别对待,或者子女认为自己得到父母的爱(与其他兄弟姐妹相比)有所不同,从而催生出不良的情绪和行为,这对其心理健康大为不利。此外,王等[2]的研究也发现,非独生子女更容易焦虑抑郁、神经质,并且有更强的敌对性,他们也得出了"一胎化"政策会对非独生子女的性格特征和抑郁程度产生影响的结论。

虽然很多学者从健康的角度证实了"数量—质量替代"模型,但是也有学者得出不一样的结论。刘浩和陈世金[3]的研究表明,计划生育政策下人口的数量和质量之间虽然存在替代关系,但是健康的质量效应要明显低于其数量效应,没有达到替代效果。

2. 子女的数量与质量之间不相关

钟利用 CHNS 的数据,以身高、自评健康状况和体质指数(BMI)作为质量的衡量指标,虽然也采用了断点回归的方法(RD),但他们并未发现独生子女政策带来的子女数量变化对健康有显著的影响。

3. 子女的数量与质量之间存在正向关系

尼尔[4]首先指出兄弟姐妹的存在有利于孩子心理健康的发展。随后更多的西方学者发现,独生子女容易以自我为中心,出现焦虑、冲动、适应能力差等一些问题(比如罗森博格的研究)。国内的学者樊敏杰通过"城镇居民医疗保险入户调查"中 1—14 岁儿童的数据研究发现,在严格的"一胎化"政策下,独生子女(与非独生子女相比)的身心健康状况都要更差一些,从而得出了与"数量—质量替代"模型相反的结论。

(三)将教育投资作为质量指标

学者们在对"数量—质量替代"理论进行验证时,大多以子女的教

---

[1] Reiss, D., Neiderhiser, J. M., Hetherington, M., *The Relationship Code: Deciphering Genetic and Social Influences on Adolescent Development*, Cambridge: Harvard University Press, 2000.

[2] Wang, W., Du, W. Y. and Liu, P., "Five-factor Personality Measures in Chinese University Students: Effects of One-Child Policy?" *Sychiatry Research*, Vol. 109, No. 1, 2002, pp. 37 – 44.

[3] 刘浩、陈世金:《不同生育率条件下教育与健康的人力资本权衡》,《经济统计学(季刊)》2015 年第 2 期。

[4] Neal, E., "The Only Child", *Mental Health Bulletin*, Vol. 5, No. 9, 1927, pp. 1 – 3.

育水平或健康程度作为质量的衡量指标。不过，有经济学家认为，由于存在难以观测的因素，会导致二者之间存在伪因果关系。比如，父母对子女质量的偏好不同，导致部分父母会更关注子女质量而选择少生，以便让每个子女接受更好的教育。

基于此，李利用父母在子女教育方面的货币投资作为子女质量的衡量指标，他用第一位子女的性别作为工具变量，证实了"数量—质量替代"关系在韩国是存在的。子女数量增加，替代效应就出现，而人口增长的放缓会增加每一个孩子的教育投资。与之类似的还有卡塞雷斯—德尔皮亚诺，他用美国的数据研究家庭规模对子女教育投资的影响，将多胞胎作为家庭子女规模的工具变量，实证研究的结果证实了贝克尔模型的结论，家庭规模的外生性变化会对子女的教育投资产生负面效应，影响了子女上私立学校的可能性。

（四）计划生育对子女性别间教育差异的影响

在计划生育政策下，家庭的生育数量受到限制，从而会对政策干预做出反应。比如，传统上的男孩偏好可能会有所变化。像贝尔曼等[1]对印度的研究发现，不同胎次的女孩的死亡率有明显的差别，第二胎女孩的死亡率要明显高于第一胎女孩。

中国家庭在传统上有明显的男孩偏好，代表性的观点如"养儿防老"。在计划生育政策的大背景下，这种偏好会产生什么后果引起了学者们的特别关注，其中一个焦点是性别间的教育等人力资本投资的差异。有研究发现，二孩以上孩次的出生性别比与原存活男孩数呈负相关，与原存活女孩数呈正相关。如高凌[2]的研究表明，不同的生育行为所体现出来的男孩偏好及其程度是不一样的，男孩偏好及其对儿童健康的影响与生育数量、胎次以及性别等因素有关。基于此，有学者开始关注计划生育政策条件下儿童质量性别差异模式及其变化趋势。李[3]利用微观面板数据分析了家庭子女数量和子女的教育水平之间的关系，发现独生子

---

[1] Behrman, J. and Deolalikar, A., "Health and Nutrition", in Chenery and Srinivasan, eds., *Handbook of Development Economics*, Vol. 1, 1988, pp. 631–711.

[2] 高凌：《中国人口出生性别比的分析》，《人口研究》1993年第1期。

[3] Lee, M., "The One-child Policy and Gender Equality in Education in China: Evidence from Household Data", *Journal of Family and Economic Issues*, Vol. 33, No. 1, 2012, pp. 41–52.

与独生女之间的受教育年限没有显著差异，但在多子女家庭中，男性的受教育优势依然明显，以此推测生育政策对女性受教育水平的积极作用在独生女家庭中更为显著。叶华和吴晓刚[1]认为，随着生育率迅速下降，中国呈现出明显的性别平等化趋势，以计划生育政策执行时间来划分出生队列，政策实施后女性在自身教育、家庭地位方面与男性之间的差距开始缩小。陆万军和张彬斌[2]利用生育政策强度在城乡和不同民族之间的差异构造了准自然实验，基于双重差分的估计结果表明，计划生育政策改善了女性的受教育程度，城镇女性和汉族女性的受教育年限增加明显，这一结论与李的研究结果相同。

也有很多学者通过对农村和城市性别间质量差异进行对比分析，发现性别间的教育差异，如陈立娟[3]对家庭内部教育不平等作用机制和历史演变进行分析，发现子女数量增加扩大了城乡家庭内部的教育不平等，这种数量效应在农村家庭中表现尤为明显。农村家庭中子女数量的增加稀释了原本就相对匮乏的资源，父母没有足够资本承担所有子女的教育，不得不在子女间实行差别化的资源配置策略，从而扩大了子女的教育不平等。女儿在家庭内部资源配置处于不利地位，女儿数量越多，家庭内部的教育越不平等，但在城镇家庭中，女儿教育的地位要高于农村家庭，随着家庭规模的小型化和女性性别地位提高，这种性别不平等开始削弱，男女数量的效应趋同。陆万军等[4]认为，在性别偏好影响下，家庭在资源约束条件下会将教育资源明显倾向于男性，导致性别教育差距与女性社会地位相对低。计划生育的实施会使性别间的教育差距缩小。他们利用双重差分的方法证明，城镇地区与部分实施"一孩半政策"和"二孩政策"的农村地区相比，前者因为长期实施严格的独生子女政策而呈现出更明显的性别教育平等趋势，这加速了中国的性别教育平等化。

---

[1] 叶华、吴晓刚：《生育率下降与中国男女教育的平等化趋势》，《社会学研究》2011年第2期。

[2] 陆万军、张彬斌：《中国生育政策对女性地位的影响》，《人口研究》2016年第4期。

[3] 陈立娟：《城乡家庭内部教育不平等的影响机制与演变》，《南京农业大学学报》（社会科学版）2016年第16期。

[4] 陆万军、邹伟、张彬斌：《生育政策、子女数量与中国的性别教育平等》，《南方经济》2019年第9期。

（五）基于中国的研究

与其他国家相比，中国的计划生育政策实施的时间比较长，各地执行得也比较彻底，加上近些年基于中国的微观数据库逐渐建立和完善，这都为验证"数量—质量替代"模型提供了非常丰富的素材。

李等将兄弟姐妹间的孪生关系作为衡量非双胞胎子女家庭规模的工具变量，发现双胞胎增加了非双胞胎子女的家庭规模，降低了非双胞胎子女的受教育程度。他们认为中国的计划生育政策具有提高儿童质量的潜在作用，独生子女政策通过减少一个家庭中的孩子数量而提高了儿童的质量。

罗森茨魏格和张利用双胞胎作为家庭规模的外生变量，通过观察双胞胎和非双胞胎的人力资本投资差异，发现双胞胎的自身效应和交叉同胞效应均为负。刘利用独生子女政策在各地区实施的差异所引起的生育率变化，来确定儿童数量对儿童质量的影响。他用生育两个孩子的资格、对未经批准生育的罚款以及二者的相互作用作为工具变量，利用"中国健康与营养调查"（CHNS）数据发现，当儿童质量以教育程度（入学率、中学毕业情况、受教育年限）衡量时，家庭规模对儿童质量（教育）的影响微不足道。而钟的研究则认为独生子女政策不会对儿童健康有显著影响。

秦等根据2005年"中国人口普查调查"数据，采用模糊断点方法，探讨了中国独生子女政策与人力资本长期积累之间的因果关系。证实该政策对家庭中的独生子女的人力资本存量有积极作用，且儿童的数量和质量之间存在负面的因果关系。

李和张构建了一个定量指标"超额生育"，然后以总和生育率的区域差异、现有生育偏好和社会经济特征的净差异来代表独生子女政策实施强度的区域差异。根据中国1982年和1990年人口普查的数据，利用双重差分法（DID），发现独生子女政策实施更严格的地区家庭规模缩减幅度更大，儿童教育水平（最高教育水平和初中入学率）提高更明显。尽管中国的家庭规模和儿童素质之间存在明显的替代关系，但估计结果表明，政策对人力资本的发展作用有限（最多会使男孩和女孩的受教育年限提高0.36年和0.21年）。

不过，仍然有一些研究否定了数量和质量之间存在替代关系。比如前面提到过的钱的研究，她利用独生子女政策的地区差异（允许农村夫妇在第一个孩子是女孩的情况下生第二个孩子），使用 CHNS 数据发现，第一胎孩子的入学率随着家庭规模的增加而趋于增加，而且在孩子为同性的家庭中效果更大。她认为，这种增长是由于学校教育的规模经济，比如同一个家庭的孩子可以共享课本和衣服。王等认为，独生子女政策并没有通过"数量—质量替代"的渠道显著提高人力资本，因此生育政策放松可能不会显著降低中国的人力资本投资。

一般认为，在中国人的（男孩）性别偏好影响下，家庭在资源约束条件下会将教育资源倾向于男性。从这个意义上讲，实施计划生育政策可通过控制子女数量缓解家庭资源约束，提高每个子女的教育水平，促进教育平等。陆万军等用"中国家庭追踪调查数据"（CFPS）考察了计划生育政策对女性教育的影响。他们发现，计划生育导致了性别间教育差距的缩小。以农村二孩政策地区为参照组，作者分析发现，独生子女政策有助于提高子女的受教育机会，而且女性的改善明显优于男性，这促进了教育的平等。刘华等[①]认为，如果整个社会存在明显的性别偏好，政策干预有可能会诱发家庭性别选择行为，导致出生性别比上升，大量文献探讨了计划生育政策与女性数量减少之间的相关性。

叶华和吴晓刚认为，随着生育率下降，中国将呈现出明显的性别平等化趋势，这一点在没有实施人口控制政策的国家也可以明显观察到。队列差异并不能完全归结为政策干预的结果。陆万军用生育政策强度在城乡和民族之间的差异构造准自然实验，发现城镇女性和汉族女性的受教育年限明显增加。由于城乡和民族之间的"干预—对照"关系存在明显的组间异质性，同时农村地区生育政策存在多样性，可以利用政策多样性来分析不同政策对性别教育机会的影响。

三 计划生育政策对子女健康及认知能力的影响

计划生育政策导致生育率下降，家庭规模变小，孩子的数量减少。在中国，很多家庭变成了独生子女家庭，计划生育对子女人力资本投资的影响不仅局限在教育方面，还包括健康、认知与非认知的能力，等等。

---

① 刘华、钟甫宁、朱晶等：《计划生育政策影响了出生性别比吗？——基于微观行为主体的考察》，《人口学刊》2016 年第 4 期。

法尔博①发现独生子女的平均体重和身高显著高于非独生子女。此外，加格和默多克利用世界银行对加纳所做的 1988—1989 年生活标准调查数据发现，孩子的健康状况与家庭规模负相关，他们都对"数量—质量替代"模型予以证实。在计划生育政策环境下，家庭生育数量受到外部限制，男孩偏好在一定程度上发生了改变。例如，达斯古普塔对印度的研究，穆胡里和普雷斯顿对孟加拉国的研究都发现，不同胎次的女童的死亡率有明显的差别，第二胎女孩的死亡率要明显高于第一胎女孩。高凌在中国的研究也发现二孩以上孩次的出生性别比与原存活男孩数负相关，而与存活女孩数正相关。

不过，随着社会经济的发展，家庭中资源不那么紧张的话，性别偏好对儿童健康状况的影响就会开始减弱，甚至不再显著。宋月萍和谭琳②对中国农村的研究发现，在中国农村儿童总体 HAZ 评分的决定因素中，性别并没有产生显著影响。随着经济发展，由计划生育政策执行程度的强弱所造成的健康差异在逐渐缩小，但依然会存在。刘浩与陈世金的研究表明，计划生育政策导致的量质权衡现象存在，并主要在健康方面起作用，但质量效应并没有超过数量效应。樊敏杰的研究发现，在严格的"一胎化"政策下，独生子女的身体健康状况要好于非独生子女，但其精神健康状况更差。

除了教育和健康的表现之外，还有许多研究考察了"是否为独生子女"对个体行为的影响，这些行为结果常被称作"小皇帝"综合征。布拉克③发现，独生子女更加会以个人为中心，合作意识更少，与同伴相处更差。卡梅隆等④发现，独生子女的信任感更低，可靠性更低，更加风险厌恶，竞争力更低，更加悲观，认真程度更低。罗森博格和王等的研究也都表明，独生子女更容易焦虑和冲动，进而得出了计划生育政策会对独生子

---

① Falbo, T., "The One-Child Family in the United States: Research Issues and Results", *Studies in Family Planning*, Vol. 13, No. 6, 1982, pp. 212 – 215.

② 宋月萍、谭琳：《卫生医疗资源的可及性与农村儿童的健康问题》，《中国人口科学》2006 年第 6 期。

③ Blake, J., "The Only Child in America: Prejudice versus Performance", *Population and Development Review*, Vol. 7, No. 1, 1981, pp. 43 – 54.

④ Cameron, L. Erkal, N. and Gangadharan, L., "Little Emperors: Behavioral Impacts of China's One-Child Policy", *Science*, Vol. 339, No. 6122, 2013, pp. 953 – 957.

女的性格特征和抑郁程度产生影响的结论。也有一些学者得出了相反的结论，像杨等的研究认为，在"独生子女"时代出生的非独生子女可能会受到社会歧视，造成其心理调节能力变差，产生高度的焦虑、抑郁心理。无独有偶，赖斯和内德尔希瑟也认为，由于偏好等原因，父母在对待子女时并非一视同仁，当子女认为自己没有得到父母的重视或爱护时，会产生不良情绪和行为，对于心理健康不利。

第三节 计划生育政策对性别比、父母福利等方面的影响

一 计划生育政策对性别比的影响

计划生育政策的影响是多方面的，除了对儿童的教育、健康之外，从整个社会的角度看，还会影响到性别比例、年龄结构和劳动供给等方面。中国在改革开放后的相当长一段时间里，出现了出生性别比失衡的问题[①]，直到最近几年才逐渐恢复正常。为了分析造成这一现象的原因，学者们从各个角度展开了研究。

一种观点认为，计划生育（特别是独生子女政策）是造成中国性别比例上升的原因之一[②]，李等的研究将中国男性过剩问题归因于计划生育政策。

他们的研究显示，独生子女政策将1991年至2005年出生人口的性别比例提高了约7.0%，大约占性别比例总增长的55%；王等的研究表明，如果没有计划生育政策，中国劳动年龄人口性别比例会更加平衡；众多学者认为计划生育促成了中国低生育率的早日到来，造成了过于狭小的生育选择空间，并与强烈的性别偏好相互冲突和挤压，间接地影响了出生性别比的失衡[③]，并且有学者认为，计划生育导致的性别比例失

---

① Croll, E., *Endangered Daughters: Discrimination and Development in Asia*, London: Routledge, 2000.

② Gupta, D., "Explaining Asia's 'Missing Women': A New Look at the Data", *Population and Development Review*, Vol. 31, No. 3, 2005, pp. 529 – 535.

③ 原新、石海龙：《中国出生性别比偏高与计划生育政策》，《人口研究》2005年第29期；Das Gupta, M. and Jiang, Z. H., "Why is Son Preference so Persistent in East and South Asia? A Cross-country Study of China, India and the Republic of Korea", *Journal of Development Studies*, Vol. 40, No. 2, 2003, pp. 153 – 187；乔晓春：《性别偏好、性别选择与出生性别比》，《中国人口科学》2004年第1期。

衡存在城乡和胎次间的差异①。不过，性别比和独生子女政策之间的关系是一个复杂的关系，性别比与政策的执行方式有关。性别比例失衡最严重的是执行1.5个儿童计划生育政策的地区，其次是独生子女政策的地区，然后是有两个或两个以上儿童政策的地区②。因此，任何关于性别比例失衡原因的争论都必须解释这些家庭差异。不能忽视生育政策在我国出生性别比失衡中所扮演的角色，其直接或间接地激化了出生性别比失衡的程度。

不过，在估计计划生育政策所导致的性别比例变化时，容易出现各种各样的估计偏差③。自20世纪70年代初以来，违反生育限制的父母将会受到处罚，惩罚措施为超生父母提供了一个强烈的动机，不给超生的女儿报户口，因此可能会造成女儿的报告过低，官方报告的性别比例有可能存在向上偏误④。

性别比例的失衡将造成众多男性无法结婚以及贩卖妇女等社会问题⑤。此外，还有学者认为，女性人数的减少将会提高其社会地位，但是古坎德等⑥在另一份研究中发现，在性别比例失衡情况下，农村地区女性地位不升反降，出现扭曲现象。

第二种观点认为，中国的计划生育政策与出生性别比偏高没有关系，即便有，政策的影响也十分有限。姜大伟⑦和原新等的研究发现，出生

---

① 杨菊华：《生育政策的地区差异与儿童性别比关系研究》，《人口研究》2006年第3期。

② Zeng, Y., "Options for Fertility Policy Transition in China", *Population and Development Review*, Vol. 33, No. 2, 2007, pp. 215 – 246.

③ Bulte, E., Heerink, N. and Zhang, X., "China's One-Child Policy and 'the Mystery of Missing Women': Ethnic Minorities and Male-Biased Sex Ratios", *Oxford Bulletin of Economics and Statistics*, Vol. 73, No. 1, 2011, pp. 21 – 39; Chen, Y., Li, H. and Meng, L., "Prenatal Sex Selection and Missing Girls in China: Evidence from the Diffusion of Diagnostic Ultrasound", *Journal of Human Resources*, Vol. 48, No. 1, 2013, pp. 36 – 70.

④ Goodkind, D., "Child Underreporting, Fertility, and Sex Ratio Imbalance in China", *Demography*, Vol. 48, No. 1, 2011, pp. 291 – 316.

⑤ Hudson, M. and den Boer, M., *Bare Branches: The Security Implications of Asia's Surplus Male Population*, Cambridge: MIT Press, 2004.

⑥ Goodkind, D., "On Substituting Sex Preference Strategies in East Asia: Does Prenatal Sex Selection Reduce Postnatal Discrimination?", *Population and Development Review*, Vol. 22, No. 1, 1996, pp. 111 – 125.

⑦ 姜大伟、张星伍、张雄：《中国出生性别比失调问题的原因及其改善》，《西北人口》2012年第4期。

性别比偏高和推行计划生育政策没有直接联系，二者构不成因果关系，原因是，在生育政策相对宽松的地方出生性别比仍然很高①。同样有学者发现，在没有实施计划生育政策的国家和地区，如印度、韩国以及中国台湾，都存在不同程度的出生性别比偏高现象②。

在决定新生人口的性别比方面，除了计划生育政策之外，经济发展以及男孩偏好的文化同样也在起作用。也就是说，在决定性别比方面，文化或经济因素可能与生育政策共同起作用。布尔特等认为，从1981年到2000年，中国这一时期女性赤字的38%—48%可以用独生子女政策来解释。同样，李等认为，在1991—2005年新生人口性别比增长中，有一半以上可以通过计划生育政策（一孩政策）来加以解释。韩等③也指出，随着中国经济的发展、住房的限制、教育的改善和妇女就业机会的增加，中国夫妇有更多的动机使用节育措施，甚至在政府出台计划生育政策之前，就有更多的夫妇选择了小家庭。因此，正如蔡等④的研究所指出的那样，政策并不是中国极低生育率的关键因素，社会经济发展在中国生育率降到更替水平之下的过程中起着决定性的作用。

中国的性别比失衡的问题并非今日才有，李等⑤的研究表明，200年前的中国尽管没有计划生育，但是性别比失衡依然存在，这极有可能和杀害女婴的现象有关。对清代血统的研究也表明，大约10%的女婴可能在1700—1830年间出生后不久死亡。从18世纪末到19世纪60年代，杀害女婴行为一直存在，性别比例直到1960年后才进入自然范围，19世

---

① 蔡菲、陈胜利：《限制生育政策不是影响出生人口性别比升高的主要原因》，《市场与人口分析》2006年第3期。

② 邓国胜：《低生育水平与出生性别比偏高的后果》，《清华大学学报》（哲学社会科学版）2000年第4期。

③ Han, H., "Under the Shadow of the Collective Good", *Modern China*, Vol. 33, No. 3, 2007, pp. 320 – 348.

④ Cai, Y., "China's Below-Replacement Fertility: Government Policy or Socioeconomic Development?", *Population and Development Review*, Vol. 36, No. 3, 2010, pp. 419 – 440.

⑤ Lee, J. Feng, W. and Cameron, C., "Infant and Child Mortality among the Qing Nobility: Implications for Two Types of Positive Check", *Population Studies*, Vol. 48, No. 3, 1994, pp. 395 – 411; Lee, J. and Cameron, D. C., *Fate and Fortune in Rural China: Social Organization and Population Behavior in Liaoning*, 1774 – 1873, New York: Cambridge Unversity Press, 1997.

纪70年代中期开始上升。朱等①对性别比扭曲的研究证明，出生时未登记女孩、杀害女婴、性别选择性堕胎是造成"消失的女孩"问题的三个主要原因。正如黄等②所认为的那样，性别偏好引起了性别比例的失衡，计划生育与男孩偏好的传统文化，造成了性别在数量上的明显差异，这是中国现代性的一个固有特征。

如果重男轻女的传统意识是造成性别间不平衡的原因，那么，这种意识的减少标志着性别比开始恢复正常。例如，张③在研究中提出，有家庭经济转向集体经济造成男性的支柱地位下降，导致性别比例逐步正常。钟等④对20世纪韩国的研究发现，随着2005年最高法院裁定妇女拥有平等的权利和责任照顾其祖先，使得韩国在宗教仪式、遗产继承和养老保障等方面的重男轻女动机降低。此外，在日本，虽然在拜祭祖先及土地继承方面存在长子继承的传统⑤。但由于社会养老体系的建立，长子和儿子的作用下降，导致性别比例失衡的问题开始变化。所以，有学者认为，如果不解决性别偏好问题，即使放开了计划生育政策，也不能从根本上解决出生性别比偏高的问题⑥。

第三种观点认为，严格的生育控制政策对出生性别比的上升起抑制作用。由于孩次越高，人口出生性别比越高。所以，严格的计划生育政策阻止了高位次孩子的出生，进而抑制了性别比的上升。

如何避免性别失衡的发生呢？基于现有的研究，一些学者建议对计划生育政策进行调整，如曾认为，将政策修改为"两个孩子加上生育间

---

① Chu, J., "Prenatal Sex Determination and Sex-selective Abortion in Rural Central China", *Population and Development Review*, Vol. 27, No. 2, 2001, pp. 259 – 281.

② Huang, Y. and Dali, L., "China's Unbalanced Sex-ratios: Politics and Policy Response", *The Chinese Historical Review*, Vol. 13, No. 1, 2006, pp. 1 – 15.

③ Zhang, W., "'A Married-out Daughter is Like Spilt Water' Women's Increasing Contacts and Enhanced Ties with Their Natal Families in Post-reform Rural North China", *Modern China*, Vol. 35, No. 3, 2009, pp. 256 – 283.

④ Chung, W. and Das Gupta, M., "The Decline of Son Preference in South Korea: The Roles of Development and Public Policy", *Population and Development Review*, Vol. 33, No. 4, 2007, pp. 757 – 783.

⑤ Smith, J. and Earhart, B., *Ancestor Worship in Contemporary Japan*, Stanford: Stanford University Press, 1974.

⑥ 石人炳：《生育控制政策对人口出生性别比的影响研究》，《中国人口科学》2009年第5期。

隔"将在一定程度上恢复性别间的平衡,但不会消除性别选择性堕胎;同样,艾本斯坦认为,"一孩政策"的放松允许更多的父母在不采取性别选择的情况下生育儿子,这会降低出生性别比;佩奇等[①]的研究发现,为了使出生性别比失衡回到正常的水平,提出的许多解决方案都涉及放宽计划生育政策;李[②]的一项关于老年人健康的研究另辟蹊径,他发现农村养老项目的实施会缓解该地区的性别比失衡。

二 计划生育政策对福利的影响

考虑到医疗卫生状况,许多低收入国家和地区的孕产妇死亡率非常高,计划生育政策可以降低女性怀孕和生育的次数,特别是如果能够有选择地降低高风险怀孕的相对发生率,就可能会降低孕产妇的死亡率。

计划生育政策还会影响女性对生育的数量、时间和生育间隔等的选择,进而影响她们的受教育程度、劳动力参与率和终生收入。米勒对哥伦比亚的研究表明,在育龄的早期,如果当地恰好实施了计划生育政策,女性的受教育程度会增加1%,在正规部门的就业机会增加4%—7%。安杰利斯等模拟了计划生育项目对印度尼西亚妇女受教育程度的影响,生育政策可以使她们的终生收入增加20%,教育年限增加0.95年。

陈等通过研究"晚、稀、少"计划生育运动对中国老年人生活质量的影响,发现计划生育对老年父母的身体健康和心理健康有着截然不同的影响。那些更多受计划生育政策影响的父母消费更多,身体健康状况略好,但他们却有更严重的抑郁症状。吴等[③]在研究中国独生子女政策的基础上,认为孩子数量的减少使得资源重新分配,父母可以消费更多的家庭资源,进而提高其营养摄入量。

---

① Page, J., "China's One-child Plan Faces New Fire", *The Wall Street Journal*, 2011 – 04 – 29.

② Li, S., "Imbalanced Sex Ratio at Birth and Comprehensive Intervention in China", Paper Presented at "*4th Asia Pacific Conference on Reproductive and Sexual Health and Rights*", Hyderabad, India, October 2007.

③ Wu, X. and Li, L., "Family Size and Maternal Health: Evidence from the One-Child Policy in China", *Journal of Population Economics*, Vol. 25, No. 4, 2012, pp. 1341 – 1364.

第四节　结论

在这一部分，我们对计划生育政策影响的相关研究做了系统梳理，重点关注的研究是政策对教育、健康等方面的影响。为了从经济逻辑上弄清楚政策的影响，我们先是对一些生育模型进行了回顾，经典的是贝克尔的"数量—质量替代"模型。该模型从逻辑上表明，为什么很多国家在经济增长的同时会出现生育率下降的现象，这是传统的马尔萨斯的"人口论"所无法解释的。所以，该模型被广泛接收并引出一系列的后继相关研究，学者们除了在理论上对原有模型加以补充和扩展，也用各种数据对上述理论进行证实。

中国最近几十年实施的严格的计划生育政策，从20世纪70年代的"晚、稀、少"，到后来的"一孩政策""双独二孩""单独二孩""全面二孩"，再到今天的"放开三胎"。应该说，中国的计划生育政策及其演变为发展和检验"数量—质量替代"模型提供了天然的素材。当然，更重要的是，这一模型也为我们分析计划生育政策对家庭子女教育投资的影响提供了理论依据。

传统研究存在如下问题：首先在理论上，仅仅是对"数量—质量替代"模型进行简单实证，没有将计划生育政策作为一个制度约束考虑进来；使用多元回归的方法，在用孩子数量对教育（或其他代表孩子质量的指标）进行回归时，无法克服模型的内生性问题；大部分研究使用的是工具变量法来识别计划生育与教育之间的因果关系，而这些工具变量本身又很难满足外生的条件；使用的质量指标也常常过于单一；往往忽略少数民族的计划生育政策与汉族有所不同，相对更为宽松，可以从两者的比较中来观察计划生育政策的影响；同样是受数据和方法所限，无法使用断点回归（RD）或者双重差分（DID）等方法来更准确地识别出政策变化的影响。

参照发达国家的经验，中国目前的人口结构可能会对未来的经济社会发展构成严峻的挑战。在后面的研究中，我们将尽可能地运用现有的数据和方法，准确地识别出计划生育政策对家庭子女教育投资的影响。这样一方面既可以对政策效果做出评价，也知道如何制定出更符合目前国情的生育政策，并准确地预测出政策的效果。

第四章　生育控制政策对子女教育投资的影响

很多国家都会根据自身社会经济发展的实际来制定生育政策，以便使人口增长与社会的需求相适应。具体到中国，在新中国成立之后，生育政策先后经历了鼓励生育、节制生育以及提倡和实施计划生育等几个阶段，而具体到计划生育阶段，又可细分为："晚、稀、少"政策、"独生子女"政策、"单独二孩"政策、"全面二孩"政策和"鼓励三孩"政策等不同的形式[①]。总体而言，20世纪80年代以来的计划生育政策是一种相对比较严格的生育控制政策，微观上对个人和家庭，宏观上对整个经济社会的发展，都产生了非常深远的影响。比如，从人口学视角来看，蔡昉[②]、陈友华[③]等学者认为，适当放松生育政策会延长"人口红利"，可以缓解老龄化。而另一些学者认为，生育政策的放松只会造成人口规模进一步扩大，对于经济的长期增长不利[④]。在经济学方面，研究者的结论也不尽相同。有学者认为放松计划生育政策有助于人力资本总量的增长，因而有助于推动中国经济的可持续发展[⑤]。此外，还有一

[①] 田雪原：《新中国人口政策60年》，社会科学文献出版社2010年版；Junsen, Zhang, "The Evolution of China's One-Child Policy and Its Effects on Family Outcomes", *Journal of Economic Perspectives*, Vol. 31, No. 1, 2017, pp. 141–160.

[②] 蔡昉：《人口转变、人口红利与经济增长可持续性——兼论充分就业如何促进经济增长》，《人口研究》2004年第2期。

[③] 陈友华：《人口红利与人口负债：数量界定、经验观察与理论思考》，《人口研究》2006年第6期。

[④] 邬沧萍、王琳、苗瑞凤：《中国特色的人口老龄化过程、前景和对策》，《人口研究》2004年第1期。

[⑤] 刘永平、陆铭：《放松计划生育政策将如何影响经济增长——基于家庭养老视角的理论分析》，《经济学（季刊）》2008年第4期。

些学者从教育的视角进行了探讨，比如叶华和吴晓刚①、郑磊②等的研究发现，家庭内部的性别结构会对子女的教育产生影响，生育率下降导致子女数量减少，从而在一定程度上缩小了性别间的教育不平等。

上述研究都涉及家庭内部的决策问题。在现有的理论中，用于分析计划生育政策给家庭人力资本投资或者教育投资带来的影响的经典模型就是上一章提到过的贝克尔等的"数量—质量替代"模型，这也是接下来我们所主要使用的理论模型。该模型从经典的经济理论出发，研究了家庭在养育子女方面存在"数量"和"质量"上的替代关系。简单来说，在现代社会，父母养育子女属于一种消费行为。随着家庭收入增加以及女性就业率和工资水平的提高，父母对子女的需求也会增加。但计划生育政策实际上控制住了家庭的子女数量，于是这种对子女需求的增加只能通过提高子女质量的方式来实现。而提高子女质量的主要手段就是增加对他们的人力资本投资（如教育、培训、营养和健康、迁移等）。

第一节 理论模型

一 理论起源

大约在20世纪初，学者们便认识到，在某些情况下，仅仅从物品的数量维度出发来进行经济学分析会导致分析结果与现实的严重偏离，既无法清楚地解释事实，更谈不上准确地预测现实。于是商品的质量维度开始被学者们关注，并被用于分析劳动经济学、产业经济学和国际贸易等经济问题。

（一）质量概念的提出

沃夫在调查美国的蔬菜市场时，发现菜的质量对菜价有影响，于是首次系统地对商品的质量加以分析。霍撒克③是比较早的关注到质量会对商品的消费产生影响的学者。利用家庭预算数据对商品的收入弹性进

---

① 叶华、吴晓刚：《生育率下降与中国男女教育的平等化趋势》，《社会学研究》2011年第5期。

② 郑磊：《同胞性别结构——家庭内部资源分配与教育获得》，《社会学研究》2013年第5期。

③ Houthakker, H., "Compensated Changes in Quantities and Qualities Consumed", *The Review of Economic Studies*, Vol. 19, No. 3, 1952, pp. 155–164.

行的实证研究时,他们首次将质量维度纳入分析,提出了"质量弹性"(即质量的收入弹性)的概念。之后,他又在研究商品质量的改变与消费者行为时,尝试构建一个涉及"质量"概念的理论模型,还对传统理论将质量不同的商品作为不同种类商品进行分析的逻辑加以批评,认为这将造成对商品质量间相互替代关系的研究的缺失。

在霍撒克提出质量与质量弹性概念后,一些学者开始认识到,使用"单位价值"(即观测到的消费支出值除以消费量)来替代价格会导致实证结果出现偏差,原因在于,商品消费支出的增加既可能源于消费量的增加,也可能源于质量的提升,而后者会提高商品消费的"单位价值"。因此,商品的"单位价值"既能反映市场价格的差异,也能反映商品质量的差别,这是数量和质量相互作用的结果。

此后,对于数量与质量替代关系的研究开始引起相关学者的关注,"质量"也正式作为物品的重要属性被纳入经济学理论和实证研究的范畴,并扩展了经济学对消费者行为、生产者行为、产业结构、贸易管制与社会福利等问题的研究。

(二)泰尔模型

泰尔[①]最早创建出了"数量—质量替代"模型。在经济学中经典的效用最大化模型基础上,使用来自阿姆斯特丹的家庭微观数据,将家庭规模和收入作为变量纳入回归模型中,对不同家庭数量和价格的均值差异、各种弹性的差异以及数量与质量替代关系的存在性等展开了实证研究。研究的结果显示,不同家庭在消费数量和价格方面的差异,不仅源自消费习惯,也可能是社会或地区差异造成的,在一定条件下,数量和质量之间呈替代关系。下面我们来具体了解一下这个模型。

1. 质量和价格不变

商品的质量为一组完全同质、均匀连续的物品,商品的平均价格可以恰当反映商品质量。即,在支出给定的情况下,消费者可以选择购买较多的低质商品或较少的优质商品。考虑到数量和质量之间的关系,泰尔将消费者的收入约束 $I = P \cdot X$ 定义为曲线(见图 4-1),它与无差异

---

① Theil, H., "Qualities, Prices and Budget Enquiries", *The Review of Economic Studies*, Vol. 19, No. 3, 1952, pp. 129-147.

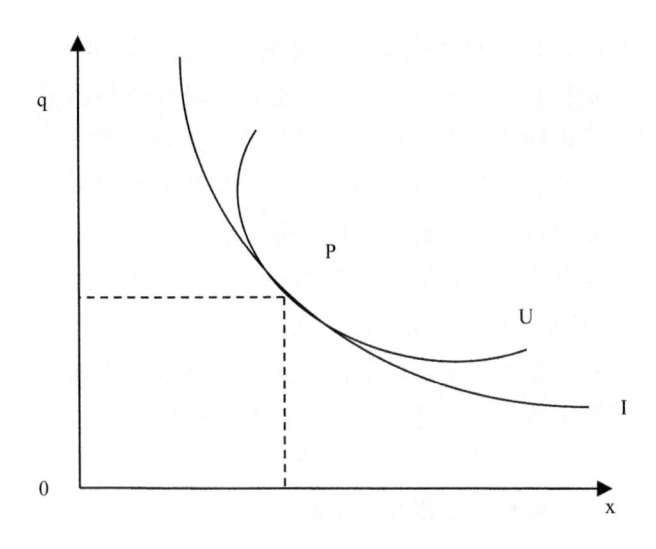

图 4-1 泰尔的"数量—质量替代"模型

曲线 U 的切点 P 就是最优点。并且,只有无差异曲线 U 的半径小于曲线 I 的半径时,均衡点 P 才是稳定的。

值得注意的是,在这种情况下,没办法通过图形得出"收入增加导致购买更多高质量产品"的结论。因为在一种商品的情况下,质量(通过 P 反映)下降的同时,数量不可能下降,否则与 $I = P \cdot X$ 上升的假设矛盾。

2. 质量和价格可变

n 种商品条件下,如果质量和价格可变,则效用函数和约束条件可表示为:

$$u = u(x_1, \cdots, x_n, q_1, \cdots, q_n) \tag{4.1}$$

$$\text{s.t.} \quad I = \sum_{i=1}^{n} x_i p_i(q_i) \tag{4.2}$$

其中,$i = (1, \cdots, n)$ 代表商品,$q_i - |q_{i1}|, \cdots, q_{im_i}$ 衡量的是商品的质量,每单位商品 i 的平均支付价格 p_i 均取决于 q_i。u 是商品的效用,I 是收入,x_i 是商品的购买数量。

利用公式(4.1)和公式(4.2),求得效用最大化的一阶条件:

$$MUx_i = \frac{\partial u}{\partial x_i} = \lambda p_i \tag{4.3}$$

$$MUq_{ih} = \frac{\partial u}{\partial q_{ih}} = \lambda x_i \frac{\partial p_i}{\partial q_{ih}} \tag{4.4}$$

其中，$i=1,\cdots,n$；$h=1,\cdots,m_i$。

即商品数量 x_i 的边际效用与其价格 p_i 成正比，质量 q_ih 的边际效用与商品价格对质量的导数及商品数量成正比，且比值均为 λ。

3. 质量与价格成比例变动

定义商品用一组特征束 q_i 表示，且这些特征之间有密切关系，但又线性无关。下面是每种商品的质量和价格成比例变动时的效用函数和约束条件：

$$u = u(x_1,\cdots,x_n,q_i,\cdots,q_n) \tag{4.5}$$

$$\text{s. t.} \quad y = \sum_{i=1}^{n} x_i q_i \pi_i \tag{4.6}$$

其中，商品 i 的平均支付价格 $p_i(q_i)$ 用乘积 $\pi_i q_i$ 表示，q_i 是质量指标，π_i 是价格系数。利用公式（4.5）和公式（4.6），求效用最大化得到一阶条件：

$$u_i^x = \frac{\partial u}{\partial x_i} = \lambda \pi_i q_i \tag{4.7}$$

$$u_i^q = \frac{\partial u}{\partial q_i} = \lambda \pi_i x_i \tag{4.8}$$

其中，$i=1,\cdots,n$。

再通过全微分进行数理推导可得二阶导及任意两种商品 i 和（$i,j=1,\cdots,n$）之间的关系：是替代，还是互补。

通过推导还能得出：商品的数量与其自身的数量是互补关系，则商品的数量与质量关系不能确定；两种商品在数量上是互补关系，则一种商品的数量与另一种商品的质量是替代关系。

应该说，上述有关数量和质量之间弹性问题的探讨对后来贝克尔等的经典研究是具有启发意义的。

赫舒拉发[1]很快对上述模型中有关支出曲线 I 是凸的这一假设提出了质疑。首先，曲线为凸与经济学的直觉并不一致；其次，即使认同"支出曲线 I 为凸"，均衡点也并不稳定。他指出，在消费者理论中，无差异曲线 I 比支出曲线 Y 更弯曲的情况并不是普遍存在的，而当 I 的半径大于 Y 的

---

[1] Hirshleifer, J., "The Exchange between Quantity and Quality", *The Quarterly Journal of Economics*, Vol. 69, No. 4, 1955, pp. 596–606.

半径时，两者的切点恰恰是最差的选择。在此基础上，赫舒拉发通过假设质量水平是离散分布且只有一种质量特征可变，来对现实条件进行简化。他将生产者理论与消费者理论通过等成本曲线和等效用曲线纳入同一模型进行分析，分别探讨了等成本曲线、均衡以及效用函数三方面问题。其中，对等成本曲线的凸性分析是对数量与质量替代模型的重要补充。

罗森①通过多重假设构建了较为完整的特征价格模型，用于研究完全竞争市场情况下的差异化商品的价格与质量之间的关系，并从消费者决策和生产者决策两个角度共同探讨市场均衡的存在。这个模型的构建弥补了前人只重点关注消费者行为而没有推导出市场均衡性质的理论缺失，并将差异化产品的质量纳入考察，从而对市场均衡状态进行分析，为新产业组织理论提供了理论基础。之后克鲁格曼、迪克西特等又将新产业组织理论的分析方法引入传统的贸易理论分析中，建立了一系列理论模型用于解释国际贸易现象，从而宣告了新贸易理论的诞生。

二 贝克尔模型

兰开斯特②提出了新消费决策者理论，以消费者的立场分析了消费者效用的来源。与传统理论从个体行为出发的视角不同，他的分析是从商品差异入手，认为效用函数在包含商品数量的基础上还需引入商品特征变量作为对质量的考察，进一步完善了特征价格模型的理论基础。

同时，在家庭子女生育研究领域，以杜森贝③和威利斯④为代表的学者开始以商品消费的分析框架，将子女质量纳入对子女数量选择的分析中。他们利用截面数据和时间序列数据进行了实证研究，得到"子女数量与质量负相关关系"的结论。对此结论的解释杜森贝认为是由于家庭效用函数中父母的消费（生活水平）与其子女的消费（生活水平）之间

---

① Rosen, R., "Hedonic Prices and Implicit Markets: Product Differentiation in Pure Competition", *Journal of Political Economy*, Vol. 82, No. 1, 1974, pp. 34–55.

② Lancaster, K., "A New Approach to Consumer Theory", *The Journal of Political Economy*, Vol. 74, No. 2, 1966, pp. 132–157.

③ Duesenberry, J., *Income, saving, and the theory of consumer behavior*, Cambridge: Harvard Univiversity Press, 1949.

④ Willis, R., "A New Approach to the Economic Theory of Fertility Behavior", *The Journal of Political Economy*, Vol. 81, No. 2, 1973, pp. S14–S64.

的较低替代弹性造成的；而威利斯则通过关于效用函数、家庭生产中数量质量的替代方面的特殊假定进行了分析。

贝克尔[①]在其开创性的著作中，基于效用最大化问题，论述了偏好、子女质量、收入、成本、供给等因素对于子女需求的影响，并对研究结果进行了检验。他的基本结论是，子女属于父母的耐用消费品，生育取决于家庭收入、养育成本、知识、不确定性以及偏好等因素。这些研究为新家庭经济学奠定了基础。下面我们就来详细介绍一下贝克尔的这一理论模型。

（一）数量与质量替代关系的理论分析

以家长效用函数对现实情况进行简化，假设其他商品统一抽象为商品 y，孩子为耐用消费品，有数量与质量两个维度。家长效用函数和预算约束如下：

$$U = U(x, q, y) \tag{4.9}$$

$$\text{s. t. } I = xq\pi + y\pi_y \tag{4.10}$$

其中，x、q 分别表示孩子的数量与质量；y 指代其他商品；π 和 π_y 分别是孩子 x、q 和商品 y 的价格系数。

则通过效用最大化可得一阶条件：

$$\text{F. O. C} \begin{cases} MU_x = \lambda q\pi = \lambda p_x \\ MU_q = \lambda x\pi = \lambda p_q \\ MU_y = \lambda \pi_y = \lambda p_y \end{cases} \tag{4.11}$$

其中，p 表示各自的影子价格；λ 表示货币收入的边际效用。

从上面的一阶条件可以看出，子女数量的影子价格与子女质量正相关，而子女质量的影子价格与子女数量正相关。这是由于如果子女的质量较高，那么较多高质量的子女需要更多的花费；与之类似，如果存在较多的子女，则质量的提升分散于更多的单位使得质量的增加变得昂贵。

（二）收入与价格变化的影响

1. 收入变化的影响

利用一阶条件（4.11）可以推出实际收入水平：

[①] Becker, G., *The Economic Approach to Human Behavior*, Chicago: The University of Chicago Press, 1976.

$$R = xp_x + qp_q + yp_y = I + xq\pi \tag{4.12}$$

由于实际收入弹性的平均值为1,可知名义收入弹性的平均值 $I/R < 1$,即:

$$1 = \frac{xp_x}{R}\eta_x + \frac{qp_q}{R}\eta_q + \frac{yp_y}{R}\eta_y \tag{4.13}$$

$$1 > \frac{I}{R} = \frac{xp_x}{R}\overline{\eta_x} + \frac{qp_q}{R}\overline{\eta_q} + \frac{yp_y}{R}\overline{\eta_y} \tag{4.14}$$

其中,η 和 $\overline{\eta}$ 表示各自的实际收入弹性和名义收入弹性。

在假定子女质量的实际收入弹性远大于子女数量的实际收入弹性的情况下,可以知道:由于名义弹性小于实际弹性,即使子女数量的实际收入弹性非负,其名义收入弹性也可能为负。

更一般地,根据对效用函数最大化的数理推导可得名义收入弹性与实际收入弹性之间的关系:(1)子女数量的实际收入弹性非负,其名义收入弹性也可能为负(与上文一致),且质量的实际收入弹性大于数量的实际收入弹性。(2)收入水平较低时,子女数量的名义收入弹性为负;而收入水平较高时,子女数量的名义收入弹性为正。(3)此外,可由(1)推知,除非质量对其他商品的替代大大优于数量对其他商品的替代,否则质量的名义收入弹性大于数量的名义收入弹性。

2. 价格变化的影响

将预算约束进行推广:

$$I = x\pi_x + xq\pi + q\pi_q + y\pi_y \tag{4.15}$$

则各影子价格发生相应改变:

$$p_x = \pi_x + q\pi \tag{4.16}$$

$$p_q = \pi_q + x\pi \tag{4.17}$$

$$p_y = \pi_y \tag{4.18}$$

其中,子女成本中的 $x\pi_x$ 只依赖于数量,例如避孕费用会影响这部分;$q\pi_q$ 只依赖于质量,具有公共产品("家庭产品")的特征,例如家庭培训某些方面以及某些衣服的"世代相传"会影响这方面。

在假设 $x\pi_x > q\pi_q$ 的条件下,贝克尔分别探讨了数量价格指数 π_x 变化、质量价格指数 π_q 变化以及 π_x、π_q 和 π 同等百分比变化三种情况下对子女数量、质量和其他商品的选择变化,结论是:数量价格指数的单独变化有助于质量的替代；同理，质量价格指数单独变化时，数量的替代比其他产品的替代更明显；而在数量、质量、共同价格指数按照同等百分比变化时，由于数量的价格弹性在数值上大于质量的价格弹性，使得数量相对于质量下降更多——结论恰好与杜森贝利的实证研究结论一致。

通过对收入和价格变化的分析可知：观察到的（名义）子女数量的收入弹性小于子女质量的收入弹性，而子女数量的价格弹性大于子女质量的价格弹性；并且数量和质量"观察到的"价格（收入）弹性在可预见的方向上不等于"实际"弹性。

3. 子女需求分析

基于现实观察，贝克尔认为，子女能够给父母带来心理收入或满足（即效用），有时也可以提供货币收入。由于子女净成本为正，因此需假设子女为耐用消费品，利用消费者需求理论对子女需求进行分析，并对影响子女需求的因素进行阐述。此外，子女质量的选择取决于偏好、收入、价格；社会压力（物价变化）影响子女需求的收入弹性，而非价格弹性。

基于上述假设，贝克尔利用印第安纳波利斯的1941年调查数据进行实证检验发现，最低收入阶层生育最多，而高收入阶层生育最少，但不育率的变化规律与收入无关；避孕知识存在的差异，确实可使收入与"期望生育率"的正相关关系变为收入与"实际生育率"的负相关关系。

之后，贝克尔[1]在其有关人力资本投资的经典著作中，再次对这一问题进行了研究。他发现期望生育率与父母的财富正相关。当把人力资本纳入分析框架后，通过假设生育率是内生变量，他又得出，人力资本有限的社会选择多生孩子，在每个孩子身上少投资；而人力资本充裕的社会则相反，会选择少生孩子，多投资。

三 最新进展

贝克尔将"数量—质量替代"模型引入对家庭子女选择的分析中，立刻

---

[1] Becker, G., *Human Capital: A Theoretical and Empirical Analysis with Special Reference to Education* (3rd Edition), Chicago: The University of Chicago Press, 1994.

引起了其他学者的关注,后来有一大批文献与此相关。一部分学者对模型在理论上进行了扩展,一部分则专注于对模型的内涵进行实证检验,还有一些学者对后续人力资本的形成以及社会福利等问题进行了扩展研究。

早期的大量研究将数量与质量的替代关系等价于"家庭规模与子女产出(outcomes)的负相关关系",通过观察后者是否成立来检验前者。多数研究结果表明家庭规模与子女产出存在负相关关系,但也存在与之相反的结论。

基于这些研究结果的分歧,一些学者开始对贝克尔的理论提出质疑并进行了修正。修正主要包括三个方面:将研究视角从家庭间转向家庭内,考察家庭规模变量的内生性;对子女质量的评价标准进行修正;对父母效用函数的约束条件进行修正。

(一)家庭规模内生性的考察

早期多数学者的实证研究将家庭规模看作外生变量,通过检验家庭规模与子女产出的负相关关系,将其等价于家庭规模对子女产出的因果性负向影响,以期检验数量质量替代关系的存在性。这些早期研究的问题在于:忽视了家庭规模的内生性影响因素,如父母对孩子性别的偏好、孩子的出生次序以及父母是否离异等"遗漏变量",致使外生的家庭规模变量与内生的子女质量间存在的相关关系并不等同于因果关系的成立——这正是数量与质量替代关系无法通过负相关关系证实的主要原因。

贝尔曼、波拉克和陶伯曼[1]最早注意到这个问题,并提出孩子的出生次序对孩子的学业和事业都存在影响。而安格里斯特和伊万斯[2]指出了遗漏变量可能会引起实证研究中对家庭规模的影响估计出现偏差,他们用"多胞胎"和"父母对子女性别构成的偏好"作为"工具变量"对"数量—质量替代"模型进行了验证,估计家庭规模对母亲劳动供给的影响,实证结果表明,家庭规模与子女质量仍为负相关关系,但相关程度有所

---

[1] Behrman, J., Pollak, R. and Taubman, P., "Family Resources, Family Size, and Access to Financing for College Education", *Journal of Political Economy*, Vol. 97, No. 2, 1989, pp. 398 – 419.

[2] Angrist, J. D. and Evans, W., "Children and Their Parent's Labor Supply: Evidence from Exogenous Variation in Family Size", *American Economic Review*, Vol. 88, No. 3, 1998, pp. 450 – 477.

减弱。

事实上，早在20世纪80年代，罗森茨魏格和沃尔平[1]就使用"多胞胎"作为工具变量研究了印度的情况（大约1600个孩子中的25对双胞胎），证实了家庭规模对子女受教育程度存在负面影响。不过，布莱克等[2]的研究却与此相反。他们对挪威的研究中虽然也用了"多胞胎"来观察家庭规模的影响，但在控制出生次序的情况下，家庭规模的影响几乎为零，且随着出生次序而递增，随着子女受教育程度而递减。

安格里斯特等[3]和李等[4]在有关发展中国家的实证研究中也采用了"多胞胎"作为工具变量。前者利用以色列人口普查数据和户籍注册中的家庭人口结构信息，研究了家庭规模对子女受教育程度、生育、工资收入的因果影响。他们发现，没有证据显示出生在第三或以后的双胞胎对家庭的前两个孩子的子女产出有负向影响。而后者利用中国人口普查数据，发现即便是控制了出生次序，家庭规模仍与子女教育水平负相关。并且由于中国农村公共教育体系较为不完善，家庭规模的影响在农村更明显。除此之外，迪弗洛[5]等一些学者也使用"多胞胎"工具变量进行了扩展研究。

（二）对质量评价标准的修正

贝克尔在研究中强调了子女质量主要受父母对子女的投入影响，但这两方面对于测量子女质量操作性较差，因此布拉克、罗森茨魏格、沃尔平和贝尔曼等一些学者开始尝试使用更加具有操作性的测量标准，这

---

[1] Rosenzweig, M. and Wolpin, K., "Testing the Quantity-Quality Fertility Model: The Use of Twins as a Natural Experiment", *Econometrica*, Vol. 48, No. 1, 1980, pp. 227 – 240.

[2] Black, S., Devereux, P. and Salvanes, K., "Why the Apple Doesn't Fall Far: Understanding Intergenerational Transmission of Human Capital", *American Economic Review*, Vol. 95, No. 1, 2005, pp. 437 – 449.

[3] Angrist, D., Lavy, V. and Schlosser, A., "New Evidence on the Causal Link Between the Quantity and Quality of Children", *NBER Working Paper*, No. 11835, 2005.

[4] Li, H., Zhang, J. and Zhu, Y., "The Quantity-Quality Trade-off of Children in a Developing Country: Identification Using Chinese Twins", *Demography*, Vol. 45, No. 1, 2008, pp. 223 – 243.

[5] Duflo, E., "The Medium Run Effects of Educational Expansion: Evidence from a Large School Construction Program in Indonesia", *Journal of Development Economics*, Vol. 74, No. 1, 2004, pp. 163 – 197.

些测量标准主要分为两类,分别针对未成年人和成年人样本。

对于未成年人样本,主要使用入学率、学历、学习成绩、大学计划等变量。如罗森茨魏格和沃尔平、沃尔夫和贝尔曼[1]、钱[2]等的研究采用了前两个变量,罗森茨魏格和张[3]的研究将学习成绩或是单科测试成绩也纳入了对子女质量的考察。

对于成年人样本,主要使用工资水平、受雇佣的状况、学历等变量。但卡塞雷斯[4]通过利用美国的人口普查数据,对父母投入(investment)与子女后期生活状态(wellbeing)进行区分。他发现,是父母的投入而非子女后期的生活状态与子女的数量存在替代关系。因此,能否用子女的成就来代替父母的投入作为子女质量的测量标准是有待商榷的。

(三)效用函数约束条件的修正

在贝克尔的"数量—质量替代"模型中,约束条件只涉及收入约束,考虑到子女质量同时会受到父母的物质投入与时间投入的双重影响,于是,贝克尔等一些学者开始对约束条件进行修正,将时间约束纳入理论分析中。

威利斯最早考察了母亲的工资率与工作时间对父母生育决策的影响,并将这些因素放到效用函数的约束条件中。之后,哈努谢克对父母投入时间的分配和父母总时间的分配进行了分类,至此,许多学者的研究将父母收入和时间的双重约束纳入对父母效用最大化的分析中。格劳[5]的研究更进一步,他将收入约束分为遗产收入和工资收入,证实了两者对孩子的数量与质量的替代没有影响,但时间约束对数量与质量的替代有影响。

除以上三方面的理论修正外,有些学者对数量与质量的替代模型中

---

[1] Wolfe, L. and Behrman, R., "Child Quantity and Quality in a Developing Country: Family Background, Endogenous Tastes, and Biological Supply Factors", *Economic Development and Cultural Change*, Vol. 34, No. 4, 1986, pp. 704 – 720.

[2] Qian, N., "Quantity-quality: The Positive Effect of Family Size on School Enrollment in China", *mimeo*, Department of Economics, Brown University, 2005.

[3] Rosenzweig, M. and Junsen Zhang, "Do Population Control Policies Induce More Human Capital Investment? Twins, Birthweight, and China's 'One Child' Policy", *IZA DP*, No. 2082, 2006.

[4] Caceres, J., "Impact of Family Size on Investment in Child Quality: Multiple Births as Natural Experiment", *Journal of Human Resource*, Vol. 41, No. 4, 2006, pp. 738 – 754.

[5] Grawe, N., "The Quality-Quantity Trade-off in Fertility Across Parent Earnings Levels: A Test for Credit Market Failure", *Review of Economics of the Household*, Vol. 6, No. 1, 2008, pp. 29 – 45.

有关孩子是耐用消费品的基本假设也提出了质疑。贝克尔是基于"父母对子女的投入远大于子女对父母的回报"的假设,并利用耐用消费品的需求理论框架对子女需求进行分析的。但巴苏和范[①]认为,孩子也是劳动力,在家庭中的经济作用不容忽视。如果没有将他们视为劳动力,则子女数量对于父母而言是正常的消费品;而如果将他们视为劳动力,则子女数量与父母的工资率成反比,与孩子的工资率成正比。综上所述,从消费者还是生产者决策的角度来考察家庭对子女的需求,仍是一个有待进一步研究的课题。

四 对模型的修正

在最简单的生育模型中,家庭收入开支可分成两部分:一部分是对子女开支;另一部分是对其他消费品的购买。假定孩子这种"物品"与其他商品之间存在相应的替代关系,效用的无差异曲线为"U"形曲线。此时父母对孩子的需求,取决于孩子的相对价格和家庭总收入。在收入一定的条件下,如果孩子的相对价格上升,父母会相应减少对孩子的需求,转而购买其他消费品,以保持家庭总效用不受孩子价格上升的影响,反之亦然,如图4-2所示。

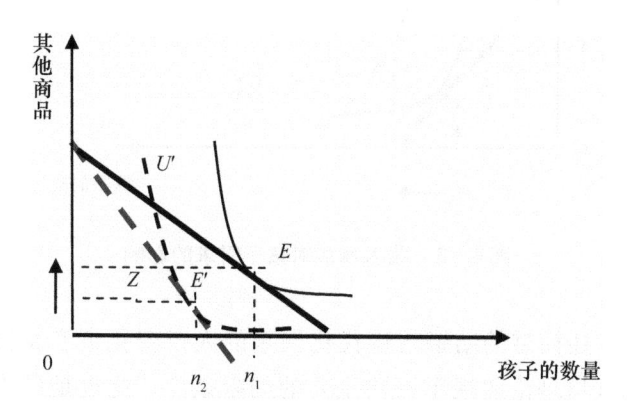

图4-2 价格变化对孩子需求的影响

[①] Basu, K. and Van, P., "The Economics of Child Labor", *American Economic Review*, Vol. 88, No. 3, 1998, pp. 412–427.

图中，横轴表示家庭所生育孩子的数量，纵轴表示其他商品的数量。假定家庭初始的消费预算线为 A，无差异曲线为 U，得到效用最大化的均衡点为 E 点，此时最优的孩子数量为 n_1，购买的其他消费品数目为 Z_1。而当孩子的相对价格提高时，父母养育孩子的成本也增加，预算线会围绕纵轴向内旋转，新的预算线（虚线）与新的无差异曲线 U' 相切，新的均衡点为 E'，此时父母对孩子的需求减少为 n_2。

现在我们假设孩子的相对价格不变，但家庭的收入增加。此时预算线会平行向外移动，与新的无差异曲线 U'' 相切，新的均衡点为 E'，此时父母对孩子的需求增加为 n_3。按照马尔萨斯的理论，收入增加将导致对孩子需求数量的增加（见图 4-3）；反之，当收入减少时，对孩子的需求也减少。

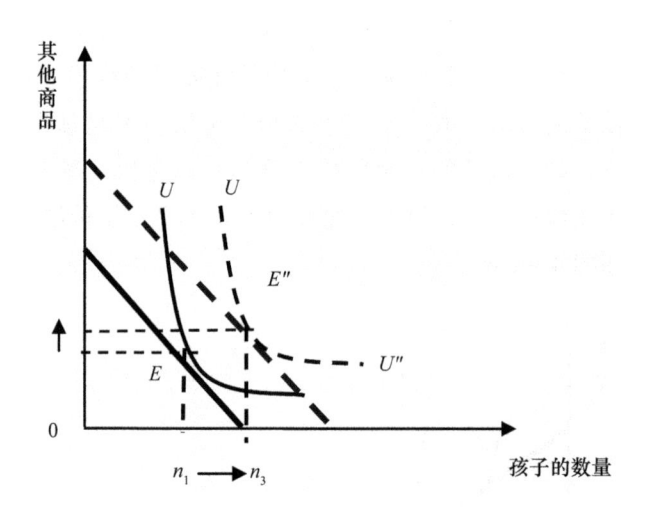

图 4-3 收入增加对孩子需求的影响

不过，上述模型的结果与现代化国家的人口变化事实相悖，这表明马尔萨斯的人口理论忽视了一些重要的局限条件，这也是贝克尔工作的出发点。他发现，在经济现代化进程中，随着机械化、城市化进程的加快，孩子能给家庭带来的贡献越来越少，家庭对孩子数量的需求也随之减少，城乡生育率差距大大缩小了。另外，因使用避孕药而出现的"避孕革命"也不可能成为近十几年来生育率急剧下降的主要原因。因为20

世纪 60 年代美国和日本才允许使用避孕药，但这两个国家的生育率早在 50 年代就已经开始大幅下降了。

贝克尔经过了一系列的研究，从另外一个角度揭示这种现象发生的经济学依据。他认为生育率与收入的负相关关系可能是由于家庭收入增加是由女性工资率的增长造成的，工资率的提高使得养育孩子的机会成本增加，孩子的价格相对于其他商品来说价格上升，于是家庭会减少对孩子的需求。

根据上文提到的诸式（4.9—4.18）的含义，如图 4-4 所示，在初始收入水平，凸向原点的（粗的）预算线 B 与无差异曲线 U 相切于均衡点 E，数量和质量的最优选择分别为 n_1、q_1。随着收入增加、女性教育水平和就业率的提高，在其他相关产品价格不变的条件下，孩子质量的相对价格 π_q 会下降，数量的相对价格会上升，预算线 B' 变得更加陡峭，进而与新的无差异曲线 U' 相切于新的均衡点 E'，此时，父母将增加对孩子质量 q 的需求（为 q_2）。而 q 需求的增加又会使得孩子数量的影子价格 π_n 上涨，继而进一步减少家庭对孩子数量的需求（变为 n_2）。"数量—质量"之间的关系表明，父母对孩子数量和质量的需求之间存在此消彼长的相互替代关系。

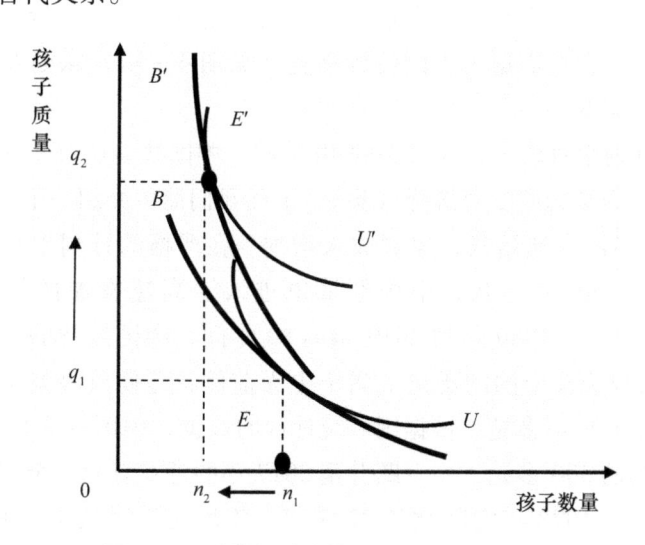

图 4-4　质量相对价格下降对均衡的影响

当考虑到每个孩子的固定成本时，更有利于孩子数量、质量之间替代的研究。这里的固定成本主要包括生育孩子的时间和费用、分娩的风险、政府津贴、避孕和分娩的费用以及其他与质量无关的支出。孩子数量增加时，不同孩子的消费支出会不一样，使得孩子数量的边际成本与平均成本不同。此外，由于学校教育上存在公共补贴的缘故，质量的边际可变成本与平均可变成本也不同。当孩子数量的固定成本增加时，孩子数量的影子价格（相对于质量或其他商品的影子价格）提高，导致家庭对孩子数量的需求减少。n 降低又会使孩子质量的影子价格 π_q 下降，从而增加家庭对孩子质量 q 的需求。如果政府补贴减少或避孕成本降低，父母就会不断增加对孩子质量的需求，生育率不断下降。

我们之前曾经系统地梳理了新中国成立以来（特别是改革开放以来）生育政策的演变。始于1980年并在1982年实施的"一孩政策"作为"国策"，是一项非常严格的生育控制政策，奖惩并存，大幅度提高了中国家庭的超生成本，多数家庭只能选择生一个孩子，后来虽然政策有所波动，但在2014年"单独二孩"政策全面实施之前，基本上属于微调。

计划生育政策本质上属于一种数量限制的政策。在"数量—质量替代"模型中，这一政策的影响主要体现在预算约束方面。传统的平滑且凸向原点的预算线现在会在横轴（数量轴）垂直于某一数量水平，对多数家庭来说，会在数量为1的位置垂直（见图4-5），家庭在孩子需求方面的选择集变小。

除了计划生育政策，在过去的40年间，中国社会还有一些特征性事实也会影响到家庭的生育选择（集），下面我们简单介绍一下。

（一）经济高速增长，家庭收入增加。在严格的计划生育政策开始实施的20世纪80年代，中国经济也进入了高速发展的快车道，如图4-5所示，从1980年到2019年的40年间，中国经济的平均增长率为9.4，可以说在中国的历史上属于史无前例，即便放眼整个世界，这样的大国增长也不多见。根据国家统计局的数据，中国的人均GDP从改革开放之初的300多元，一下跃升至2017年的近6万元，全国居民人均可支配收入比1978年实际增长22.8倍，年均实际增长率为8.5%。个人或者家庭的收入长期增长，会使预算线明显向外移动，选择集扩大，家庭有了更多选择。

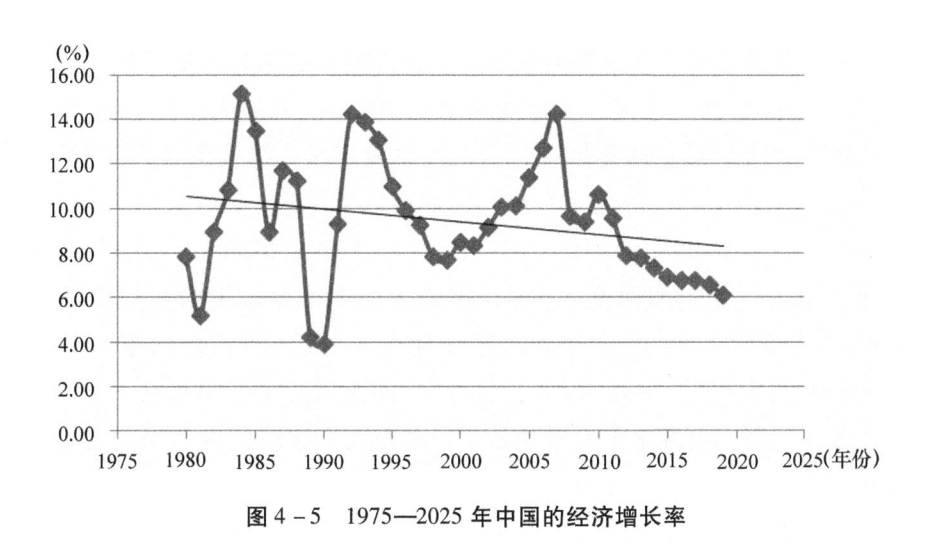

图 4-5　1975—2025 年中国的经济增长率

（二）女性受教育程度提高，收入增加。我们前面提到过，由于经济增长加上教育支出增加，中国的教育事业也蓬勃发展。以适龄儿童入学率为例，根据第三、第四、第五次全国人口普查资料，小学学龄儿童入学率在 1975 年为 95%，1990 年接近 98%，2005 年以后超过 99%。与此同时，15 岁以上人口文盲率有了较大幅度下降，由 1990 年的 15.88% 下降到 2000 年的 6.72% 和 2010 年的 4.08%。同时，在各级各类教育中，女性的参与率也逐年上升。在义务教育阶段，男女生入学率和巩固率大体持平，性别差异基本消除；在高中教育阶段，就读普通高中的女生比例持续增长，从 1978 年的 39.7% 增加到 2006 年的 47.0%；就读中职学校的女生比例超过了男生。在高等教育阶段，女性人数和比例大幅攀升，普通高等学校本专科男女生在校生比例由 1978 年相差 60 个百分点缩减到 2006 年相差不到 2 个百分点[1]。女性受教育程度提高，收入也随之增加，这同样会使预算线向外移动。此外，对女性来说，养育一个孩子必然要花费一定的时间。收入提高，时间的机会成本上升。而除了时间之外，用于提高孩子质量所花费的其他商品的相对价格会相对下降。在"数量—质量替代"模型中，孩子数量的相对价格提高会使预算线变得更加陡峭。

（三）教育上公共支出不足，家庭私人支出较高。有投入才会有产

---

[1] 莫文秀：《中国妇女教育发展报告》，中国社会科学文献出版社 2008 年版。

出，教育的发展离不开投资的增加。教育投资由两部分组成，政府的公共开支和家庭的私人投资。从公共开支的角度看，在过去的40年，中国政府的教育支出总量逐年增加，但存在总量不足、结构不合理的问题。政府教育支出占GDP的比重在很长时间内低于4%，直到2012年之后，才超过4%。以1998年为例，这一比重为2.59%，但同一年度世界各地区平均值为：北美和西欧5.7%，拉美和加勒比海及撒哈拉以南非洲5.0%，中东欧4.9%，东亚和太平洋地区4.7%，阿拉伯国家4.5%，南亚和西亚3.6%，中亚3.2%。教育支出从比重上看，不仅低于美国等一些发达国家，也低于世界平均水平，甚至在一定时间内低于印度、尼泊尔和蒙古等周边的发展中国家（见图4-6）。

除了教育公共支出的总量不足，还存在结构不合理和区域发展不平衡的问题。中国目前的教育财政主要是向高等教育，中等教育特别是初等和学前教育主要留给地方政府，进而教学质量也和地方的财政状况息息相关。可即便是在公共支出较多的高等教育领域，中国家庭所承担的私人成本也一直居高不下，学费支出与个人收入（人均GNI）之比高于一般国家[①]。

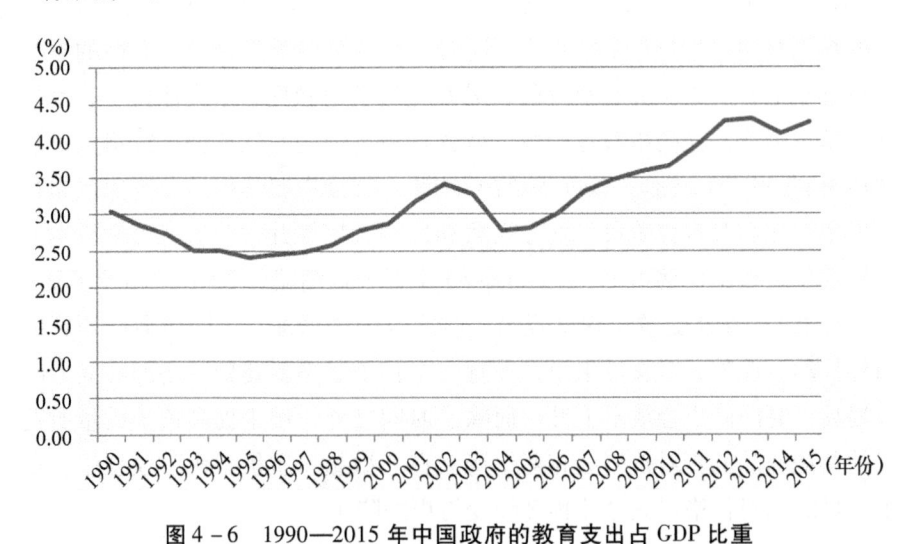

图4-6　1990—2015年中国政府的教育支出占GDP比重

---

① Heckman, J., "China's Investment in Human Capital", *NBER Working Papers*, No. 9296, 2002.

家庭的私人投资弥补了政府的公共投资的不足。图4-7给出了1978—2006年期间中国的个人文化教育服务支出的变化情况。我们从图中可以看出，在20世纪80年代，这部分支出开始增加，在2000年的前后10多年间，增长尤为迅速，特别是在城市家庭。

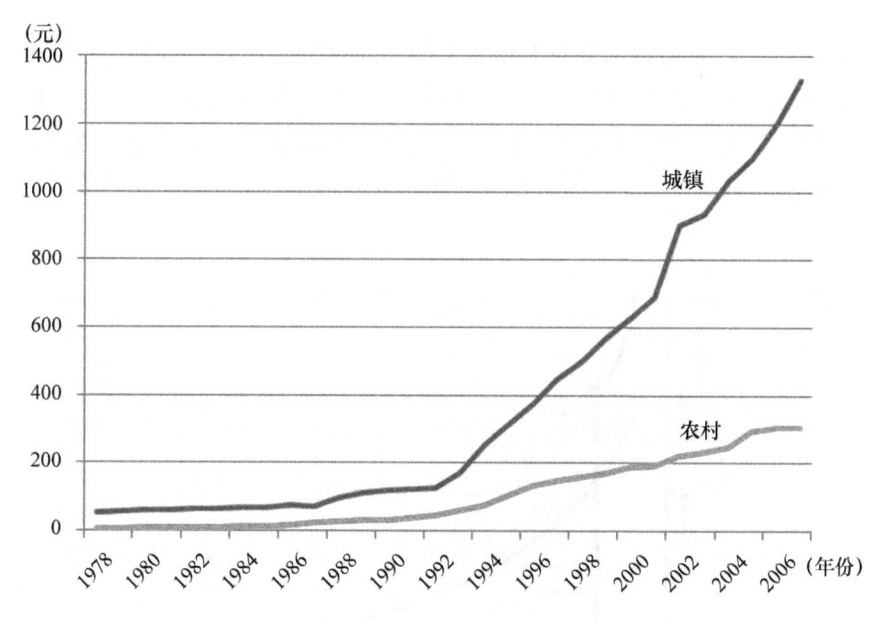

图4-7 个人文化教育服务支出的变化情况

不过，教育的公共开支不足并不是导致家庭私人支出增加的全部原因。对一些贫困的发展中国家来说，教育水平一直长期处于低位，私人投资也严重不足。在经济学上，我们假设不同国家的人口对教育的偏好相同。也就是说，这里我们不考虑一些国家的人会比另一些国家的人更重视教育。于是，问题就变成了，是什么原因导致中国家庭有更强烈的教育投资动机，也愿意在子女的教育上花费更多。下面我们就结合上述因素，通过对初始的"数量—质量替代"模型进行简单扩展来回答这一问题。

我们一般假设偏好是稳定的，外部性冲击只会改变预算线的位置，进而影响到家庭的选择。前面说过，计划生育政策会使预算线向右下方倾斜且凸向原点的预算线发生弯折，在数量轴为1的位置垂直；家庭收入增加、女性教育水平提高以及收入增加等因素会使预算线发生外移且变得更加陡峭。图4-8给出了这些变化。初始均衡仍然是E_1点，这是无差异曲线U_1和预算线B_1的切点，此时家庭对孩子的数量和质量的需求分别为n_1、q_1，效用水平为U_1。收入水平和女性受教育程度的提高造成预算线向外移动至B_2，且斜率变大。此时预算线同无差异曲线U_2的切点为E_2，对应的均衡数量和质量分别为n_2和q_2。与初始均衡相比，收入提高会让家庭在对孩子的需求上选择更高的质量和更少的数量。这一结果和多数国家（特别是发达国家）的现实情况是一致的，也同我们国家的情况吻合。

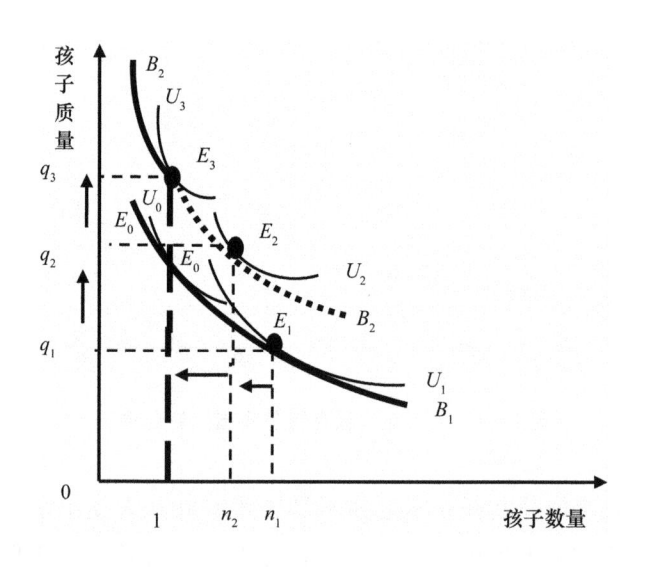

图4-8 计划生育政策对家庭孩子数量和质量需求的影响

接下来，我们再将计划生育政策的影响纳入分析中。作为一项严格的生育控制政策，它将一般家庭所能生育的孩子数量限制在1的水平，于是，外移后的预算线会在孩子数量为1的时候垂直于横轴，家庭的预算集变小（见图4-8），此时，由于预算线的变化，E_2不再是均衡点，弯折后的预算线B_2会与一条新的、更低的无差异曲线相切。对于大多数想要孩子的家庭，数量限制都会使新的均衡点出现在预算线拐点的位置。E_3对应的孩子的数量和质量分别是1和q_3。与均衡点E_2相比，家庭对孩子的数量选择会更小（只有一个），同时对孩子的质量的选择会更高。

不过，同没有生育政策的情形相比，施加的计划生育作为一项制度约束，可能使家庭的效用水平下降——除非他们原本对孩子数量的需求就小于等于1。也就是说，在收入增加的背景下，计划生育政策对于那些原本就只想生育一个孩子或者干脆不生的家庭来说，没有什么影响。但对于那些生育一个以上孩子的家庭是有影响的，他们只能生育一个孩子。

结合图4-8，我们对前面的理论分析进行一下总结。在初始均衡为E_1，效用为U_1的情况下：

A. 如果仅收入增加，均衡为E_2，家庭对孩子的数量需求略有下降，对孩子质量的需求增加，总效用为U_2（$U_2 > U_1$）；

B. 如果收入增加且实施计划生育政策，均衡为E_3，家庭对孩子的数量需求进一步下降，对孩子质量的需求明显增加，总效用为U_3（$U_2 > U_3 > U_1$）。

还有一种情况是：

C. 如果仅实施计划生育政策，但收入没有变化，则均衡为E_0，家庭对孩子的数量需求下降为1，对孩子质量的需求增加，总效用为U_0（$U_0 < U_1$）。

第二节　数据

一　数据和变量

本书使用的数据库为北京大学中国社会科学调查中心的"中国家庭动态跟踪调查（CFPS）"，该数据涉及全国25个省、市、自治区（不包含香港、澳门、台湾以及新疆维吾尔自治区、西藏自治区、青海省、内蒙古自治区、宁夏回族自治区、海南省），涵盖了全国总人口的95%以上。调查之前，采用内隐分层的方法将25个省分成5个大样本省（辽宁等5省）和其他20个小样本省。我们所使用的数据来自2010年和2012年的调查，共采访13315户家庭，涵盖44344位个人。

我们的目的是要验证"数量—质量替代"模型在中国的适用性。孩子的数量比较容易衡量，但质量难以直接测度。以往的研究常使用受教育程度作为衡量孩子质量的指标，具体又可以分为受教育年限、成绩（排名或者分数）、入学率等。在本章中，我们将使用受教育年限和入学率作为被解释变量（见表 4-1）。

解释变量需要三个方面的信息：子女特征（受教育年限、入学率、性别、民族、年龄、子女数量、出生次序）、父母特征（受教育年限、职务）和区域特征（地域、城乡、是否为计划生育政策放松区）[①]。为了得到这些数据，我们参考了李等和钱的做法，对 2010 年和 2012 年两年的社区库、家庭库等 6 个数据库中的相关信息进行匹配、筛选。后面的实证研究仅使用了截面数据进行分析，鉴于 2010 年的数据更全面，故只使用了 2010 年的信息，其中，样本包含 7870 人，分别来自 4725 个家庭。

在样本具体筛选过程中，我们遵循以下原则。首先，为了保证入学信息可用、可比较，最终将样本限定在 1971—1990 年出生的人群；其次，考虑到中国的现实情况并参考以往的研究，我们将只考虑子女数量（n），小于或等于 4 人的家庭。需要说明的是，出于研究的需要，我们还依据国发〔2000〕33 号文件，将样本中的省份分别归入东、中、西部三个地区，并以此进行分析。

表 4-1　　　　　　　　　　　　变量描述

变量名称	变量符号	含义	数量	均值
被解释变量				
受教育年限	edu	子女受教育年限	7870	3.65
入学率	enr	1=在上学、完成；0=未上学、辍学	7870	0.72
	enr2	1=在上或已完成小学教育；0=其他	7870	0.44
	enr3	1=在上或已完成初中教育；0=其他	7870	0.26
	enr4	1=在上或已完成高中及以上教育；0=其他	7870	0.10

[①] 参考钱（2009）的定义，OCP（One Child Policy）放松区的判断是根据"第一胎为女孩的情况下是否允许生第二胎"来划分的。

续表

	变量名称	变量符号	含义	数量	均值
			解释变量		
1. 子女特征	性别	Sex	1=女；0=男	7870	0.44
	民族	Eth	1=汉族；0=其他	7870	0.87
	年龄	age	子女被调查时的年龄	7870	12.92
	子女数量	n	兄弟姐妹人数	7870	2.02
		N-bro	调查对象的兄弟人数	7870	0.54
		n-sis	调查对象的姐妹人数	7870	0.52
	出生次序	order	出生次序	7870	1.67
2. 父母特征	父亲受教育年限	Edu-f	父亲的受教育时间（年）	7295	6.76
	母亲受教育年限	Edu-m	母亲的受教育时间（年）	7463	5.04
	父亲职务	Pos-f	1=有职务；0=其他	5290	0.04
	母亲职务	Pos-m	1=有职务；0=其他	5250	0.01
3. 区域特征（西部为参照区）	中部	Reg-mid	1=中部；0=其他	7870	0.28
	东部	Reg-_est	1=东部；0=其他	7870	0.35
	农村	Are-rur	1=乡村；0=城镇	7832	0.77
	是否在OCP放松区	OCP-rel	1=处于；0=否	7870	0.92

二 统计性描述

经过上述数据筛选后，我们将研究的样本限定在CFPS 2010年数据库中1971—1990年出生、至少有父母一方信息且家庭中子女数量不超过4人的个体，样本共包含1423人。表4-2给出了各主要变量的描述性统计。

除了全样本之外，我们还分别对独生子女样本和城乡样本进行了观察及对比，发现了一些特征性的事实。

首先，女性和男性样本之间在受教育年限方面存在差异，女性平均要高出男性1.24年，在综合入学率和高等教育入学率方面也分别高出0.02和0.12，从方差来看，这一差距是统计显著的。在我们分城、乡进行描述的时候，也发现农村样本的平均受教育年限、综合入学率和高等教育入学率均低于城市水平，且差异显著。与全样本相比，在独生子女家庭中，子女的平均受教育年限更长，入学率也更高。如果我们按家庭中的子女数量将样本细分成 4 组，图 4-9 给出了不同子女数量的家庭，子女的平均受教育程度状况。由图 4-1 可以看出，拥有 1—2 名子女的家庭，其子女的平均受教育年限最高；而有 4 名子女的家庭，其子女的平均受教育年限最低。当我们用综合入学率和高等教育入学率来替代平均受教育程度时，得出的结论相同。

表 4-2　　　　　　　　　　描述性统计

变量	全样本			女性样本			男性样本		
	数量	均值	标准差	数量	均值	标准差	数量	均值	标准差
子女特征									
性别	1423	0.37	0.47	504	1.02	0.01	919	0.01	0.00
民族	1423	0.93	0.28	504	0.94	0.25	919	0.92	0.30
出生次序	1423	1.36	0.61	504	1.37	0.61	919	1.34	0.56
子女数量	1423	1.92	0.80	504	2.12	0.78	919	1.75	0.73
兄弟数量	1423	0.56	0.60	504	0.73	0.68	919	0.48	0.67
姐妹数量	1423	0.39	0.55	504	0.37	0.56	919	0.36	0.52
受教育年限	1423	9.43	4.01	504	10.26	3.98	919	9.02	3.91
综合入学率	1423	0.85	0.35	504	0.87	0.33	919	0.85	0.21
小学入学率	1423	0.92	0.26	504	0.94	0.21	919	0.92	0.32
初中入学率	1423	0.77	0.45	504	0.86	0.39	919	0.74	0.44
高等教育入学率	1423	0.39	0.46	504	0.48	0.52	919	0.36	0.41
父母特征									
父亲受教育年限	1265	6.62	4.03	473	7.25	3.95	792	6.53	4.24
母亲受教育年限	1321	4.38	4.30	496	4.98	4.35	825	4.22	4.66
父亲职务	973	0.05	0.23	335	0.07	0.32	638	0.05	0.23
母亲职务	944	0.01	0.10	343	0.02	0.21	601	0.01	0.14

续表

变量	全样本			女性样本			男性样本		
	数量	均值	标准差	数量	均值	标准差	数量	均值	标准差
地域特征（参照：西部）									
中部地区	1423	0.23	0.42	504	0.25	0.42	919	0.24	0.32
东部地区	1423	0.43	0.51	504	0.46	0.53	919	0.40	0.43
农村	1430	0.71	0.48	522	0.64	0.49	908	0.74	0.41
OCP放松区	1423	0.89	0.37	504	0.85	0.41	919	0.88	0.33

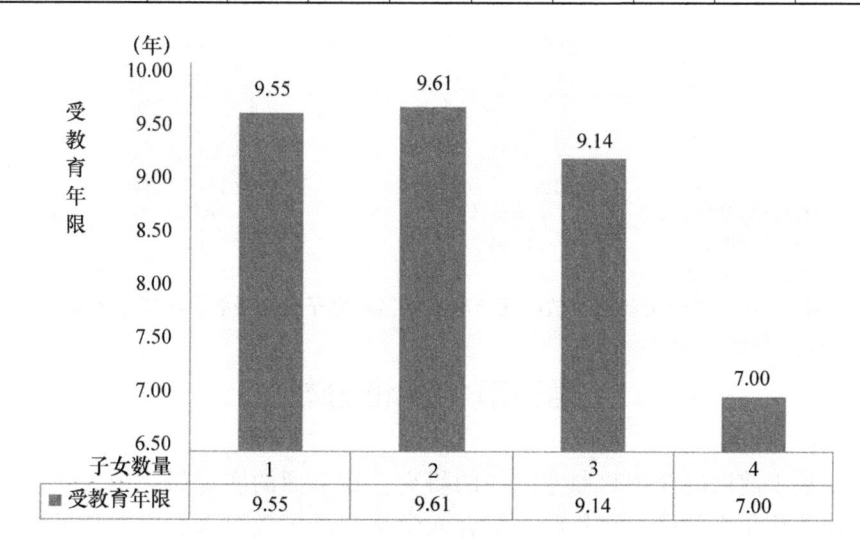

子女数量	1	2	3	4
受教育年限	9.55	9.61	9.14	7.00

图4-9 家庭中的子女数量及其受教育年限

其次，从样本个体的出生次序上看，在家中出生越早的个体，其平均受教育年限和高等入学率越高，越晚则越低，且10%的水平下是统计显著的。另外，如果根据父亲和母亲的教育年限对样本进行分组的话，会发现子女的受教育程度同父母受教育程度正相关；另外，从区域的角度看，东、中部地区的家庭，其子女的受教育程度都显著地高于西部地区，西部地区在教育上处于落后的位置。如果再将样本细分为"一孩政策"放松区和非放松区，就会发现处于这两个区域的家庭的子女在3个指标所表示的受教育程度上均存在差异。由图4-10可以看出，来自"一孩政策"放松区家庭的子女其平均受教育年限要比非放松区的低约

1.8 年；最后，当父亲和母亲一方拥有行政或管理职务时，其子女的教育程度也会更高一些。

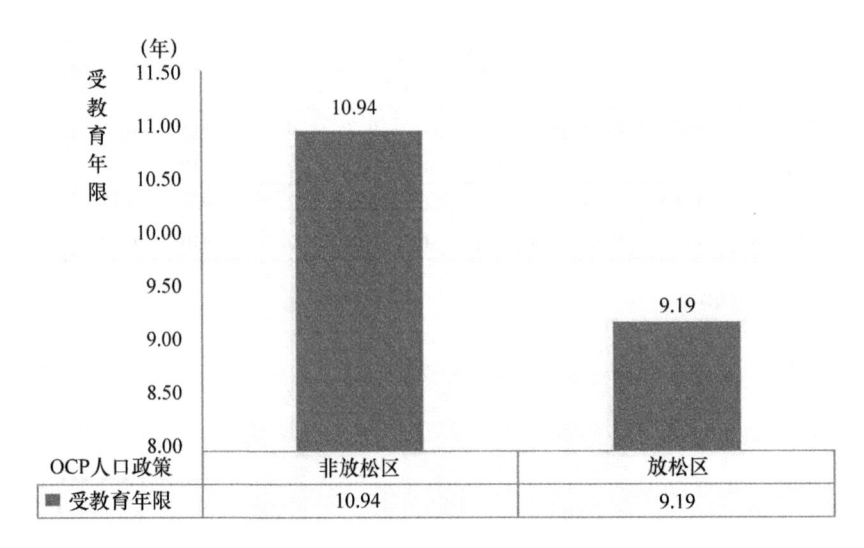

OCP人口政策	非放松区	放松区
受教育年限（年）	10.94	9.19

图4-10 "一孩政策"放松区与非放松区家庭子女在受教育年限上的差别

第三节 实证分析

基于前面的介绍和参考以往的研究，在下面的实证研究中，我们将依次使用子女的受教育年限、综合入学率和高等教育入学率来衡量被解释变量"子女的教育程度"；而控制变量分为三个维度：子女特征、父母特征和区域特征。我们将先进行多元回归，研究不同人口政策期间子女数量对个体教育水平的影响。但是，多元回归本身存在因遗漏变量等因素造成的内生性问题。于是，我们将使用工具变量法进行两阶段最小二乘估计，并对两种估计的结果进行比较。

一 基准回归

结合上述差异分析的结果，本节将利用多元线性回归的逐步筛选法，找出影响子女教育水平的主要因素。

初步设定模型如下：

$$Edu = \beta_0 + \beta_1 \cdot n + X \cdot \beta_2 + Z \cdot \beta_3 + C \cdot \beta_4 + \varepsilon \quad (4.19)$$

其中，Edu 为被解释变量或者因变量，表示子女的教育程度（可以用受教育年限、综合入学率及高等教育入学率等指标来度量）。解释变量中，n 为子女数量，它的系数 β_1 是我们验证"数量—质量替代"模型所关注的核心参数。X 为反映子女个人特征的控制变量，包括性别、民族和出生序列等人口学信息；Z 为反映父母特征的控制变量，包括了父母的受教育年限和职务等信息；C 为反映区域特征的控制变量，包括了地域、城乡以及是否处于"一孩政策"放松区等信息。ε 是引入的误差项。

根据上述初步设定模型，我们先用受教育年限（Edu）衡量子女的教育程度作为被解释变量，使用逐步筛选（stepwise）的方法分别加入父母特征（方程1）、个人特征（方程2）以及地域特征（方程3）进行多元回归，回归结果如表4-3所示。

经过筛选后，有8个解释变量进入方程中，分别是父母的受教育年限（Edu_f、Edu_m）、子女的性别（Sex）、民族（Eth）、子女数量（n）以及城乡（Are_rur）和地域（Reg_est）。其中，各变量均在1%的显著性水平上统计显著，方程整体也通过F检验，解释变量间基本上不存在多重共线性。从 R^2 来看，在方程3中，被解释变量的变动有23%可以被上述因素的变化解释。

表4-3　　　　　　有关教育年限（Edu）的多元回归结果

	方程1	方程2	方程3
常数项	7.31***	6.47***	9.59***
Edu_f	0.22***	0.21***	0.21***
Edu_m	0.22***	0.19***	0.16***
Sex		0.88***	0.70***
Eth		1.86***	1.71***
n		-0.56***	-0.53***
Are_rur			-0.69***
Reg_est			0.42**
R^2	0.158	0.21	0.23

注：上述回归中，双尾检验的显著性水平1%、5%和10%分别用＊＊＊、＊＊和＊表示，下同。

n 是我们最关注的核心解释变量。在方程2和方程3中，系数的符号均为负且在1%的水平上统计显著。这可以简单地解释为，在控制了一些个人、家庭和地域特征后，家庭中的子女数量与子女的受教育程度负相关。具体来说，家庭中每增加一名子女，其子女的平均受教育年限会下降0.53年；除此之外，Edu_f和Edu_m的系数为正，说明父母的教育程度对子女的教育有积极的影响，且父亲的影响略大一些。此外，Sex和Eth的系数也为正，表明女性和民族为汉的个体，其受教育程度会显著高一些；Are_rur的系数为负以及Reg_est的系数为正，说明城市地区和东部地区的家庭，子女的受教育程度较高。这些参数的符号基本上同以往的研究一致，也基本上符合我们的直觉。同样地，当我们使用入学率作为被解释变量时，各个解释变量的符号没有什么变化，特别是n的符号始终为负，说明"数量—质量替代"模型在当前的假设下是成立的。

遗憾的是，在模型逐步筛选过程中，"OCP放松区"这一变量未被纳入模型之中，原因可能是"一孩政策"对子女教育程度的影响是通过子女数量这一渠道实现的，因此，在方程包含了n之后，"OCP放松区"这一变量并不显著。

总之，我们进行简单多元回归的结论是，计划生育政策控制住了家庭的子女数量，根据"数量—质量替代"模型，这会造成家庭对子女质量需求的增加，直接的手段就是对子女进行人力资本投资，或者更具体一些，就是教育投资。

二 工具变量法

不过，在上述多元回归模型中，我们虽然也控制了一些因素，但仍不排除有重要变量被遗漏的可能，造成家庭对子女数量的选择存在一定程度的内生性。比如，家庭的收入，父母对子女的性别偏好、父母是否离异，等等。内生性的存在，会使估计结果有偏误，以往的一些研究也发现了这个问题。

前面曾经对中国的人口政策特别是生育政策的演变进行了梳理和回顾，在下面的分析中，我们会结合样本信息，按照政策的演变顺序，将样本按时间划分为三个部分：1971—1977年、1978—1983年和1984—1990年。这三个时间段分别对应着"晚、稀、少"阶段、"一孩政策"实施阶段和适当放宽二胎阶段。生育政策上的变化类似于一次自然实验，让使我们有机会对政策的效果进行评估。

通过对现有文献的梳理，我们发现，对"数量—质量替代"模型进行检验时，学者们常使用的工具变量有：多胞胎、父母对子女性别构成的偏好、一胎性别或前两胎性别的组合，以及所在地区是否为政策放松区等。在接下来的研究中，结合数据库的信息，我们将选用"多胞胎"和"一孩政策（简称OCP）放松区"两个虚拟变量作为工具变量进行2SLS估计，第一阶段的回归方程如下：

$$n = \theta_0 + IV\theta_1 + X\theta_2 + Z\theta_3 + C\theta_4 + \mu \tag{4.20}$$

其中，因变量 n 代表子女数量，IV 是工具变量，n 预测值将作为自变量进入第二阶段的回归分析。第二阶段的回归方程与方程（4.19）相同，所使用的解释变量和自变量是前面经逐步筛选后得到的 8 个解释变量。在工具变量方面，我们先分别使用"多胞胎"和"OCP放松区"进行分析，模型上对应的是模型 1 和模型 2，然后再将两个工具变量同时放到模型中，对应的是模型 3。

三 分时期的 2SLS 估计

接下来，我们会按上面划定的三个政策时段，依次将工具变量（"多胞胎"、"OCP放松区"以及"多胞胎和OCP放松区"）放入模型中进行 2SLS 估计，估计的结果分别对应着模型 1、模型 2 和模型 3，然后将简单的多元回归结果与其进行比较。由于我们关注的主要是子女数量对教育的影响，进而在表格中，我们只罗列了对 n 的参数的估计结果。

如表 4-4 所示，通过对 OLS 与 2SLS 回归的结果比较，我们发现：首先，就拟合优度而言，以"多胞胎"作为工具变量的模型 1 拟合效果不如以"OCP放松区"作为工具变量的模型 2 拟合好，当我们把这两个工具变量全都放到模型里的时候（模型 3），拟合程度略有上升，但 n 的参数除了在一孩政策放松阶段在 10% 的水平上统计显著外，其余均不显著。

从 2SLS 的回归结果来看，全样本的估计结果和"一孩政策"放松阶段的估计结果是统计显著的，而且符号为负。表明孩子数量同子女的教育年限成反比。具体而言，在全样本中，家庭中的子女数量每多 1 人，个体的平均受教育年限会减少 1.5 年，该结果在 5% 的水平上统计显著；

在"一孩政策"放松阶段或者有条件的二胎阶段，家庭中子女数量每多1人，个体的受教育年限下降1.79年。

表4-4　　　　　　　　多元线性回归与2SLS的比较

		全样本		"晚、稀、少"阶段		"一孩政策"阶段		"一孩政策"放松阶段	
		N: 1132		N: 62		N: 235		N: 835	
		OLS	2SLS	OLS	2SLS	OLS	2SLS	OLS	2SLS
被解释变量：Edu									
	n	-0.53***		-0.84		-0.51*		-0.59***	
	R^2	0.22		0.19		0.26		0.17	
模型1	n		1.80		—		—		—
	R^2		0.17		—		—		—
模型2	n		-1.50**		-2.74		0.75		-1.79**
	R^2		0.20		0.17		0.24		0.15
模型3	n		-0.97		-2.74		0.76		-1.14*
	R^2		0.21		0.17		0.24		0.15
被解释变量：enr4									
	n	-0.057***		0.03		-0.05		-0.07***	
	R^2	0.130		—		0.16		0.11	
模型1	n		0.07		—		—		—
	R^2		0.12		—		—		—
模型2	n		-0.14		-0.22		0.14		-0.21*
	R^2		0.12		—		0.14		0.10
模型3	n		-0.10		-0.22		0.14		-0.11
	R^2		0.12		—		0.14		0.11

我们也使用了高等教育入学率作为被解释变量进行了估计，绝大部分2SLS的结果均不显著，只有使用"OCP放松区"作为工具变量进行估计时，在"一孩政策"放松阶段估计的结果在10%的水平上是统计显著的，n的系数同样为负。

总之，无论是简单的多元回归，还是使用工具变量法进行 2SLS 估计，结论基本相同，也就是"数量—质量替代"关系在中国家庭内部是存在的。而且，随着计划生育政策的放松，这种替代关系更加显著。

四　对一胎的影响

前面的 OLS 估计和 2SLS 估计均证实了"数量—质量替代"模型在中国的适用性。不过，按照钱等的观点，该模型的成立是有条件的：只会在不少于 3 个子女的家庭中成立。如果只有 2 个孩子的话，子女的数量与质量之间并非此消彼长，而是同方向变化。钱将其归结为第二个孩子的出现会带来规模经济，进而降低教育的成本。但孩子再多下去的话，规模经济消失。如果真是这样的话，从教育上看，全面开放二胎也值得提倡，因为第二个孩子的出现对第一个孩子及其自身的教育都会有积极的影响。于是，我们接下来会参考钱的思路，仍旧从生育政策演变的三个阶段，考察政策对家庭规模进而对家庭中的第一个子女（长子/女）的教育的影响，估计的结果如表 4-5 所示。

同前面的估计结果相比，我们可以发现：首先，从简单的多元回归结果来看，在子女数量 $n \leq 4$ 的家庭中，子女数量每多 1 人，长子（女）的受教育年限会减少 0.54 年且在 1% 的水平上是统计显著的，而在子女数量 $n \leq 2$ 的家庭中，这一结果并不显著；如果分政策阶段来看，在 $n \leq 4$ 的家庭样本中，家庭中子女数量对长子（女）的教育程度的影响始终为负，且在不同统计水平上是统计显著的，表明"数量—质量替代"关系成立。也就是说，无论生育政策是收紧还是放松，均会对第一个孩子的教育产生影响；但在 $n \leq 2$ 的样本中，结果均不显著，无法验证这种关系。

不过，当我们使用不同的工具变量进行 2SLS 估计时，模型 1（用"多胞胎"作为工具变量）的估计结果不显著，模型 2（使用"OCP 放松区"作为工具变量）和模型 3（同时加入上述两个工具变量）的估计结果在全样本和一孩政策放松期显著。比如，当我们使用第二个工具变量时，在全样本和一孩政策适当放松阶段，估计的系数分别是 -1.87 和 -1.94，表明子女的数量每增加 1 人，长子（女）的受教育年限会分别减少 1.87 年和 1.94 年，且估计结果在 5% 的水平上统计显著。2SLS 的估计结果要大于 OLS 的估计结果，说明由于内生性问题的存在，OLS 的结果低估了家庭中的"数量—质量替代"关系。

表4-5 孩子数量对家庭中的长子（女）的教育的影响

A. n≤4		全样本		"晚、稀、少"阶段		"一孩政策"阶段		"一孩政策"放松阶段	
		N：840		N：70		N：203		N：567	
		OLS	2SLS	OLS	2SLS	OLS	2SLS	OLS	2SLS
	n	-0.54***		-1.20		-0.55*		-0.56***	
	R^2	0.22		0.16		0.26		0.17	
模型1	n		1.81		—		—		—
	R^2		0.18		—		—		—
模型2	n		-1.87**		-4.29		-0.00		-1.94**
	R^2		0.20		0.11		0.24		0.16
模型3	n		-1.31*		-4.29		0.168		-1.54*
	R^2		0.21		0.11		0.23		0.16
B. n≤2		N：727		N：66		N：174		N：477	
		OLS	2SLS	OLS	2SLS	OLS	2SLS	OLS	2SLS
	n	-0.34		-1.02		-0.48		-0.40	
	R^2	0.20		—		0.26		0.13	
模型1	n		3.08		—		—		—
	R^2		0.17		—		—		—
模型2	n		-2.88**		-5.53		0.44		-3.00**
	R^2		0.19		—		0.24		0.12
模型3	n		-2.02		-5.53		2.24		-2.37*
	R^2		0.20		—		0.14		0.10

另外，同样是使用"OCP放松区"作为工具变量（模型2），在n≤4和n≤2这两组不同样本中，估计的结果也存在差异，在后一组样本中，参数的绝对值更大，分别为-2.88和-3.00且在5%的水平上统计显著，这表明"数量—质量替代"关系在n≤2的家庭中更明显。只不过，这一结果仅仅在全样本和"一孩政策"放松阶段是显著的。

我们也尝试使用综合入学率和高等教育入学率来验证家庭中的子女数量对长子（女）的教育程度的影响，上述结论依然存在。总之，在前面的研究中，为了考察生育政策对子女数量进而对子女的教育的影响，我们根据生育政策的演变将考察期划分为三个阶段，并分别使用了OLS和工具变量的方法进行简单的多元线性回归和2SLS回归。结果表明，数量与质量的替代关系在家庭中是存在的，也就是说，随着计划生育政策的收紧和放松，家庭中的子女数量会出现变化，这种变化又进而会影响每个子女的教育程度（质量）。与钱等的研究不同，即便当我们把研究的焦点放在子女数量对长子（女）的影响时，上述关系依然成立。

第四节　结论和建议

20世纪下半叶，特别是改革开放40年来，中国的生育政策发生了一系列变化，这为我们检验现有的经济学和社会学的理论提供了丰富的材料；同时，研究计划生育政策对家庭规模、子女的数量和质量的影响也是具有重大现实意义的课题。眼下中国正处于生育政策调整的关键时点，不仅学术界存在各种争议，在实践中也逐渐成为社会经济可持续发展的一个重要约束。以东北经济为例，当我们谈论振兴东北经济的时候，大部分研究是从官僚体制、产业结构等角度出发。就官僚体制而言，东北地区与发达的东南沿海地区相比是否存在系统性的差异还需要验证。若存在，通过南官北调就能部分地解决这个问题，实际上这种做法已经持续了一段时间，但这几年东北经济与南方的差距仍然越来越大。如果我们从人口的角度看待这个问题，可能结果又会不一样。东北地区无论是相对的生育率，还是绝对的青壮年劳动力人数，都要低一些。人口稀少，市场规模小，企业的分工程度就不深，也难以形成规模经济。可以说，（不单单是人才）人口的大量外流对地区经济发展的负面影响在东北尤其明显。所以，我们首先需要对以往的生育政策及其效果做出客观、理性的评价，才能科学、合理地制定出下一阶段的生育政策，进而保持社会经济可持续发展。

"数量—质量替代"模型在20世纪70年代经过贝克尔等的努力，成为继马尔萨斯的"人口论"后现代经济学和人口学中又一个经典模型，对现代国家的人口转型和增长具有极强的解释力。贝克尔之后，各国的经济学家们致力于用各种方法来检验和证实这一理论。受方法和数据的限制，早期基于中国的研究并不多，最近几年随着一些大型的微观数据库的建立，研究大量涌现，除了传统的 OLS 回归外，工具变量法、双重差分（DID）和断点回归（RDD）等方法也被广泛应用，以求更准确地识别出变量之间的因果关系。

在本章中，我们分别使用了三种指标来对个体的教育水平进行测度（受教育年限、总入学率和高等教育入学率），并依据生育政策的演变，对样本进行了分类（"晚、稀、少阶段"、一孩政策阶段以及一孩政策放松阶段）。为了避免内生性问题，我们还使用了工具变量法，将结果与 OLS 的结果进行比较。上述做法的目的，一方面确保研究结果的稳健性；另一方面是要观察政策效果在不同群体和政策期间的异质性。

实证研究发现，贝克尔的"数量—质量替代"关系在中国家庭中是存在的，也就是说，家庭中的子女数量与子女的教育水平之间存在显著的负相关关系，该结论在全样本和长子（女）样本中均成立。这意味着，当计划生育政策收紧时（比如由"晚、稀、少"阶段过渡到"一孩政策"阶段），由于孩子数量减少，单个孩子的教育水平会提高；同样，在计划生育放松阶段（"一孩政策"阶段进入到"一孩政策"放松阶段），在控制住其他因素的情况下，孩子数量增加会降低单个孩子的教育水平。无论是从一孩到二孩、多孩，还是从多孩到二孩、一孩，上述现象均存在，这是与其他一些研究不同的地方。

上述结论回答了我们之前提出的一个疑问，即：中国的教育成就是在政府公共支出相对不足但家庭承担了更高的教育成本的情况下取得的，为什么中国家庭对子女有这么强的教育投资意愿？除了收入增长之外，本书给出的答案是，严格的计划生育政策造成了这一结果。40 多年来，一系列的计划生育政策使得中国家庭所能生育的孩子数量被严格限制，在收入迅速增长的背景下，家庭对孩子的需求只能通过提高孩子的质量来得到满足，而提高孩子质量的主要途径，就是对孩子进行人力资本投资，主要是教育投资。注意，这种投资的最终动机，是为了满足父母对子女的消费需求。所以，尽管从经济学的角度看，教育也是一种经济行为，成本收益分析依然适用，但对很多中国家庭来说，即便有时候教育的收益率并不可观，但对子女进行教育、培训、营养和健康、迁移等人力资本投资的热情不减。生育政策越是严格，这种提高子女质量的需求越是强烈，所以，与一些发展中国家甚至发达国家相比，中国家长对子女有着各种各样的"过度投资（over-investment）"，比如，"过度教育""过度培训""过度营养""过度迁移"……不过，根据我们前面的分析，这些所谓的"过度"都有经济逻辑可言，都是家庭理性决策的结果，所谓的差异，其实是决策者面临的约束条件不同造成的。计划生育政策，就是过去一段时间内中国家庭面临的一个重要的制度约束。

除此之外，"数量—质量替代"模型也能让我们对计划生育政策的效果进行预测。如同教育发展是经济增长和生育控制双重作用的结果一样，今天中国的低生育率也是如此。也就是说，根据这一模型及各国人口变迁的一般经验，即便没有计划生育政策，过去40年的高增长本身就可能使中国家庭的生育率下降（中国台湾、中国香港、新加坡等地的经验），再加上计划生育政策，今天的超低生育率就能得到解释。这种低生育率可能会对中国经济的可持续发展造成不利的影响。

于是，政策上的建议是：首先，在高增长背景下，要想提高生育率，目前来看，仅仅靠"三孩政策"还远远不够，不排除要全面放开生育，甚至对生育进行鼓励。其次，中国地大物博，存在着明显的地区、行业和城乡差距，所以，可以考虑对生育政策进行结构性的调整，甚至在政策的制定方面给地方以更大的自主权。另外，从教育的角度来看，政府要充分考虑家庭子女数量增加后可能对个体教育产生的不利影响，如果家庭对子女的教育投资意愿下降，政府可以通过增加公共支出来弥补，这样就能够确保在生育率提高的同时教育水平能得到进一步的发展。当然，从广义的人力资本投资的角度看，政府公共支出的结构仍然要调整，即便是在教育投资方面，根据赫克曼等的研究，中国政府的公共支出不仅应该向初、中等教育倾斜，更应该向学前教育倾斜，越是基础的教育，越要确保公平。

上述研究也存在一些需要改进的地方，特别是在数据和方法方面。有了全面放开二胎之后的数据，就能更准确地识别出政策变化对家庭的生育和教育的影响，这也是我们正在做的工作。

第五章　生育控制、质量替代与子女健康

第四章研究了计划生育政策对家庭子女的教育投资的影响，影响机制主要是"数量—质量替代"模型。考虑到中国的实际情况，我们将收入变化和计划生育政策纳入模型，进行比较静态分析。结论是，严格的生育政策会限制家庭的孩子数量，在收入增长的背景下，孩子数量的相对价格上升，孩子质量的相对价格下降，家庭为了实现效用最大化，会增加对孩子的教育投资。这在一定程度上解释了为什么中国的教育水平能够取得迅速的发展，以及为什么中国家庭的私人教育支出高并且对子女的教育投资意愿强烈。

在这一章，我们将延续之前的研究，使用新的数据和方法，同时考察计划生育政策对健康和教育的影响。这既能增强原有研究的稳健性，也能考察不同人群所受影响的异质性。

"全面二孩"政策开始启动实施是中国人口政策史上的一次重大变革。新政的经济影响可以从短期和长期、宏观和微观等角度判断。比如，宏观上的影响主要体现在对人口结构、经济增长以及收入分配等方面，微观上的影响如家庭人口结构和教育决策等方面。新政实施不久，想全面评价政策的影响存在一定的难度，但经济学的经典理论以及大量的实证研究可以为我们预测政策的某些效果提供一定的基础，这其中最著名的就是由贝克尔等提出的"数量—质量替代"模型，这是现代经济学在研究家庭内部资源配置及人力资本投资行为等方面的理论基础。本章通过对这个模型进行检验，然后结合我国的生育政策变动的背景，尝试推断"全面二孩"政策对家庭子女健康及教育投资的影响。

在进行"数量—质量替代"分析时，主要的困难来自质量和数量均

第五章　生育控制、质量替代与子女健康

被诸多现实因素干扰，比如，家庭对孩子质量的偏好是观察不到的，观察到的数量和质量之间的负向关系很可能是由于这种偏好引起的；发达国家由于基础教育完善，家庭收入对子女人力资本投资的影响甚微。中国属于发展中国家，进行家庭内部子女"数量—质量替代"研究显得更有意义，也更易得到显著的结果。实际上，计划生育政策的变动也为我们研究这一问题提供了不可多得的自然实验。

现有的实证研究使用不同的变量作为儿童质量的衡量指标，对家庭子女"数量—质量替代"理论进行了检验。这些质量衡量指标通常分为两大类：一是与教育相关的客观指标，诸如子女的受教育年限、综合入学率、高等教育入学率等；二是主观性较强的衡量指标，诸如幸福感、成功等。不过，最近有研究指出，教育并非一个衡量儿童质量的完美指标，最基本的外生干扰因素是政府对教育的补贴，如发达国家儿童所受教育更多取决于政府的福利而非父母的偏好或收入。中国也有类似的情况，由于九年制义务教育的存在和普及，会对以教育类变量作为质量衡量指标的适当性产生影响。

健康是人力资本的一种重要形式，但在对"数量—质量替代"理论进行检验的文献中，这个指标在研究的早期很少被关注。已有文献衡量健康的常用指标有以下几种：身高、体重、身体质量指数（BMI 指数）以及健康自测得分（Self-assessed Assed Health，SAH）。本章没有选择教育相关指标作为质量衡量指标，而是根据世界卫生组织和相关文献[①]，选取"年龄别身高 Z 评分"（Height for Age Z-scores，HAZ）作为质量评价标准。这一选择的出发点是，在我国，对儿童身高产生显著影响的营养摄取仅仅取决于家庭食物支出。如果家庭规模的扩大使父母的人力投资减少，则必将显著影响儿童的身高。同样，据相关研究测算，政府在公共卫生健康领域的支出也会对儿童身高产生影响。如果仅以教育作为测度指标，九年制义务教育的存在使得家庭人力资本投资对处于这个阶段的儿童只能产生极为有限的影响，导致分析结果产生偏差。在文章的

[①] Thomas, D., "Like Father, like Son; Like Mother, like Daughter: Parental Resources and Child Height", *The Journal of Human Resources*, Vol. 29, No. 4, 1994, pp. 950 – 988; Strauss, J. and Thomas, D., "Health, Nutrition, and Economic Development", *Journal of Economic Literature*, Vol. 36, No. 2, 1998, pp. 766 – 817.

最后，我们也会再一次使用教育作为被解释变量，并将回归结果与之前的研究结果进行比较，以增强研究的稳健性。

这一章的工作还体现在以下几个方面：一是对工具变量的改进。根据现有研究文献，在"数量—质量替代"的研究中，使用的工具变量基本上是双胞胎、性别比例等，本章将中国特有的计划生育政策及其变化所形成的相关比率作为工具变量，以弥补其他工具变量的不足，也能体现中国特有的人口政策的影响。二是使用分位数回归的方法，在控制内生性的同时对均值和不同分位点的影响进行回归分析。根据本章分析的内容，由于身高属于个体特征并且是一个连续变化的变量，去除固定效应可以关注同一个体不同时期所受的影响差异，可以与采用分位数回归对身高分布不同区间所受的影响差异进行呼应，因而得以检验家庭规模及其他相关因素对整个身高分布的影响。分位数回归不局限于普通 OLS 回归的正态分布和同方差假定，更加贴近真实分布，可以获得任意分位点的回归系数以及回归系数趋势，与传统的均值回归相比能从中得到更多的信息，具有更高的稳健性。

第一节　文献回顾

在家庭生育决策领域，早期的研究是将子女的数量和质量选择纳入商品消费框架，在实证中得到"子女数量和质量呈负相关"的结论。在此基础上，贝克尔通过引入父母的简化效用函数论证了偏好、子女质量、收入、成本、供给等因素对子女需求的影响，并根据实证结果得到子女属于耐用消费品的结论，进而提出"数量—质量替代"理论，为日后的家庭经济学奠定了理论基础。

一　"数量—质量替代"理论

在贝克尔等开创性地提出这一理论之后，大批学者开始对该理论进行修正扩展和检验。早期一些研究大多证实了这一理论[1]，鲜有例外。

---

[1] Parish, W. and Willis, R., "Daughters, Education, and Family Budgets Taiwan Experiences", *Journal of Human Resources*, Vol. 28, No. 4, 1993, pp. 863–898.

第五章　生育控制、质量替代与子女健康

在近些年的实证研究中，康利和格劳伯①发现，兄弟姐妹多的孩子，更不具备去私立学校接受教育的条件。罗森茨魏格和张②证明了家庭规模对子女的教育具有消极影响，但是这一影响只有在公共教育资源匮乏的地区才显著。布拉克③等发现了家庭规模与孩子质量之间存在负相关关系，前提是控制住子女出生的顺序；而安格里斯特等④在采用准实验设计的研究方法后，并没有发现多子女会带来任何不利的后果；更为有趣的结论来自钱⑤，她以入学率为质量指标，利用1990年人口普查1%样本和1989年CHNS数据进行多元线性回归和2SLS回归，得出了更为细致的实证结论：在一胎到二胎的变化中出现非替代关系逆转，二胎家庭中第一个孩子的教育水平要高于独生子女家庭中孩子的教育水平。

由于数据的缺乏及统计方法的局限，相关研究在我国起步相对较晚，这些研究通常采用的教育衡量指标有6—7岁儿童的入学率、受教育年限、以最高学历代表的受教育程度等。从研究方法上看，绝大部分采用一般传统的回归方法⑥，也有部分研究文献采用工具变量⑦、断点回归⑧等方法处理内生性的问题。为了能够更清晰地观察相关研究热点的变化和分布，准确地把握研究动态，预测研究趋势，我们通过搜集国内学者

---

① Conley, D. and Glauber, R., "Parental Educational Investment and Children's Academic Risk: Estimates of the Impact of Sibship Size and Birth Order from Exogenous Variation in Fertility", *Journal of Human Resources*, Vol. 41, No. 4, 2006, pp. 722 – 737.

② Rosenzweig, M. and Zhang Junsen, "Do Population Control Policies Induce More Human Capital Investment? Twins, Birth Weight and China's 'One-Child' Policy", *The Review of Economic Studies*, Vol. 76, No. 3, 2009, pp. 1149 – 1174.

③ Black, S., Devereux, P. and Salvanes, K., "Why the Apple Doesn't Fall Far: Understanding Intergenerational Transmission of Human Capital", *American Economic Review*, Vol. 95, No. 1, 2005, pp. 437 – 449.

④ Angrist, D., Lavy, V. and Schlosser, A., "New Evidence on the Causal Link Between the Quantity and Quality of Children", *NBER Working Papers*, No. 11835, 2005.

⑤ Qian, N., "Quantity-Quality and the One Child Policy: The Positive Effect of Family Size on School Enrollment in China", *NBER Working Paper*, No. 14973, 2009.

⑥ 尤丹珍：《期望孩子数的影响因素分析及对贝克尔生育率经济模型的检验——来自四川省宣汉县的个案研究》，《南方人口》2000年第15期。

⑦ 罗凯、周黎安：《子女出生顺序和性别差异对教育人力资本的影响——一个基于家庭经济学视角的分析》，《经济科学》2010年第3期。

⑧ 秦雪征、庄晨、杨汝岱：《计划生育提高了人口质量吗——基于断点回归设计（RDD）的研究》，北京大学经济学院工作论文，2015年。

研究家庭内部生育决策、子女"数量—质量替代"理论的文献数据,绘制出了可视化的文献耦合图谱和关键词共现图谱,从中可以发现,早期的主要研究议题为生育行为和生育意愿,后来随着微观数据库的建立和完善,以个人和家庭为单位的实证研究开始涌现,研究视角从宏观转为微观,更多是研究家庭内部资源配置决策、生育决策等问题,而将孩子的教育和健康作为人力资本的一个重要组成部分也逐渐成为实证研究所关注的方向。

二 以健康作为质量指标的文献回顾

在人力资本理论中,健康投资和教育投资同等重要。不过,从研究文献的数量上看,健康研究方面的文献还远没有教育方面的研究丰富。具体到"数量—质量替代"理论方面,关于家庭规模和儿童健康的相关性研究不多。在罗森茨魏格和张的经典研究中,他们以多重健康指标作为衡量儿童健康的标准,这些指标包括:儿童的健康自我测评(SAH)、体重、身高和身体质量指数(BMI)等。后来的文献大多是在此基础上对指标进行了适当的修正和改进,但选择的指标基本没有超出这篇文献的范围。克劳斯利和肯尼迪[1]指出,健康自评(SAH)这一指标主观性较强,存在着大量的测量误差和对自身健康状况不恰当的高估和低估。米利梅特和王[2]利用印度尼西亚的儿童健康微观调查数据证实了"数量—质量替代"理论,钟[3]利用断点回归的方法,研究了中国农村儿童的健康状况与家庭规模的关系,证实了二者之间的负相关关系。刘[4]利用分位数回归的方法也得出了类似的结论,他的论文在方法上对本章有很大的启发。

本章采用的指标是儿童的"年龄别身高 Z 评分",在使用身高作为

---

[1] Crossley, T. and Kennedy, S., "The Reliability of Self-Assessed Health Statu", *Journal of Health Economics*, Vol. 21, No. 4, 2002, pp. 643–658.

[2] Millimet, D. and Wang, L., "Is the Quantity-Quality Trade-Off a Trade-Off for All, None, or Some?", *Economic Development and Cultural Change*, Vol. 60, No. 1, 2011, pp. 155–195.

[3] Zhong, H., "The Effect of Sibling Size on Children's Health and Education: Is There a Quantity-Quality Trade-off?", *The Journal of Development Studies*, Vol. 53, No. 8, 2017, pp. 1194–1206.

[4] Liu, H., "The Quality-Quantity Trade-Off: Evidence from the Relaxation of China's One-Child Policy", *Journal of Population Economics*, Vol. 27, No. 2, 2014, pp. 565–602.

健康衡量指标的文献中,托马斯指出,儿童身高反映了儿童的长期营养状况,并与其他质量衡量指标具有显著的正相关关系。卡什和派克森[①]认为童年之前的生活水平差异导致了个体之间存在认知功能和身高的差异,因此,成人的身高反映了早年生活水平差异对人力资本积累的影响,并以"身高溢价"(Height Premium)的形式在劳动力市场中表现出来。通过梳理以上研究发现,身高在实证检验中可以成为重要的质量衡量指标。现有的文献大多围绕身高与成年后的收入或认知能力展开回归分析并进行检验,而对家庭内部因素给子女身高影响方面的关注不足,且在研究方法上大多采用OLS回归或工具变量法,但是这些研究表明OLS无法充分反映身高与收入的分布关系,为此,我们使用分位数回归方法更全面地分析变量的分布情况,从而分析家庭因素对子女身高乃至质量的影响。

第二节　数据及模型

一　资料来源与描述

本章使用中国家庭健康与营养调查(China Health and Nutrition Survey, CHNS)数据。该数据库是由美国北卡罗莱纳大学教堂山校区的罗莱纳州人口中心和中国疾病控制和预防中心的国家营养和食品安全所合作建立的,旨在收集中国城乡居民营养、健康等数据,以对中国计划生育政策及社会经济转型进行考察。现有数据的年份包括1989年、1991年、1993年、1997年、2000年、2004年、2006年、2009年和2011年,涵盖以辽宁、黑龙江、江苏、山东、河南、湖北、湖南、广西、贵州九个省份为代表的中国东部、中部、西部城乡数据。该数据库包含三个层次,分别是以个人、家庭和社区为单位进行的调查,不同层次的数据库涉及各种全面的问题以及多样的变量,本章在研究中对CHNS微观数据库中各省份的调查数据进行了整合。

(一)核密度估计及正态检验。核密度估计(Kernel Density Esti-

---

① Case, A. and Paxson, C., "Stature and Status: Height, Ability, and Labor Market Outcomes", *Journal of Political Economy*, Vol. 116, No. 3, 2008, pp. 499–532.

mates）可以使数据分布得到直观的表现，从图 5-1 中可以看出，0—17 岁儿童身高不同分位的分布是不同的，且不满足正态分布，因而使用分位数回归是恰当、准确的。

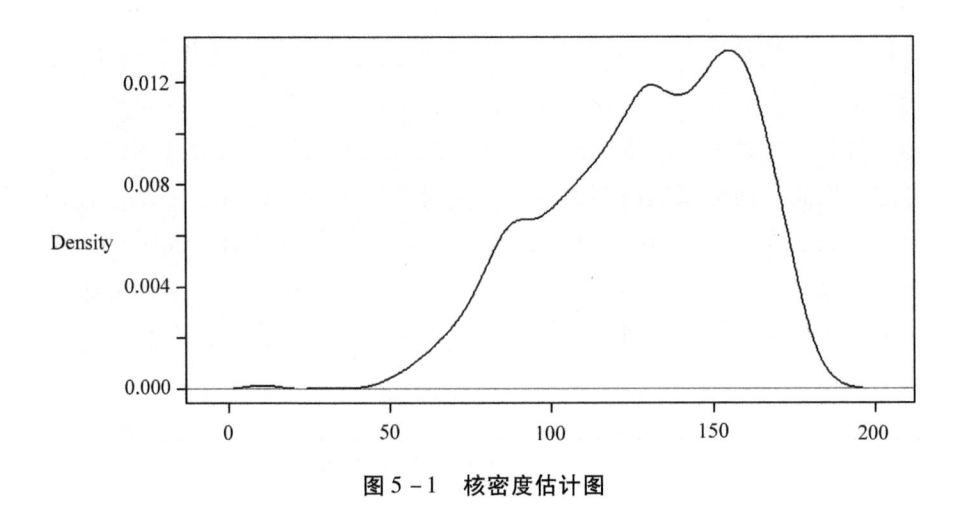

图 5-1 核密度估计图

（二）家庭规模对儿童 HAZ 的影响。如图 5-2 所示，独生子女家庭 HAZ 身高标准正偏离 HAZ 水平，即普遍高于平均身高水平；两孩家庭也是正偏离 HAZ 水平，但偏离水平与幅度均小于独生子女家庭；多子女家庭的身高标准低于 HAZ 水平。从一定程度上说明，身高与营养获得、资源获取呈正相关关系。

（三）家庭规模对儿童身高分布的影响。为进行分位数回归做铺垫，首先根据家庭规模的不同对儿童身高分布的影响做分析，了解家庭规模对 HAZ 分布的影响。

儿童总样本、男孩、女孩、独生子女家庭以及多子女家庭样本中，HAZ 值即儿童身高标准均值几乎都在 0 附近，基本满足标准。独生子女家庭的儿童身高略高于 HAZ 标准，且没有出现营养状况严重不佳或生长阻滞的状况，而在其他家庭规模中均有少量出现。从分布图上看，男孩以及子女家庭的儿童身高相较于其他样本，峰度较低，更为平均。女孩样本则呈现出尖峰厚尾形，说明女孩身高分布不均，与男孩分布有较为明显的区别。

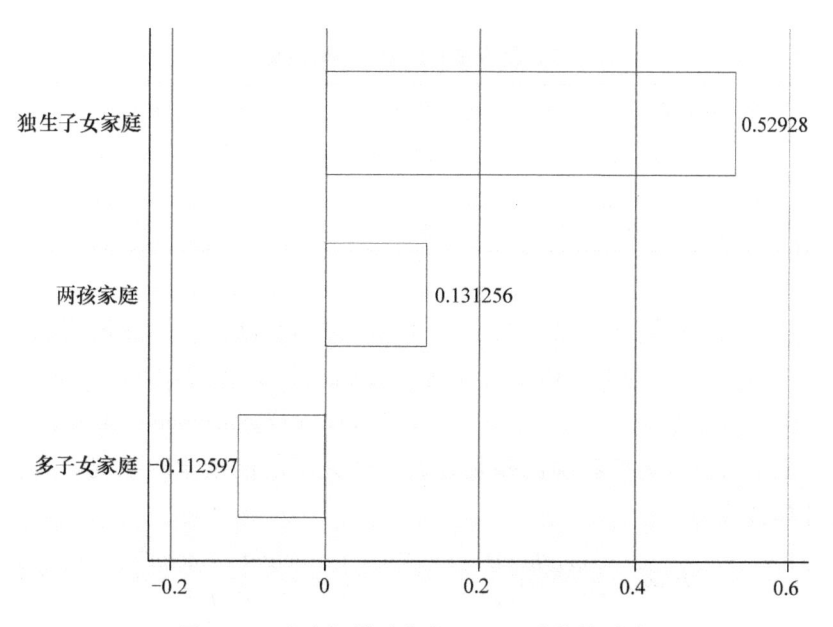

图 5-2　家庭规模对儿童 HAZ 平均值的影响

二　模型设计

利用混合横截面数据进行分析，使用的研究方法包括最小二乘法（OLS）、工具变量法（2SLS）和使用工具变量的分位数回归方法。

我们首先建立如下简单的线性模型：

$$Y = \alpha + \beta X_1 + \theta X_2 + \eta X_3 + \varepsilon \tag{5.1}$$

式中，Y 为解释变量 HAZ 评分，X_1 为儿童自身特征，包括性别、年龄、身高等；X_2 为父母特征，包括受教育年限等；X_3 为家庭因素，包括家庭规模、家庭所处区域、家中男孩数量和家庭长期福利水平等；ε 为扰动项。

在两阶段最小二乘回归部分采用两步回归：

$$NS = \alpha_0 + Z\alpha_1 + X\alpha_2 + \varepsilon \tag{5.2}$$

$$Y = \alpha + \beta_0 + \beta_1 \widehat{NS} + X\beta_2 + \eta \tag{5.3}$$

(1) 被解释变量和辅助被解释变量

本章从两个角度关注儿童质量，侧重分析儿童健康，同时将儿童的教育年限作为替代的被解释变量进行对比分析（如表 5-1 所示）。

表 5-1　　　　　　　　被解释变量和辅助被解释变量

被解释变量	类别	计算方法
HAZ 评分	健康	$\dfrac{h_{ij} - \bar{h}}{\sigma_j}$
受教育年限（a11）	教育	m12educ

其中主要被解释变量是儿童经过标准化的身高，将国际通用衡量身高的 HAZ 评分作为被解释变量以测度儿童的健康和营养水平。

HAZ 评分是世界卫生组织（World Health Organization）推荐用来衡量儿童生长发育迟缓状况的指标以此反映儿童的健康营养状况。该指标的计算公式为：

$$HAZ_i = \frac{[height/M(t)]^{L(t)} - 1}{S(t)\, L(t)} = \frac{height_i - mean_g^h}{std.\,dev_g^h} \quad (5.4)$$

其中，height 为观测儿童身高值，mean 为世界卫生组织推荐的标准同性别、同年龄参照儿童身高值，$std.\,dev_g^h$ 为世界卫生组织推荐的标准人群分年龄身高的标准差。该式所得结果为不同年龄和身高情况下，观测儿童偏离标准人群多少个标准差。若 HAZ 评分小于 -1，则代表低于世界卫生组织制定的参照人群中位数的一个标准差以上，为发育迟缓；当 HAZ 评分小于 -2，则为中度生长发育迟缓；小于 -3 则为重度生长发育迟缓。

而替代的被解释变量选择的是儿童教育，在常用的教育质量衡量指标中，经过筛选比较，我们选择了调查中的"受教育年限"（代码为"a11"的变量）作为辅助被解释变量，一方面与健康联合作为儿童质量的衡量，使笼统的"质量"更为具体；另一方面与健康作为被解释变量的回归结果进行比较，与研究意义中所述的"以儿童健康作为研究对象优于常见的教育研究对象"这一结论相呼应。

（2）解释变量及控制变量

本章按照数据库的结构，分别从三个层面（儿童层面、父母层面以及家庭或社区层面）选取了解释变量和控制变量，具体变量名称如表 5-2 所示。

表 5-2 解释变量

	解释变量	变量含义	资料来源	计算方法
X_1—儿童	age	儿童年龄	Survey	
	gender	儿童性别	birthmast	1 = 男，0 = 女
	West_dob	阳历出生日期	birthmast	
	height	儿童身高	pexam	
	School enrollment (age > 6)	6 岁以上儿童入学率	educ	$\dfrac{\alpha_{13} - \text{回答 yes 的人数}}{\alpha_{13} - \alpha_{11}}$
	Birth order	出生次序		按年龄排序
X_2—父母	height	父母身高	pexam	
	a_{11}_m	母亲受教育年限	educ	
	a_{11}_f	父亲受教育年限	educ	
	a_{12}_m	母亲最高受教育程度	educ	按照数据库指定标准进行折算
	a_{12}_f	父亲最高受教育程度	educ	按照数据库指定标准进行折算
	weight_m	母亲体重	pexam	
	nationality	民族		
X_3—家庭/社区	Number of siblings (NS)	子女数量	emw	s47a—s47
	hhsizze	家庭规模（去除子女数量）	hhinc	
	hhinc	家庭收入	hhinc	
	Percentage of boys	男孩比例	wed	$\dfrac{s216}{NS}$
	Geographic location	地理区域		按照省份划分（东中西部）
	t_2	是否为农村		0 = 城市，1 = 乡村

三　工具变量的选择和检验

在对"数量—质量替代"模型的检验中，一个重大的挑战便是家庭规模、子女数量的内生性问题。在模型中，因变量是"儿童质量"，自变量是"儿童数量"，然而在现实中，两者相互影响，并且都受同一因素——家庭/社区特征的影响，比如，孩子数量的减少会使得孩子质量提高，而孩子质量的提高则会相应减少父母对孩子数量的需求，因而孩子的数量和质量都是基于父母偏好的选择，而这种偏好是难以观测的，通过难以观测到的偏好来推断这种替代关系容易导致谬误，进而须利用工具变量来隔断这种内生性。

通过对现有文献的梳理，我们发现多数研究在工具变量的选取上较为一致。常见的工具变量可以分为以下几类：

（一）双胞胎。罗森茨魏格和沃尔平是较早发现并利用这一工具变量的学者，后来有大量文献使用了这种方法。不过，随着研究的深入，一些实证分析并没有得出显著的结果，这可能是由于双胞胎之间的出生间隔过短以及禀赋资源匮乏等问题造成的，导致双胞胎这一自然现象并不能作为一个完美的工具变量。

（二）性别。主要是第一个或者前两个孩子的性别，其背后的道理与双胞胎类似，二者都属于不受人为因素干扰的变量。安格里斯特等使用了这种方法。他们将双胞胎和孩子的性别组成共同作为工具变量。但随后有文献指出，性别构成可能同养育孩子的规模经济效应以及与孩子的产出有直接关系，而且，父母对子女性别的偏好可能会导致子女之间资源分配不均，进而对儿童的质量产生影响，破坏了工具变量的外生性[①]。

（三）出生次序。一些文献发现，控制儿童出生次序会在研究中取得意想不到的效果。如贝尔曼等[②]在控制儿童出生次序后，发现出生次序靠后的孩子在教育上处于显著的劣势。布莱克等采用挪威的数据发现家庭规模对孩子受教育程度的影响呈现单调递减的趋势。而哈努谢克同样在对大家庭中孩子的出生次序进行控制之后，得出了子女的受教育程度呈现 U 形变化的结论。

在本章中，被解释变量是孩子的质量（标准化身高和受教育年限），

[①] Dahl, G., "Moretti, E. The Demand for Sons", *The Review of Economic Studies*, Vol. 75, No. 4, 2008, pp. 1085 – 1120.

[②] Behrman, J., Pollak, R. and Taubman, P., "Family Resources, Family Size, and Access to Financing for College Education", *Journal of Political Economy*, Vol. 97, No. 2, 1989, pp. 398 – 419.

解释变量为孩子的数量，会受到内生性的影响。一个好的工具变量应与误差项完全不相关且只能通过解释变量（数量）来影响质量。此外，在研究中国的生育问题时，还存在一个独特的现象，那便是中国的计划生育政策。生育控制政策是外生冲击，会对家庭生育决策产生不可提前预知的影响，并直接影响孩子的数量。基于上述考虑，我们构造了如下工具变量：

（一）母亲的出生年份（"bym"）。其理由如下：计划生育政策对母亲生育决策的影响因其所处的年代和年龄而不同，通过对计划生育政策演变的梳理以及受吴和李①的研究的启发，我们将1950年作为母亲出生年份的一个重要的分界点。在此之前出生的母亲调查时已经结束了生育周期且未受计划生育政策的影响，而1950年之后出生的母亲在进行生育决策时会受到政策的影响。在此基础上，我们将设置一个虚拟变量以此来构建第一个工具变量，具体的计算方法是：在问卷调查中，以每年的调查年份"wave"减去受访者母亲的年龄"age_m"，即得到母亲的出生年份，以1950年为界限。1950年之前，bym=0；1950年之后，bym=1。

（二）独生子女补贴（"ocs"）。如果一个社区采取为独生子女家庭提供补助的激励政策，会影响家庭的生育决策。在CHNS数据库"community"（社区）子数据库的问卷调查中，有两个问题与此有关。其一为："如果一对夫妇只有一个孩子，是否有补贴？"选项分别是：0=没有，1=有；其二为："独生子女家庭有儿童保健补助吗？"选项是：0=没有，1=有。综合这两个问题，本章采用虚拟变量的方法，构建了"ocs"这一工具变量。

（三）地方官员的生育责任（"R20d"）。"community"子数据库中有这样的问题："当地干部有没有实行计划生育责任制？"选项有三个：0=否；1=是，且与经济挂钩；2=是，但不与经济挂钩。由此我们可以推断，若地方干部的政绩与计划生育政策的落实情况挂钩的话，会导致政策在该地区严格实施，而不同地区生育政策实施的松紧会直接影响到家庭的生育决策。有鉴于此，我们依然可以构建一个工具变量来反映生育政策的

---

① Wu Xiaoyu and Li Lixing. "Family Size and Maternal Health: Evidence from the One-Child Policy in China", *Journal of Population Economics*, Vol. 25, No. 4, 2012, pp. 1341–1364.

执行情况：令"R20d = 1"表示政策最为严格地执行，"R20d = 2"为政策被中等或正常执行，"R20d = 0"表示政策被宽松执行（其中出生于1950年之前的母亲R20d记为0）。

（四）一孩半政策（"R1"）。在我国计划生育政策的实施过程中，有部分地区采用"一孩半"的生育政策：允许第一孩为女孩的家庭生育第二个孩子。在"community"子数据库中，相关的问题是，"如果第一孩为女孩，是否可以要二胎？"选项分别是：0 = 否，1 = 是，9 = 不清楚，我们根据这一问题的回答进行比率计算，作为反映该政策执行松紧程度的工具变量。计算方法为：

$$\text{after1949} = \frac{\text{这一问题中回答 yes 的个数}}{\text{每轮调查该问题被回答的总次数}}$$

以此来设置虚拟变量。如果母亲在1950年之前出生，则R1 = 0；如果母亲在1950年之后出生，则R1的取值按照上述表达式计算。比如，一个社区共参与了5轮CHNS调查，关于这一问题的回答有三年为YES，则这一比率为0.6。

以上是我们对相关研究中常使用的工具变量所进行的梳理以及对本章工具变量的选择、原理及计算方法的简单阐述，在下文的实证研究中，我们会对具体的工具变量的检验进行详细的说明。

第三节 实证分析

一 描述性分析

对数据进行筛选、匹配和合并后，形成了一个混合横截面数据，先进行简单的描述性分析，以便有一个基本的了解和认知。从城乡角度，我们将样本划分为全样本、城市子样本以及农村子样本；从性别角度，将样本划分为男孩子样本和女孩子样本。对模型中出现的关键变量，如主要被解释变量、辅助被解释变量、重要的解释变量和一些关键的控制变量，进行了相关的描述性统计。计划生育政策在城乡间实施的松紧程度不同，这样的划分，既可以一窥整体样本的情况，也能观测到城乡样本间的差异。

通过表5-3的描述性统计，可以看到本章所关心的主要被解释变量

(HAZ) 的整体均值偏差 -0.800，即整体被观测儿童低于标准人群的分年龄身高 0.8 个标准差。子样本中，城市和农村的整体均值为 -0.380 和 -0.900。三个样本的偏差值均为负数，可能的原因是数据的时间跨度较长。第一轮调查始于 1987 年，这期间中国城乡的整体生活水平还不高，随后发展又出现了不充分和不平衡的问题，所以数据整体呈现出低于标准值的结果。而按照世界卫生组织制定准则，如果低于参照人群中位数的一个标准差以上，即若 HAZ 评分小于 -1，则可以定义为发育迟缓，农村样本的平均偏差值接近这一临近值，说明截至中国营养与健康调查的最新调查年份 2011 年，农村样本的儿童营养状况和生长发育情况，与城市样本相比差距较大。产生这一差距的原因，究竟是由于城乡间的收入差距，还是因计划生育政策落实的松紧程度不同而导致的子女数量的差异，这是本章关注的核心问题，后文的回归分析会给出相应的解释。

本章的研究对象是微观调查数据库中每个家庭 0—18 岁的子女，整体和两个子样本的均值都在 13 岁左右，说明各样本的年龄分布相近，因而其结果具有可比性。

在解释变量中，我们先来看一下父母的身高和母亲的受教育程度这两个指标。从均值中可以看出，母亲的受教育程度整体上是农村样本低于城市样本，城市被调查母亲的平均上学年限为 14.52 年，而农村被调查母亲的平均上学年限则仅为 10.28 年，按照本数据库所给出的上学年限折合学历程度的标准——数值 11 相当于 "1 year primary"，数值 14 相当于 "4 years primary"。

孩子的数量是我们重点关注的一个解释变量。由于计划生育政策及其执行存在区域性差异，不同家庭的子女数量也有所不同。从均值来看，样本家庭整体的平均子女数为 1.68 人，其中，城市家庭样本为 1.32 人，而农村样本为 1.83 人。从一孩家庭占比的情况来看，整体样本中，一孩家庭占 46.9%，城市和农村样本中分别占比为 69.51% 和 37.86%。农村样本中的二孩和三孩家庭占比较多，说明中国的农村地区多为 OCP 政策的放松区，也说明了生育政策确实对中国家庭的孩子数量影响很大。

表 5-3 描述性统计

	（1）全样本	（2）城市	（3）农村
HAZ 评分	-0.800 (4.075)	-0.380 (3.548)	-0.900 (4.185)
孩子的年龄	13.640 (7.633)	13.760 (7.619)	13.610 (7.637)
母亲受教育程度	11.050 (9.492)	14.520 (10.130)	10.280 (9.164)
母亲身高	154.660 (6.142)	156.210 (6.239)	154.270 (6.057)
父亲身高	165.160 (6.469)	166.960 (6.618)	164.710 (6.353)
子女数量	1.680	1.320	1.830
一孩家庭占比	46.900	69.510	37.860
二孩家庭占比	35.660	21.940	41.140
三孩家庭占比	11.940	4.720	14.820
四孩家庭占比	2.510	0.900	3.200
五孩家庭占比	0.220	0.220	0.720
城市	0.250 (0.433)		
Obs	256 511	28 374	109 457

HAZ 是用来衡量儿童生长发育迟缓状况的指标，结合 CHNS 数据库提供的样本，我们建立了一个按区域和性别划分的评述表（见表 5-4）。从表 5-4 中可以看出，男孩的 HAZ 评分普遍高于女孩，在 0—5 岁阶段，不论男孩还是女孩，其偏离值是最大的。按照世界卫生组织的年龄划分方法，0—5 岁属于幼儿抚育期，这一阶段儿童的营养状况不仅取决于自身的摄入，也受母亲的营养状况的影响。而营养状况决定了他的健康和生长状况。所以，我们可以初步推断，中国的幼儿在调查期间的生长发育与标准人群相比较为迟缓；从地理区域上来看，HAZ 评分的性别

差距在一孩家庭与东部省份家庭中最小,且东部地区男孩 HAZ 评分显著高于其他地区的儿童,与描述性分析中父母身高类似;在表中,6—9 岁的女孩的 HAZ 偏离值小于男孩,这是男孩、女孩的生长发育节奏有所差异所致,也证明了本章选择关注不同年龄段、不同身高分布的儿童的标准化身高差异的重要性。相比只关注年龄均值、身高均值的传统研究方法,分位数回归更全面也容易看出不同群体间的异质性。此外,当我们将样本按照城乡、性别划分时,还发现整体上城市儿童样本的 HAZ 偏离值低于农村儿童,男孩样本 HAZ 偏离值低于女孩样本,且农村儿童 HAZ 评分小于 -1 的各年龄段儿童占多数。

表 5-4　　按区域、性别划分的 HAZ 评述表

年龄	东部女孩	东部男孩	中部女孩	中部男孩	西部女孩	西部男孩
0	-1.789	-1.164	-1.899	-1.094	-1.730	-1.309
1	-0.799	-0.716	-0.923	-0.759	-0.708	-0.840
2	-1.113	-1.175	-1.331	-1.453	-1.407	-1.112
3	-1.231	-1.106	-1.503	-1.303	-1.317	-1.275
4	-1.115	-1.094	-1.197	-1.132	-1.391	-1.251
5	-0.995	-1.070	-1.296	-1.288	-1.379	-1.122
6	-0.887	-0.919	-0.879	-1.013	-1.111	-1.029
7	-0.783	-0.932	-1.028	-0.864	-1.038	-1.084
8	-0.833	-0.696	-0.856	-0.728	-0.989	-0.853
9	-0.677	-0.704	-0.897	-0.786	-1.176	-0.983
10	-0.839	-0.763	-0.939	-0.755	-0.982	-0.911
11	-0.809	-0.897	-1.004	-0.807	-1.050	-0.918
12	-1.017	-0.675	-0.855	-0.796	-0.991	-0.851
13	-1.098	-0.933	-0.853	-0.804	-1.222	-0.999
14	-0.805	-0.908	-0.909	-0.904	-0.987	-0.978
15	-0.965	-1.004	-0.711	-0.774	-1.051	-0.980
16	-0.872	-1.013	-0.836	-0.984	-1.088	-1.220
17	-0.829	-1.128	-0.727	-0.936	-0.884	-0.189
18	-0.924	-0.982	-0.807	-0.865	-0.801	-0.274

二 OLS 和 2SLS 回归

在样本描述统计的基础上,我们进一步通过定量模型考察了受访者家庭中子女数量对子女质量的影响关系。考虑到子女的数量和质量在某种程度上存在双向因果关系,普通的 OLS 模型必然会存在内生性问题,造成估计结果的偏误。为此,我们会使用工具变量法,利用二阶段最小二乘回归来解决这一内生性问题。所选取的工具变量主要有"bym"、"R20d"以及"ocs"等。

表 5-5 给出了二阶段最小二乘估计的第一阶段估计的结果。从中可以看出,在全样本以及男性样本中,文章选择的工具变量"bym"、"R20d"以及"ocs"等对家庭中子女数量均有着不同程度的影响,在一定程度上反映出工具变量选取的有效性。不过,这些变量在女性样本中的影响并不显著,有鉴于此,在后面的工具变量分位数回归中,我们针对女性样本又增加了"R1"这一工具变量。

表 5-5　　　　　第一阶段回归(被解释变量:子女质量)

解释变量	全样本		男性样本		女性样本	
	系数	t 统计量	系数	t 统计量	系数	t 统计量
height_ m	0.003	1.643	0.003	1.021	0.003	1.047
height_ f	-0.004 **	-2.278	-0.002	-0.861	-0.006 **	-2.577
weight_ m	0.000	0.059	0.002	1.093	-0.002	-1.010
hhsize	0.590 ***	25.546	0.526 ***	16.093	0.649 ***	21.431
hhinc	-0.018 ***	-3.095	-0.017 **	-2.486	-0.018 *	-1.816
t2	0.127 ***	5.659	0.118 ***	3.783	0.145 ***	4.335
Region (middle)	0.110 ***	5.312	0.105 ***	3.917	0.110 ***	3.561
Region (west)	0.313 ***	5.654	0.332 ***	4.377	0.272 ***	3.619
nationality	-0.004	-0.916	-0.010 *	-1.739	0.007	1.292
a11_ f	-0.009 **	-2.349	-0.009 *	-1.749	-0.007	-1.229
a11_ m	-0.011 ***	-3.415	-0.013 ***	-3.004	-0.011 **	-2.094
age_ m	-0.000	-0.074	0.009	1.220	-0.010	-1.393
age_ f	0.003	0.758	0.001	0.099	0.006	0.926

续表

解释变量	全样本		男性样本		女性样本	
	系数	t统计量	系数	t统计量	系数	t统计量
age	0.015***	2.942	0.006	0.785	0.023***	3.735
gender	-0.079***	-4.095				
bym	-0.362***	-4.005	-0.510***	-3.566	-0.196*	-1.867
ocs	-0.094***	-3.639	-0.115***	-3.387	-0.055	-1.431
R20d	-0.017	-0.754	-0.016	-0.521	-0.021	-0.634
常数项	-0.419	-0.968	-0.531	-0.905	-0.194	-0.308
调整后的 R^2	0.572		0.500		0.635	
样本观测	2786		1491		1295	
F统计量	107.3577		55.9682		77.7177	

注：表中 t 统计量为 Huber-White 异方差稳健 t 统计量，此统计量下的统计推断更加稳健；*、**、*** 分别代表系数估计值在 10%、5%、1% 的水平下显著不等于 0。

表 5-6 给出了家庭中子女数量对子女质量的全样本估计结果，包括二阶段最小二乘法的第二阶段的估计结果和普通 OLS 的估计结果。从中可以看出：首先，在基准回归模型中（HAZ 为被解释变量），家庭中子女数量（NS）的系数估计值，不论是在 OLS 模型还是 2SLS 模型中，均为负且显著。相比于 OLS 模型，此估计值在（经过内生性修正后的）2SLS 模型中要略大一些。这意味着，在其他因素不变的前提下，随着受访家庭中的子女数量的增加，单个子女的质量呈现下降趋势。其次，在辅助回归模型中（受教育年限"a11"为被解释变量），子女数量（NS）的系数估计值仍然为负且在 5% 的水平下统计显著。

表 5-6 　　子女数量对子女质量的影响分析（全样本）

解释变量	HAZ		a11	
	OLS	2SLS	OLS	2SLS
NS	-0.180*** (0.036)	-0.420* (0.236)	-0.150** (0.075)	-0.853** (0.493)
age	-0.019 (0.008)	-0.019 (0.009)	0.735*** (0.017)	0.742*** (0.017)

续表

解释变量	HAZ		a11	
	OLS	2SLS	OLS	2SLS
gender	-0.050 (0.038)	-0.062 (0.043)	-0.155** (0.078)	-0.196** (0.087)
height_m	0.031*** (0.004)	0.032*** (0.004)	0.001 (0.008)	0.004 (0.008)
height_f	0.047*** (0.003)	0.046*** (0.004)	0.007 (0.007)	0.003 (0.007)
weight_m	0.020*** (0.003)	0.020*** (0.003)	-0.009* (0.005)	-0.010* (0.005)
hhsize	-0.055* (0.033)	0.084 (0.143)	-0.181*** (0.068)	0.260 (0.301)
hhinc	0.034*** (0.009)	0.029*** (0.010)	-0.032* (0.019)	-0.045** (0.021)
t2	-0.037 (0.041)	-0.006 (0.052)	-0.278*** (0.083)	-0.235** (0.107)
region（middle）	-0.020 (0.041)	0.010 (0.049)	-0.302*** (0.083)	-0.222** (0.101)
region（west）	-0.272*** (0.082)	-0.185* (0.109)	-0.346** (0.167)	-0.194 (0.223)
nationality	0.007 (0.007)	0.005 (0.008)	0.006 (0.015)	0.005 (0.016)
a11_f	0.009 (0.007)	0.007 (0.008)	0.043*** (0.014)	0.033** (0.015)
a11_m	0.013** (0.006)	0.009 (0.007)	0.049*** (0.013)	0.039*** (0.014)
age_m	0.033*** (0.008)	0.038*** (0.009)	0.028* (0.017)	0.032* (0.017)
age_f	-0.001 (0.007)	-0.001 (0.007)	-0.029** (0.013)	-0.025 (0.014)*
常数项	-15.263*** (0.775)	-15.540*** (0.819)	-2.306 (1.581)	-3.052* (1.671)
调整后的 R^2	0.299	0.290	0.657	0.652
样本观测	2709	2651	2845	2786

续表

解释变量	HAZ		a11	
	OLS	2SLS	OLS	2SLS
弱工具变量检验	21.9722		22.6980	
Sargan 检验 P 值	0.2486		0.2585	

注：①弱工具变量检验的统计量为最小特征值统计量，经验准则要求该统计量大于10以上，即表明工具变量效果较好；②Sargan 检验考察了工具变量的过度识别问题，检验 p 值大于 0.10 表明工具变量不存在过度识别问题。

我们根据受访者的性别，将样本划分成了男性样本与女性样本，分别估计了主回归模型与辅助回归模型，表5-7报告了详细的估计结果。以2SLS估计结果为例，在男性样本中，家庭中子女数量的增加会显著地降低子女的质量（系数分别是-0.660和-0.842）；不过，在女性样本中，这一估计值并不显著。相较于男性样本，我们在女性样本中发现，子女数量的增加对受教育年限有着更大的负冲击，表明当孩子数量增加时，女孩应当享有的教育资源会向男性转移。

表5-7　不同样本情况下子女数量对子女质量的影响分析

	HAZ	a11
Male-OLS	-0.233*** (0.051)	-0.226** (0.104)
2SLS	-0.660*** (0.251)	-0.842* (0.504)
Female-OLS	-0.137*** (0.053)	-0.194* (0.108)
2SLS	-0.172 (0.637)	-1.191 (1.237)

三　变量分位数回归分析

（一）性别的影响。为了考察子女数量在不同分位数水平下对子女质量的影响，我们使用带工具变量的分位数回归的方法，分别对全样本、男性样本以及女性样本进行了估计。从表5-8中可以看出，在40%、60%、80%和99%的分位数水平下，解释变量子女数量（NS）的系数估计值分别为-0.660、-0.667、-3.822和-0.726，且统计显著。从整体来看，这意味着如果控制了其他因素，随着被解释变量分位数的增加，NS 对 HAZ 的负向影响逐渐加大。

表 5-8　子女数量对子女质量的影响的工具变量分位数回归（全样本）

解释变量	分位数					
	1%	20%	40%	60%	80%	99%
NS	-0.650 (0.720)	-0.215 (0.199)	-0.660* (0.341)	-0.667** (0.261)	-3.822* (2.200)	-0.726*** (0.179)
height_m	0.012 (0.033)	0.032*** (0.007)	0.041*** (0.006)	0.039*** (0.005)	0.033*** (0.007)	0.027*** (0.004)
height_f	0.034 (0.032)	0.051*** (0.005)	0.048*** (0.004)	0.049*** (0.004)	0.047*** (0.006)	0.037*** (0.010)
weight_m	0.018 (0.023)	0.018*** (0.003)	0.017*** (0.004)	0.019*** (0.003)	0.021*** (0.004)	0.021*** (0.006)
hhsize	0.179 (0.649)	-0.070 (0.126)	0.236 (0.212)	0.260 (0.180)	3.239 (2.191)	0.181 (0.141)
hhinc	0.045** (0.020)	0.037*** (0.006)	0.025*** (0.007)	0.016*** (0.006)	0.008 (0.008)	-0.007 (0.066)
t2	0.258 (0.242)	-0.111 (0.070)	-0.054 (0.061)	0.029 (0.058)	0.123 (0.077)	0.133 (0.138)
region（middle）	0.450** (0.216)	0.041 (0.059)	0.059 (0.053)	0.093 (0.057)	0.086 (0.071)	-0.145 (0.153)
region（west）	0.252 (0.780)	-0.310** (0.154)	-0.037 (0.110)	0.016 (0.103)	-0.089 (0.151)	-0.204 (0.371)
nationality	-0.037 (0.066)	0.003 (0.014)	0.008 (0.008)	0.001 (0.010)	0.006 (0.013)	-0.005 (0.019)
age_m	-0.022 (0.038)	0.033** (0.013)	0.044*** (0.010)	0.044*** (0.010)	0.021 (0.017)	0.010 (0.033)
age_f	0.023 (0.039)	-0.006 (0.010)	0.000 (0.007)	-0.005 (0.007)	0.014 (0.014)	0.069*** (0.027)
age	0.107 (0.066)	0.013 (0.013)	-0.009 (0.011)	-0.030*** (0.009)	-0.026* (0.015)	-0.144*** (0.024)
gender	-0.135 (0.193)	-0.130** (0.053)	-0.101** (0.046)	-0.107** (0.049)	-0.081 (0.070)	0.015 (0.117)
常数项	-13.348 (8.972)	-16.431*** (1.180)	-17.654*** (1.044)	-16.779*** (0.911)	-19.870*** (4.366)	-11.037*** (1.975)
样本观测	2651	2651	2651	2651	2651	2651

注：上述分位数回归中子女数量 NS 对应的工具变量包括 bym（母亲的出生时间）、ocs（计划生育补助情况）以及 R20d（计划生育政策宽紧度）。

如果我们从男性样本的回归结果看，子女数量（NS）的系数估计值在1%、20%、40%以及80%的分位数水平下表现为负且统计显著，其影响在一定范围内（40%的分位数水平以上）会随着子女标准身高分位数的增加逐渐下降；而在女性样本中，子女数量对质量的影响仅在1%、80%以及99%分位数上是显著的，这也使我们很难判断出该影响在不同分位数的变化趋势（见附录中的表1和表2）。

（二）家庭因素的影响。为进一步研究家庭因素对子女质量的影响，我们还分别对独生子女家庭、二孩家庭以及家庭中男孩比例等这些家庭内部情况进行了分位数回归，结果如表5-9所示。

去掉遗传因素影响后，除个别变量由于多重共线性被模型剔除外，儿童自身性别、年龄、受教育情况和家庭规模、所处地理位置、长期福利水平、家中男孩比例均对HAZ评分有显著影响。

就儿童年龄而言，回归结果显示年龄对处于均值和75分位数的儿童身高具有影响且回归系数为负，说明样本儿童的平均身高较参照儿童有差距，且年龄越大这种负偏离越明显。

表5-9 儿童HAZ的回归结果

变量	OLS	25分位回归	50分位回归	75分位回归
家庭长期福利	0.530*	0.557*	0.315*	0.376*
独生子女家庭	0.641***	0.611***	0.423*	0.428**
二孩家庭	0.496**	0.232	0.463*	1.2132*
三孩家庭	-0.211**	0.12	0.363	-0.418
男孩比例为0.33	-0.283	0.0460***	0.363***	-0.418
男孩比例为0.5	-0.283	-0.195*	0.407	-0.170*

就儿童教育而言，教育对处于各个分位点的儿童均有显著的正影响，表明教育不仅可以提升孩子的文化水平，同样也有益于儿童的身心健康。据此我们可以推断，在家庭资源有限的情况下，随着家庭中子女数量的增加，孩子的教育及健康会受到负面的影响，出现了"数量—质量替代"效应。

从儿童的性别上看，是否为男孩的回归系数在各个分位数均显著为正，表明女孩的健康状况显著劣于男孩，从侧面验证了前文的结论，即：男孩的身高分布相比于女孩更加均匀，这说明家庭规模对女孩会有更明显的负效应，背后的原因有可能是家庭层面的性别偏好。如果扩大样本容量和范围，就可以验证这一现象是否是由于生育政策及其执行情况在不同地区存在差异所造成的。

就父母的受教育程度而言，父亲受教育程度对处于低分位的儿童有显著的影响，母亲则没有。这一现象可能与上文描述性分析中得到的"父母受教育程度普遍偏低且母亲的学历更低"这一结论有关。由于样本中绝大部分家庭父亲处于支配地位并对家庭的收入或资源分配起主导作用，故父亲的受教育程度会对处于低分位的孩子产生显著影响。

从家庭规模的角度来看，相比于多子女家庭，独生子女家庭和二孩家庭的儿童的健康状况更好。因此，家庭规模的大小和儿童的健康状况可能存在负相关的关系，这也同样验证了"数量—质量替代"理论。值得注意的是，仅就孩子的健康状况而言，独生子女家庭并没有表现出明显的优势，反而是二孩家庭对处于中高分位分布中的儿童的健康更为有利。根据这一回归结果，我们推断，在放开"全面二孩"政策后，家庭的子女健康状况并不会因此而恶化。

就地理位置而言，西部地区在回归过程中由于多重共线性被剔除，就剩下的回归结果而言，依然是东部地区影响显著，农村地区不及城市，这与不同地区的经济发展状况、公共卫生条件、福利水平等因素相关，进而影响儿童的 HAZ 评分，因而可以推断不仅家庭因素会对儿童身高及健康产生影响，社区因素（如社区卫生医疗资源配置、所采用的生育政策、福利保障水平等）的影响同样不可忽略。

最后，从子女中的男孩比例来看，在男孩比例为 0.5 的家庭中，处于 25 和 75 分位的儿童身高对标准身高有显著的负向偏离；而在男孩比例为 0.33 的家庭中，处于 25 和 50 分位的儿童对标准身高有显著的正偏离。仅从这两个指标来看，这意味着，对一个家庭来说，随着子女中男孩比例的提高，其子女的身高也整体负偏离于儿童的标准身高。

四 分位数回归系数趋势分析

特定解释变量的分位数系数反映了解释变量的单位变化对因变量某一分位的影响，而一组分位数的系数能显示出该解释变量对因变量的分布的影响。为了能更直观地观察不同分位数下子女数量（NS）对 HAZ 评分的影响强度与方向，我们分别绘制了 NS 系数估计值的 95% 置信区间下的系数—分位数图。从回归趋势图 5-3 可以看出，在全样本中，子女数量（NS）对标准化身高 HAZ 评分的影响在 70% 分位数以前均较为稳定，而在这之后，子女数量（NS）对标准化身高 HAZ 评分的影响先发生了一个较大幅度的上升，又恢复至之前的水平。所以，整体上，子女数量对孩子的身高有负面作用，这在一定程度上也验证了"数量—质量替代"理论的结论。

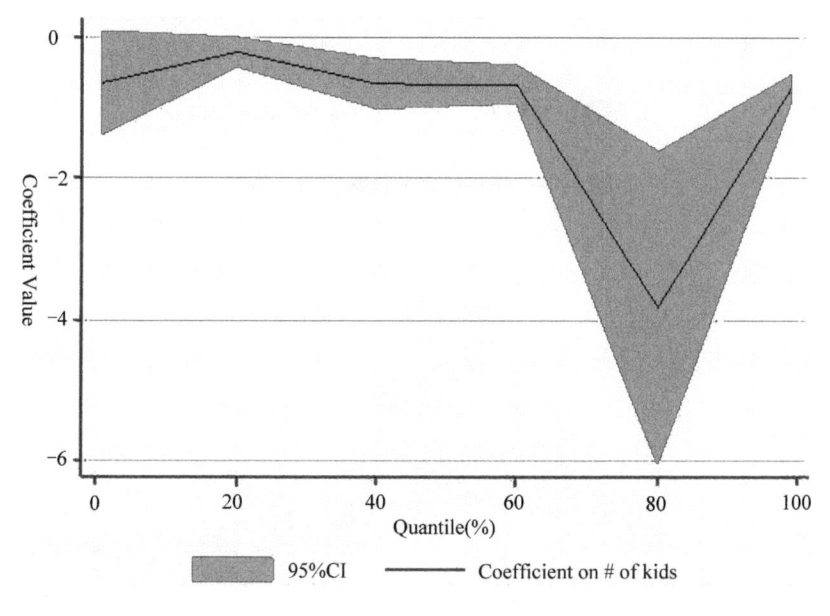

图 5-3　全样本分位数回归趋势图

如果分性别来看，在男性样本中，子女数量（NS）对标准化身高 HAZ 评分的影响在波动中逐渐减小，表现出低分位数影响大和高分位数影响小的特点（见图 5-4）；在女性样本中，子女数量（NS）对标准化身高 HAZ 评分的影响在 40% 分位数以前递增，而在 40% 分位数以后递减（见图 5-5）。

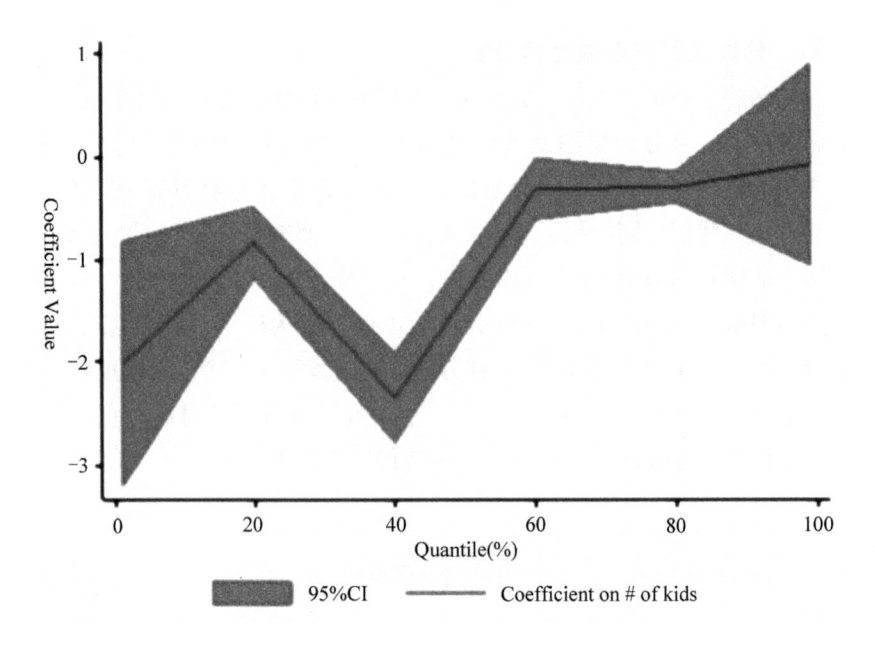

图 5-4　男性样本分位数回归趋势图

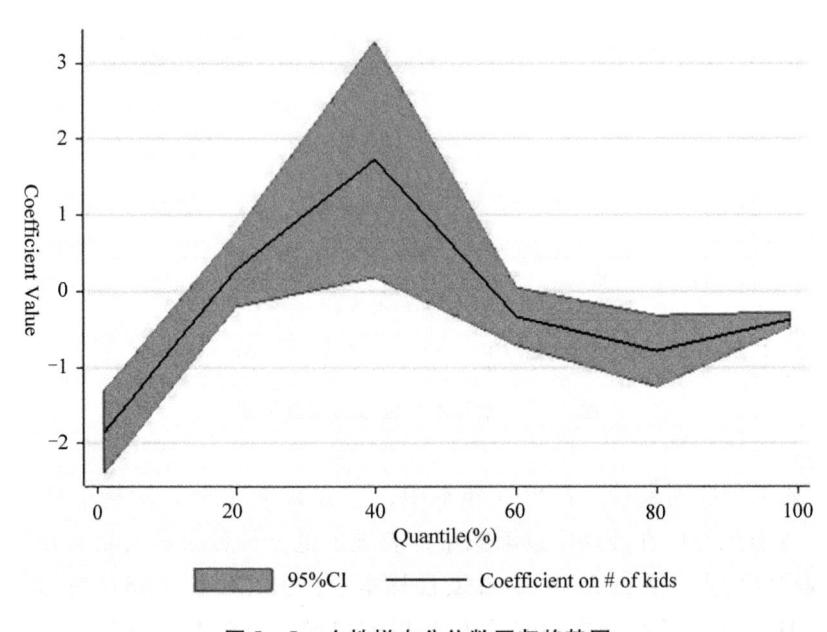

图 5-5　女性样本分位数回归趋势图

第四节 稳健性检验

表 5-10 给出了以子女受教育年限为被解释变量的辅助回归结果。我们可以发现，子女数量对其受教育年限的影响仅在 20% 以及 40% 等低分位数下显著为负，在高分位数下并不显著。另外，从这一参数的估计值来看，随着分位数的提高，其负面影响减弱。可能的解释是，如果一个家庭中孩子相对年幼，处于较低的年级，此时增添一位新子女会显著占用其他孩子的资源并影响其受教育的情况；反之，若家庭中现有子女相对年长，已经处于较高年级或接受了较高的教育，新增一名子女对他们的影响不大。我们对后一种情况提供的经济解释是，父母已经在子女的教育上投入了很多，这种投资通常不会因多生一个孩子而突然减少甚至放弃，否则会前功尽弃。

表 5-10　子女数量对子女质量的影响的辅助分位数回归（全样本）

解释变量	分位数					
	1%	20%	40%	60%	80%	99%
NS	-7.461 (4.878)	-3.497*** (0.874)	-1.712*** (0.644)	-0.585 (0.614)	0.054 (0.665)	1.092 (2.282)
height_m	0.063 (0.084)	0.002 (0.015)	0.009 (0.011)	0.013 (0.011)	-0.000 (0.012)	-0.005 (0.039)
height_f	0.055 (0.079)	-0.007 (0.014)	0.000 (0.010)	0.007 (0.010)	0.006 (0.011)	0.041 (0.037)
weight_m	-0.001 (0.056)	-0.010 (0.010)	-0.002 (0.007)	-0.005 (0.007)	-0.005 (0.008)	-0.019 (0.026)
hhsize	0.366 (3.076)	1.408** (0.551)	0.810** (0.406)	0.162 (0.387)	-0.345 (0.419)	-0.925 (1.439)
hhinc	-0.012 (0.236)	-0.045 (0.042)	-0.011 (0.031)	0.010 (0.030)	0.013 (0.032)	-0.075 (0.110)
t2	-1.312 (1.159)	0.007 (0.208)	-0.022 (0.153)	-0.102 (0.146)	-0.464*** (0.158)	-1.163** (0.542)
region（middle）	0.223 (0.962)	0.308* (0.173)	0.178 (0.127)	0.123 (0.121)	-0.209 (0.131)	-2.433*** (0.450)

续表

解释变量	分位数					
	1%	20%	40%	60%	80%	99%
region（west）	4.819** (2.223)	0.640 (0.398)	0.168 (0.293)	-0.039 (0.280)	-0.363 (0.303)	-1.628 (1.040)
nationality	-0.267 (0.162)	0.010 (0.029)	0.007 (0.021)	0.014 (0.020)	0.013 (0.022)	-0.102 (0.076)
age_m	-0.031 (0.177)	0.036 (0.032)	0.022 (0.023)	0.021 (0.022)	0.021 (0.024)	0.065 (0.083)
age_f	0.026 (0.143)	-0.009 (0.026)	-0.003 (0.019)	-0.009 (0.018)	-0.025 (0.019)	0.064 (0.067)
age	0.938*** (0.186)	0.853*** (0.033)	0.859*** (0.025)	0.869*** (0.023)	0.710*** (0.025)	0.298*** (0.087)
gender	-0.918 (0.896)	-0.354** (0.161)	-0.261** (0.118)	-0.238** (0.113)	-0.224* (0.122)	0.541 (0.419)
常数项	-22.716 (16.548)	-5.173* (2.966)	-7.212*** (2.184)	-7.105*** (2.083)	0.490 (2.255)	3.010 (7.741)
样本观测	2786	2786	2786	2786	2786	2786

注：上述分位数回归中子女数量 NS 对应的工具变量包括 bym（母亲的出生时间）、IV（计划生育补助情况）以及 crer（计划生育政策宽紧度）。

相比于其他研究，上述回归分析也在一定程度上说明了本章在研究方法上的两个特点：首先，就衡量儿童质量的指标来说，我们通过对两种回归分析的结果进行简单的比较，会发现以健康作为衡量儿童质量的指标更具优势。而以往的研究多选择了教育的相关指标，因而本章不啻为传统研究的一个补充；其次，以往的研究很少采用分位数回归的方法，不能分辨出子女数量对质量的影响在不同分位上的差异。此外，相当一部分早期文献也没有选取工具变量来解决此类研究所固有的内生性的问题，进而研究的结果存在偏误。

第五节 结论和建议

本章基于 CHNS 数据库，使用分位数回归的方法，检验了家庭因素特别是子女数量对孩子健康程度的影响。得出的基本结论是：首先，孩子数量与男孩和女孩的身高显著负相关。其次，就男孩的身高分布来看，"数量—质量替代"关系在身高分布的低分位上更为明显；此外，家庭的收入和福利水平仅仅对女孩的身高产生影响，这一现象的解释是父母对男孩的性别偏好。当家庭的资源有限时，父母往往不会将资源均匀分配给家庭中的每一个孩子，而是倾向于优先配置给男孩。最后，与现有的研究相比，"数量—质量替代"关系在儿童身高上体现要更为明显，这说明此类研究对质量指标的选择极为敏感。

在这些结论基础上，我们尝试提出如下政策建议：

一、在父母有性别偏好的背景下，全面放开二孩政策及时且必要。进一步实施严格的生育控制政策不仅造成生育水平低于人口更替水平，还出现了因为性别选择导致了一定程度上的男女性别比例失调，儿童健康的性别差距较大，恶化了女孩的生存环境。因此，随着人们生育观念和行为的逐渐理性，全面放开二胎可以满足人们的生育意愿，缓解性别失衡的现象。

二、应逐步引导消除性别选择和性别偏好，政府应借全面放开二胎政策之际引导家庭建立正确的生育观念，摒弃固化的文化传统，减弱性别偏好的发展趋势；也可通过改变现有的养老制度和模式，加强社会养老保障，着力开拓新型养老模式，从而削弱"养儿防老"的陈旧理念，从根源扼制男孩偏好，重塑正确观念。

三、加大对落后地区的财政投入，从回归分析的结果可以看到家庭长期福利水平对儿童健康水平有着极为重要的影响，同样社区的福利水平也对儿童健康产生关键影响，加大对落后地区的财政投入，提高社区中每个家庭的福利水平，可以确保每个儿童得到公平的家庭资源配置，得到平等的健康权和受教育权利，有利于儿童的良性成长、社会的良性发展。

附 录

附表1 子女数量对子女质量的影响的工具变量分位数回归（男性样本）

解释变量	分位数					
	1%	20%	40%	60%	80%	99%
NS	-2.013 *	-0.832 **	-2.347 ***	-0.312	-0.292 *	-0.071
	(1.192)	(0.346)	(0.431)	(0.293)	(0.154)	(0.979)
height_m	0.001	0.032 ***	0.033 ***	0.035 ***	0.033 ***	0.022
	(0.060)	(0.008)	(0.010)	(0.007)	(0.008)	(0.022)
height_f	0.027	0.052 ***	0.043 ***	0.053 ***	0.055 ***	0.043 **
	(0.030)	(0.007)	(0.009)	(0.006)	(0.007)	(0.021)
weight_m	0.035	0.019 ***	0.024 ***	0.019 ***	0.020 ***	0.017
	(0.046)	(0.005)	(0.007)	(0.005)	(0.005)	(0.015)
hhsize	0.496 *	0.151	1.164 ***	-0.018	0.016	-0.185
	(0.278)	(0.198)	(0.247)	(0.168)	(0.096)	(0.561)
hhinc	0.074 *	0.009	-0.004	0.038 **	0.052 *	0.054
	(0.041)	(0.022)	(0.028)	(0.019)	(0.031)	(0.063)
t2	0.252	-0.024	0.112	-0.092	-0.057	0.053
	(0.651)	(0.101)	(0.126)	(0.086)	(0.086)	(0.287)
region (middle)	-0.320	0.223 **	0.303 ***	0.054	-0.030	-0.342
	(0.631)	(0.090)	(0.112)	(0.076)	(0.073)	(0.254)
region (west)	-0.354	0.112	0.222	0.057	-0.173	-0.608
	(1.231)	(0.211)	(0.263)	(0.179)	(0.147)	(0.598)
nationality	-0.034	0.003	-0.007	0.008	0.006	0.042
	(0.087)	(0.015)	(0.019)	(0.013)	(0.009)	(0.042)
age_m	-0.113	0.045 **	0.051 **	0.048 ***	0.056 ***	0.021
	(0.127)	(0.019)	(0.024)	(0.016)	(0.018)	(0.055)
age_f	0.099	-0.000	-0.003	-0.006	-0.011	0.055
	(0.064)	(0.015)	(0.019)	(0.013)	(0.016)	(0.043)
age	0.107	-0.007	-0.015	-0.030 **	-0.059 ***	-0.191 ***
	(0.222)	(0.018)	(0.022)	(0.015)	(0.015)	(0.050)
常数项	-10.205	-17.149 ***	-17.227 ***	-16.796 ***	-16.137 ***	-9.851 **
	(13.407)	(1.620)	(2.016)	(1.370)	(1.371)	(4.582)
样本观测	1421	1421	1421	1421	1421	1421

注：上述分位数回归中子女数量 NS 对应的工具变量包括 bym（母亲的出生时间）、ocs（计划生育补助情况）以及 crer（计划生育政策宽紧度）。

附表2　子女数量对子女质量的影响的工具变量分位数回归（女性样本）

解释变量	分位数					
	1%	20%	40%	60%	80%	99%
NS	-1.844*** (0.535)	0.273 (0.478)	1.730 (1.547)	-0.331 (0.381)	-0.786* (0.470)	-0.372*** (0.098)
height_m	0.006 (0.032)	0.031*** (0.009)	0.043*** (0.011)	0.047*** (0.007)	0.038*** (0.009)	0.038** (0.018)
height_f	0.060*** (0.018)	0.047*** (0.007)	0.049*** (0.007)	0.048*** (0.007)	0.048*** (0.007)	0.019 (0.012)
weight_m	0.050*** (0.013)	0.021*** (0.005)	0.021*** (0.006)	0.019*** (0.005)	0.015*** (0.005)	0.018 (0.018)
hhsize	0.415** (0.191)	-0.319 (0.357)	-1.481 (1.378)	0.106 (0.284)	0.443 (0.409)	-0.231*** (0.089)
hhinc	0.055*** (0.011)	0.045*** (0.008)	0.078* (0.041)	0.028 (0.024)	0.009 (0.007)	0.107 (0.167)
t2	0.247 (0.204)	-0.296 (0.184)	-0.308*** (0.114)	-0.003 (0.090)	0.045 (0.112)	0.249 (0.180)
region（middle）	0.288 (0.235)	-0.105 (0.123)	-0.115 (0.096)	0.049 (0.099)	-0.009 (0.080)	0.128 (0.122)
region（west）	0.605 (0.417)	-0.699*** (0.222)	-0.624*** (0.211)	-0.174 (0.162)	-0.122 (0.171)	-0.080 (0.243)
nationality	0.077** (0.032)	0.018 (0.016)	-0.005 (0.021)	0.015 (0.015)	0.023 (0.021)	-0.008 (0.018)
age_m	-0.085** (0.042)	0.043** (0.018)	0.022 (0.018)	0.037*** (0.013)	0.026 (0.019)	0.064** (0.029)
age_f	-0.004 (0.031)	-0.021 (0.019)	-0.002 (0.013)	-0.001 (0.008)	0.004 (0.015)	-0.027 (0.020)
age	0.178*** (0.050)	0.026 (0.018)	-0.023 (0.027)	-0.027** (0.014)	-0.034** (0.016)	-0.065** (0.029)
常数项	-15.613** (6.644)	-15.095*** (2.116)	-14.177*** (2.617)	-17.920*** (1.230)	-15.875*** (1.421)	-8.297** (3.488)
样本观测	1230	1230	1230	1230	1230	1230

注：上述分位数回归中子女数量 NS 对应的工具变量包括 R1（计划生育政策执行程度）、ocs（计划生育补助情况）以及 R20d（计划生育政策宽紧度）。

第六章 隔代照料、成本补偿与二胎生育意愿

2016年开始实施"全面二孩"政策,意味着执行了40多年的相对严格的"一孩政策"出现了较大的松动。根据国家统计局的数据,这一政策变化使得2016年中国的人口出生率迅速上升至12.95‰,较2015年的12.07‰有了明显的提高。不过,仅一年之后,出生率开始迅速回落,2017年为12.43‰,2018年为10.94‰,2019年为10.48‰,近两年的生育率为1952年以来的最低水平。政策的效果多少有些出乎意料,比当初预想的生育率要低。即使政策放松,不愿意生仍然是中国社会面临的主要问题。如果放松二胎的政策对生育率没有长期影响的话,是什么原因造成中国的生育率的长期下降呢?数据表明,我国65岁以上人口数量在近10年来已上升40%,由2010年的11894万人增加到2018年的16658万人。人口红利消失和老龄化社会的到来,必将对中国未来的经济增长产生非常大的影响。因此,我们除了要对实施多年的计划生育政策的效果进行客观的评价,也要努力找到破解中国当前低生育率问题的良方。

根据现有的研究,二胎生育政策遇冷的原因有很多,李孜等[1]认为主要的原因有生育成本上升以及重"质"不重"量",刘家强和唐代盛[2]认为,无人照看、政策不健全使得二胎生育政策未达到预想的效果。以生育成本为例,生育的成本包括生育孩子的经济成本和心理成本,经济

---

[1] 李孜等:《重庆市生育水平、生育意愿及生育成本》,《人口研究》2019年第3期。
[2] 刘家强、唐代盛:《"普遍两孩"生育政策的调整依据、政策效应和实施策略》,《人口研究》2015年第6期。

第六章　隔代照料、成本补偿与二胎生育意愿

成本包括孩子出生、托管、学费、生活费用以及生养孩子所需放弃的收入等，心理成本是生养孩子需要花费的精力、承受的压力以及身体上的损耗。考虑到女性会承担相当一部分生育成本，而这些成本中的一部分（放弃的收入）会随着女性的教育水平和劳动力市场化程度的提高而增加，进而会影响女性的生育意愿。当人口老龄化与二胎生育政策遇冷同时出现时，考虑到中国传统的育儿模式，如果由已退休的老年人来分担孩子的照料从而减轻年轻父母的压力，这样是否会降低生育的成本和阻力，提高年轻父母的生育意愿呢？

在这一章，我们从生育意愿的角度出发，研究隔代照料对生育意愿的影响。对于"隔代照料"一词，其定义目前仍存在争议，主要集中在儿童是否为留守、儿童的年龄区间，以及儿童的父母是否与祖辈共同生活等方面。隔代照料对生育意愿的影响可以从对意愿生育数量以及意愿生育性别等方面考虑，这里考虑的是前者。由于数据或资料的可获得性，尽管生育意愿不等于现实的生育行为，但是很多研究都将其看作衡量生育行为的可靠指标。生育意愿是假设人们在无政策约束下愿意生育孩子的数量。虽然只是一种理想的状态，但是也能在一定程度上反映事实。从2016年起，中国全面放开了二胎政策，从这个角度看，政策约束对生育行为的影响越来越小，后者也越来越能够真实地体现出个体的生育意愿。

这一章的结构如下。首先是文献综述，介绍了国内外近些年来有关隔代照料与生育意愿的相关研究；接着是数据和变量，主要介绍本章所使用的数据及其来源，以及主要变量的统计性描述；然后就是本章的核心部分，主要介绍本章所使用的模型以及实证研究的结果，并对导致这一结果的原因进行了分析；最后一部分是在实证研究基础上做出结论并提出政策建议。

隔代照料是中国传统的育儿模式，随着经济社会的发展，特别是社会流动的加剧，这种育儿模式日渐式微。老年人退休后可能会缺少社会参与，而年轻的父母则因为忙于工作所以生育意愿较低，中国存在社会保障制度不完善以及儿童抚育机构不健全等问题。我们从这一角度出发，认为适当的隔代照料可能对老年人和年轻的父母都有利，并可以在一定程度上弥补政府和市场在育儿方面的不足，降低家庭的养育成本，提高

他们的生育意愿,使中国走出目前的低生育率困境。另外,以往的研究多采用 Logit 模型等进行分析,而本章采用倾向得分匹配方法(PSM),尽可能准确地识别出隔代照料与二胎生育意愿之间的因果关系,进而提出可靠的政策建议。

第一节 文献综述

关于隔代照料对生育行为或生育意愿的影响,国外文献较多,国内研究受数据等因素的影响,直到最近几年才开始不断涌现。从研究的主体看,大致可分为两个方面:一是以父母的角度来阐述隔代照料产生或作用的机理;二是从子女的角度来进行研究。

一 父母角度

许琪[①]认为,父母对成年子女的持续帮助有可能会成为联结"养育"和"赡养"的重要一环,隔代照料为子女带来帮助的同时,也会对老人产生积极影响。也就是说,提供隔代照料的老人更容易获得较高水平的赡养活动。斯坦卡宁等[②]将祖父母提供的照顾支持与情感支持作为祖父母的投资,认为这种投资可以影响子女的生育意愿,并且在不同国家这种影响会产生不同的作用。在法国和挪威,隔代照顾和情感支持都会提高子女的生育意愿,而在立陶宛隔代照料会降低子女生育意愿。在经济条件较好的家庭中,情感支持与生育意愿的关系更加密切。坦斯卡宁[③]从遗传学的角度来阐述这一问题。他们强调祖母在孩子照料方面的贡献。基于现有的有关时间分配的研究,量化后的婴儿被照料时间一半是由母亲提供,另一半主要是由祖母、父亲等提供,祖母提供的时间甚至比父

[①] 许琪:《扶上马再送一程:父母的帮助及其对子女赡养行为的影响》,《社会》2017 年第 2 期。

[②] Tanskanen, O., Jokela, M. and Danielsbacka, "Grandparental Effects on Fertility Vary by Lineage in the United Kingdom", *Human Nature*, Vol. 25, No. 2, 2014, pp. 269–284.

[③] Tanskanen, O., Rotkirch, A. and Danielsbacka, M., "Do Grandparents Favor Granddaughters? Biased Grandparental Investment in UK", *Evolution & Human Behavior*, Vol. 32, No. 6, 2011, pp. 407–415.

亲提供的时间还多，并且生活和住房费用的增加使得祖父母提供的照顾对生育意愿的影响更加重要。基于最优生育策略，隔代照料因不同提供者而产生不同的生育行为。母亲一方的亲属（也就是外祖父母）的最优生育策略是最大限度地增加对每个出生孩子的投资，即质量大于数量的策略；而祖父母则会选择数量大于质量的策略，倾向于增加孩子的数量，促使他们的下一代生更多的孩子。靳永爱等[①]认为，父母通过照料支持和表达自身生育偏好影响女性的二孩生育计划，父母提供二孩照料支持、父母的二孩或多孩偏好以及性别偏好等都会显著提高女性有二孩生育计划的可能性。家庭收入水平不仅对二孩生育计划有显著的正向影响作用（即收入水平越高的家庭，更可能有二孩生育计划），还在父母性别偏好对女性生育计划的影响中发挥了重要的调节作用。父母性别偏好对女性二孩生育计划的影响在收入水平不同的家庭间存在差异，在收入水平越高的家庭，父母的性别偏好产生的影响越大。与没有父母照料支持的女性相比，可能会得到父母照料支持的女性有二孩生育计划的发生比（odds ratio）要高出86.3%。

二 子女角度

墨菲等[②]将隔代照料看作社会育儿体系的替代品。他们认为，如果一个社会有健全的公共育儿机构，祖父母的作用可能较低。但对于那些无法获得公共育儿服务或承受其他家庭压力的人来说，隔代照料就会变得非常重要。隔代照料相当于一个高质低价且灵活的育儿体系，它在一定程度上是对社会育儿体系的补充和替代。布勒等[③]从社会资本的角度来看待这一问题。把家庭成员或亲属之间提供的帮助看成一种社会资本，这种支持性的社会关系会提高生育意愿。生育子女的成本往往具有长期

---

① 靳永爱等：《父母如何影响女性的二孩生育计划——来自中国城市的证据》，《人口研究》2018年第5期。

② Murphy, M. and Knudsen, B., "The Intergenerational Transmission of Fertility in Contemporary Denmark: The Effects of Number of Siblings (Full and Half), Birth Order, and Whether Male or Female", *Population Studies*, Vol. 56, No. 3, 2002, pp. 235 – 248.

③ Bühler, C. and Philipov, D., "Social Capital Related to Fertility: Theoretical Foundations and Empirical Evidence from Bulgaria", *Vienna Yearbook of Population Research*, 2005, pp. 53 – 81.

性和不确定性,尤其是在社会经济发展快速时,这使得生育被推迟或放弃。由上至下的隔代照料可以改善年轻父母的生活状况以及降低他们生育孩子的成本,进而影响生育意愿和生育行为。茅倬彦和罗昊[①]认为,妇女感知到其执行生育行为所拥有的能力和资源越多,实现生育意愿的可能性就越大,而孩子是否有人照料是决策的关键因素。同"不会考虑孩子是否有人照料"相比,那些考虑"孩子是否有人照料"的妇女再生育的可能性较高,在有二孩意愿的妇女中,有父母或公婆帮忙照顾孩子的占比91.3%。

由于隔代照料属于内生变量,存在不可观测的混杂因素的影响,估计的结果可能有偏。因此,现有文献通常会使用工具变量的方法来解决这一问题。现有研究中,阿斯维等[②]使用过的祖辈是否健在以及父母的兄弟姐妹个数,是否与祖辈同住和祖辈居住的地理接近度。祖辈是否健在与隔代照料呈正相关,父母的兄弟姐妹数也影响隔代照料的产生,原因是当兄弟姐妹数过多时,祖辈提供的隔代照料会被更多人分享,从而减小了可得到隔代照料的可能性,这两个工具变量可以有效地减少内生性的影响。是否与祖辈同住或祖辈居住的地理接近度也可以对隔代照料有一定解释力,但这两个工具变量有时候并非完全外生,可能也是内生于家庭决策的。

以往文献更多的是研究隔代照料的成因以及其对生育影响的理论部分,对于这一影响的研究不多。另外,有少量文献在研究中常使用一元或多元逻辑回归,没办法处理内生性的问题,导致有偏的结果。本章采用了倾向得分匹配方法,可以在一定程度上避免上述问题的存在。

第二节 数据与模型

当我们研究隔代照料对生育意愿的影响时,一方面,会存在遗漏变

[①] 茅倬彦、罗昊:《符合二胎政策妇女的生育意愿和生育行为差异——基于计划行为理论的实证研究》,《人口研究》2013年第37期。

[②] Aassve, A., Arpino, B. and Goisis, A., "Grandparenting and Mothers' Labour Force Participation: A Comparative Analysis Using the Generations and Gender Survey", *Demographic Research*, Vol. 27, No. 3, 2012, pp. 53–84.

量的问题。比如,隔代照料与生育意愿均来自家庭决策,它会受个人及家庭特征甚至文化、政策等因素的影响,在建立模型时会存在遗漏变量的问题,进而导致有偏的估计结果。另一方面,隔代照料与生育意愿二者之间可能存在双向因果的问题,隔代照料的存在与否可能会影响人们的生育意愿;相反地,当一个人倾向于生育二胎甚至多胎时,父母通常也会给予一定的经济和人力支持,如提供一定的隔代照料。此外,由于数据的限制,隔代照料的资料来源于儿童问卷,因此本章所使用的样本有样本选择偏误的问题存在,即只有现在有孩子的家庭才可能进入样本中,从而缺失了一些尚未生孩子的家庭的样本,导致了样本自选择的问题。

一 方法与数据

本章拟采用倾向得分匹配的方法来进行估计。使用这种方法也便于我们做出反事实的推断:对于那些没有隔代照料的家庭,我们无法观察到他们在有隔代照料情况下的生育意愿;同样,对于存在隔代照料的家庭,我们也无法获得他们在没有隔代照料时的生育意愿。

本章的研究重点是处理组平均处理效应(ATT),即有隔代照料的家庭假设其存在隔代照料与没有隔代照料时的生育意愿之间的差异。表达式为

$$ATT = E\{Y_i(1) - Y_i(0) \mid D=1\} = E\{Y_i(1) \mid D=1\} - E\{Y_i(0) \mid D=1\} \quad (6.1)$$

其中,$Y_i(1)$ 指在有隔代照料家庭中其真实的二胎生育意愿,$Y_i(0)$ 表示有隔代照料的家庭假设其不存在隔代照料时的二胎生育意愿,而对于 ATT 估计的难点就在于无法获得有隔代照料家庭在没有隔代照料时的生育意愿数据,即 $Y_i(0)$ 数据难以获得,这实际上就是一种"反事实"估计。为了更加准确地获得隔代照料对于生育意愿影响的大小,可以采用倾向得分匹配方法来进行这一反事实的估计。倾向得分匹配方法使用时需要满足两个假设:条件独立假设和共同支撑假设。条件独立假设(强可忽略性假设)是指给定 X 后干预状态的潜在结果是独立的,换句话说,控制住 X 之后,干预分配就相当于随机分配。共同支撑假设是指匹配组变量 X 需要在干预组和控制组上有足够的覆盖,即处理组每一个个体在控制组中

都能找到与之匹配的 X。

我们使用的数据主要来源于"中国家庭追踪调查（CFPS）"2014 年的数据，对样本中个别缺失数据，我们用 CFPS 2012 以及 CFPS 2016 中的数据进行了替代。CFPS 样本覆盖 25 个省/市/自治区，目标样本规模为 16000 户，调查对象包含样本家户中的全部家庭成员。调查问卷共分为社区问卷、家庭问卷、成人问卷和少儿问卷四种类型，并在此基础上发展出针对不同性质家庭成员的长问卷、短问卷、代答问卷、电访问卷等多种问卷类型。我们在研究中主要使用了成人问卷、少儿问卷以及家庭问卷，并对这些问卷的数据进行了匹配。在删除了无效、不合理的数据后得出 8530 个可用的数据，涉及全国 27 个省/自治区/直辖市。为研究隔代照料对生育意愿的影响，采用至少有一个 0—15 岁的孩子并且女性年龄在 15—49 岁之间的家庭样本。因为本章研究的对象是二胎生育意愿，因此生育意愿不受政策限制，虽然 2014 年还未曾全面放开二胎政策，却依然可以使用该数据。

二 变量及统计描述

（1）因变量。研究对象为居民生育意愿，用"理想子女数"作为其指标，来源为 CFPS 2014 成人问卷中的问题"不考虑政策限制，您认为有几个孩子比较理想"。由于被访者回答的主要为 0 到 11 不等的常数，我们将回答数量为 0 和 1 的归类为不愿生育二胎的样本，赋值为 0；将回答为 2 个或 2 个以上的样本归类为愿意生育二胎的样本，赋值为 1，因此该变量为一个二元变量。对于生育意愿，超过 80% 的受访者表示愿意生育二胎或多胎。

（2）自变量。研究的自变量为隔代照料情况。对于隔代照料变量，主要以 CFPS2014 少儿问卷中家长代答问卷的问题"白天或晚上，孩子通常最主要由谁照管"为来源，当回答"孩子的爷爷/奶奶"或者"孩子的外公/外婆"时，则认为存在隔代照料的情况，即"是否有隔代照料"变量赋值为 1，否则赋值为 0。数据显示，有隔代照料的个体为 2703 个，约占样本的 31.6%。在存在隔代照料的样本中，超过一半的孩子年龄在 0—5 岁，所占比例为 51.8%，隔代照料主要发生在学龄前儿童中。

(3) 协变量。由于采用的回归方法为倾向得分匹配法，为了满足强可忽略性假设，首先需要寻找同时影响意愿生育数量以及隔代照料情况的协变量，而参考现有研究并基于数据库进行反复筛选，拟采用以下十二个变量作为匹配时用到的协变量，具体见表6-1。

根据这些变量的性质特征可以将其分为四类：个人特征、儿童特征、家庭特征以及地区特征。个人特征主要包括年龄、民族、户籍性质以及配偶年龄；儿童特征主要包括最小孩子的年龄、孩子与父亲居住的时间、孩子与母亲居住的时间；家庭特征包括家庭收入状况、母亲劳动力参与情况以及家庭代际数。地区特征包括地区人口以及地区房价。

个人特征会较大程度地影响家庭的生育决策以及隔代照料的可能性，因此将其包括在协变量之中以更好地匹配特征相同的人。个人特征中，年龄变量最小值为17岁，最大值为76岁，样本平均年龄为35岁，因主要为已育1孩的成年人，年龄较为集中在25岁到45岁。民族主要分类为汉族与少数民族两类，汉族赋值为1，少数民族赋值为0，汉族占样本较大比例（90%）。样本中，男性占比46.9%，女性占比53.0%。由于主要采用的数据为2014年，所以仍然存在农业户口与非农业户口的划分，因此我们仍然采用户籍的不同来区分城镇与农村人口，户籍状况主要为两种，非农业户口与农业户口，样本中非农业户口占比为23.7%，农业户口占比76.3%。配偶年龄主要集中在30岁到45岁，与被访者年龄分布状况相似。

在儿童特征中，将最小孩子的年龄这一变量包含在协变量中，主要是因为较小年龄的孩子缺乏生活的自理能力，无法单独生活并且在未入学前需要家长长时间照料。因此，当家中存在年龄较小的孩子时，隔代照料发生的可能性比较大。另外，当家中最小孩子年纪较小时，母亲也会因为身体调整或难以同时照顾多个幼儿而减少生育。样本中这一变量均值为6.6岁，且最小值为0，最大值为15。孩子与父亲居住的时间和孩子与母亲居住的时间这两个变量主要是为了衡量父母是否离家外出。由于外出务工或其他原因，父母不在孩子身边时隔代照料产生的可能性就会增大。另外，当父母离家外出时也会影响生育的可能性，这一因素会作为一个混淆变量共同作用于隔代照料以及生育意愿，故而将其作为协变量有助于控制这一混淆变量。数据库中，这两个变量的指标是以家庭中最小孩子作为被访问对象而获得的数据，而样本中孩子主要住在家里的概率大于95%，可以基本排除孩子因为住校而与父母分开居住这一可能性的影响。这两个变量的资料来源为CFPS的儿童问卷："过去12个月，孩子与父亲或母亲同住多久"，回答从"几乎没有"到"几乎全年"分为7个等级，依次赋值为1到7，因此这两个变量为7级多分类变量。

表6-1 变量的统计性描述

	变量	样本量	平均值	标准差	最小值	最大值
被解释变量	是否生育二胎	8530	0.852	0.355	0	1
解释变量	是否有隔代照料	8530	0.317	0.465	0	1
协变量	年龄	8530	34.945	7.084	17	76
	民族	8515	0.902	0.298	0	1
	户籍状况	8524	0.238	0.426	0	1
	配偶年龄	8530	34.935	7.043	17	76
	最小孩子的年龄	8530	6.610	4.544	0	15
	孩子与父亲同住时间	8506	5.543	1.960	1	7
	孩子与母亲同住时间	8508	6.207	1.611	1	7
	家庭纯收入	8508	56645.88	92764.48	0	4073000
	母亲劳动力参与情况	8294	0.695	0.409	0	1
	家庭代际数	8473	2.593	0.617	1	5
	地区房价	8530	5888.279	3015.974	3694	18499
	地区人口	8530	6159.263	2900.758	662	10724

在家庭特征中，家庭收入状况也会显著影响隔代照料以及生育意愿的变化。这里以家庭纯收入作为家庭收入状况的衡量指标，主要是因为隔代照料与生育意愿都是家庭决策行为，而家庭收入是此类决策的一个重要影响因素。女性工作的情况也影响隔代照料的可能性。在现代社会，女性仍然是家中照料子女的主力军，一旦她们需要外出工作，就必须要

有人替代，而这一责任非常可能落到祖父母或者外祖父母身上。因此，家中女性是否有工作会影响隔代照料的可能性；同样地，当女性有工作时也会影响生育意愿。这一变量在问卷中的问题为"过去一周您是否工作了至少一个小时"，回答为"是"赋值为1，回答为"否"赋值为0，样本中有工作的女性占67.5%，可见女性参加工作比率较高。当祖辈与子女同住时，更可能会提供隔代照料，因此是否与子女同住也将纳入匹配的协变量中。家庭的代际数可以表示一个家庭中是否存在可以提供隔代照料的人群，即祖辈是否健在。另外，当代际数较大时，也可能表示祖辈需要照顾他们的父母从而无法提供隔代照料这一可能，因此家庭的代际数也会影响到隔代照料的提供与否，但这一影响可能会因二者的相对大小而产生不同的作用方向。

社会特征包括地区房价以及地区人口两个因素，这些指标均从中国统计年鉴各省级数据中获得，以此作为地区固定因素的指标。地区固定效应可以通过宏观层面影响个体的生育意愿和隔代照料，因此也需要进行控制。

第三节 实证分析

倾向匹配得分法的运用是在满足一系列假设条件基础上，计算倾向得分，进行降维处理。

一 计算倾向得分

首先，我们用Logit模型来计算匹配得分，即将协变量作为解释变量对隔代照料进行Logit回归以得出倾向得分。Logit回归的方程为：

$$Longit(T=1) = \beta_{oi} + \sum_{s=1}^{j}\beta_{si}x_{si} + \mu \tag{6.2}$$

表6-2给出了依次加入个体特征、儿童特征、家庭特征以及社会特征情况下的Logit回归结果。从结果来看，第（4）列的回归结果调整后的R^2最大（0.188），且ROC值也最大（0.781），通过了ROC检验。因此，使用第（4）列的变量作为协变量进行倾向得分的计算是合适的。

表6-2　不同变量组合下 Logit 模型的回归结果

变量	(1)	(2)	(3)	(4)
年龄	0.329 *** (0.049)	0.366 *** (0.050)	0.324 *** (0.056)	0.320 *** (0.056)
年龄平方	-0.005 *** (0.001)	-0.005 *** (0.001)	-0.005 *** (0.001)	-0.005 *** (0.001)
民族	0.189 ** (0.085)	0.197 ** (0.087)	0.306 *** (0.094)	0.266 *** (0.097)
户口	0.235 *** (0.057)	0.315 *** (0.059)	0.096 *** (0.065)	0.274 *** (0.068)
配偶年龄	0.224 *** (0.049)	0.269 *** (0.050)	0.205 *** (0.054)	0.204 *** (0.055)
配偶年龄平方	-0.004 *** (0.001)	-0.004 *** (0.001)	-0.003 *** (0.001)	-0.003 *** (0.001)
最小孩子的年龄		-0.071 *** (0.008)	-0.090 *** (0.009)	-0.087 *** (-0.009)
孩子与父亲居住时间		0.046 *** (0.015)	0.050 *** (0.017)	0.046 ** (0.018)
孩子与母亲居住时间		-0.313 *** (0.019)	-0.326 *** (0.022)	-0.327 *** (0.022)
收入对数			0.118 *** (0.025)	0.091 *** (0.026)
母亲工作情况			1.004 *** (0.067)	0.992 *** (0.067)
家庭代际数			17.004 *** (1.494)	16.993 *** (1.500)
家庭代际数自然对数			-19.349 *** (1.708)	-19.151 *** (1.714)
家庭代际数平方			-1.628 *** (0.156)	-1.639 *** (0.157)
地区效应	未控制	未控制	未控制	控制
常数项 调整 R^2	-8.383 *** (0.733) 0.086	-8.191 *** (0.758) 0.123	-23.301 *** (1.457) 0.185	-23.349 *** (1.462) 0.188

二 平行假设

检验之前,我们需要了解匹配前后的误差消减的情况,表6-3给出了这一结果。从中可以看出,所有变量的标准误差在匹配之后都在不同程度地减少。而且,匹配前,各变量在控制组与对照组之间存在显著差异,但匹配后差异明显变小,多数变量的标准误差绝对值都在5%以内,满足平行假设。

表6-3　　　　　　　　　变量误差消减情况

变量	样本	均值		标准误差（%）	误差消减（%）	T-test	
		处理组	控制组			t	p>t
年龄	匹配前	32.326	36.141	-58.4		-22.84	0.000
	匹配后	32.326	31.997	5.0	91.4	2.00	0.046
年龄平方	匹配前	1077.1	1359.2	-61.6		-23.80	0.000
	匹配后	1077.1	1057.3	4.3	93.0	1.81	0.070
民族	匹配前	0.917	0.892	8.3		3.32	0.001
	匹配后	0.917	0.905	3.8	53.9	1.38	0.169
户籍状况	匹配前	0.270	0.229	9.5		3.92	0.000
	匹配后	0.270	0.291	-4.7	50.9	-1.56	0.118
配偶年龄	匹配前	32.323	36.197	-59.5		-23.32	0.000
	匹配后	32.323	32.011	4.8	91.9	1.88	0.060
配偶年龄平方	匹配前	1077.3	1362.4	-62.4		-24.17	0.000
	匹配后	1077.3	1059.4	3.9	93.7	1.62	0.106
最小孩子的年龄	匹配前	5.044	7.377	-55.5		-21.69	0.000
	匹配后	5.044	4.814	5.5	90.2	2.05	0.041
孩子与父亲居住时间	匹配前	5.312	5.648	-16.9		-7.00	0.000
	匹配后	5.312	5.263	2.5	85.4	0.83	0.409
孩子与母亲居住时间	匹配前	5.830	6.425	-36.1		-15.70	0.000
	匹配后	5.830	5.786	2.7	92.6	0.81	0.419

续表

变量	样本	均值		标准误差（%）	误差消减（%）	T-test	
		处理组	控制组			t	p > t
收入对数	匹配前	10.716	10.431	24.9		10.05	0.000
	匹配后	10.716	10.714	0.1	99.5	0.04	0.996
女性工作情况	匹配前	0.767	0.668	22.8		9.11	0.000
	匹配后	0.770	0.740	6.7	70.5	2.44	0.015
家庭代际数	匹配前	2.7741	2.510	43.4		17.87	0.000
	匹配后	2.774	2.788	-2.3	94.7	-0.78	0.434
家庭代际数的对数	匹配前	0.988	0.892	37.0		15.53	0.000
	匹配后	0.988	0.994	-2.3	93.9	-0.75	0.456
家庭代际数的平方	匹配前	8.084	6.652	44.9		18.39	0.000
	匹配后	8.084	8.161	-2.4	94.7	-0.83	0.409
地区房价	匹配前	6247.9	5640.9	19.5		8.32	0.000
	匹配后	6247.9	6343.8	-3.1	84.2	-0.97	0.332
地区人口	匹配前	6281.6	6087.6	6.6		2.73	0.006
	匹配后	6281.6	6209.2	2.5	62.7	0.85	0.396

为了更加直观地看出匹配前后各变量的标准误差变化情况，我们将标准误差变化用图6-1表示。从图中可以看出，匹配后与匹配前相比，各变量的标准误差均存在不同程度的下降，也就是说，匹配使得各变量的标准误差减小，从而进一步证明平行假设得到满足。

三 共同支撑假设

为了更直观地展示匹配前后倾向得分的变化情况，图6-2（a）和图6-2（b）两图分别展示了匹配前后控制组和对照组倾向得分的核密度函数。我们看到，匹配前控制组和对照组的核密度函数曲线相差较大，但是这并不能直接归因于隔代照料产生的影响，也可能是其他特征因素导致的。在这种情况下，直接对意愿生育数量进行比较势必会导致有偏的结论；在匹配后，共同覆盖区域变广，而且核密度函数曲线走势趋于重合，倾向得分值的概率密度分布趋于相近，可以认为匹配的效果较好，

第六章　隔代照料、成本补偿与二胎生育意愿

这时候再进行两者的比较会更加合适。

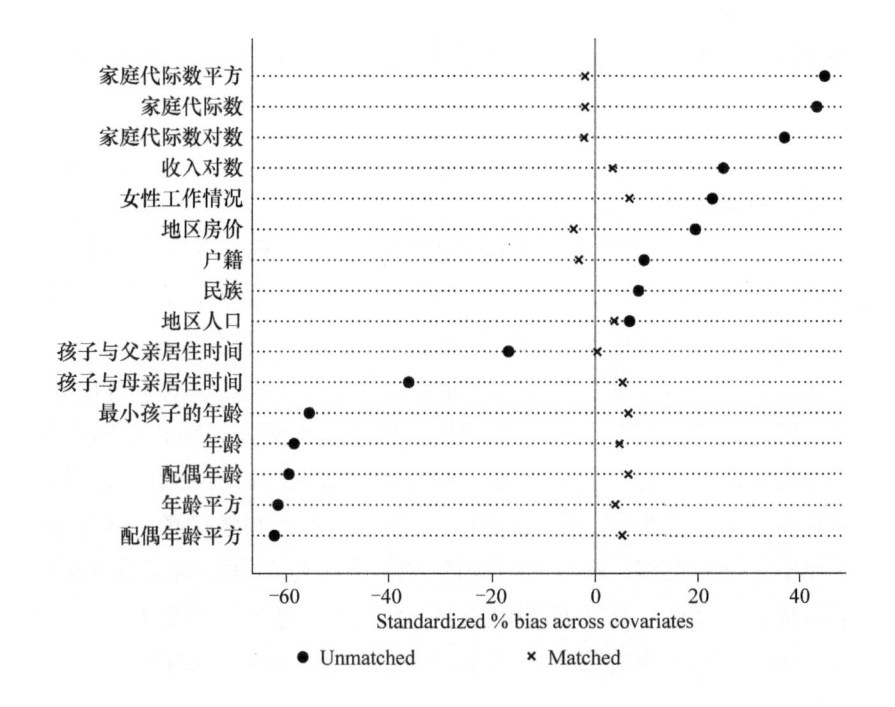

图 6-1　匹配前后各变量标准误差变化情况

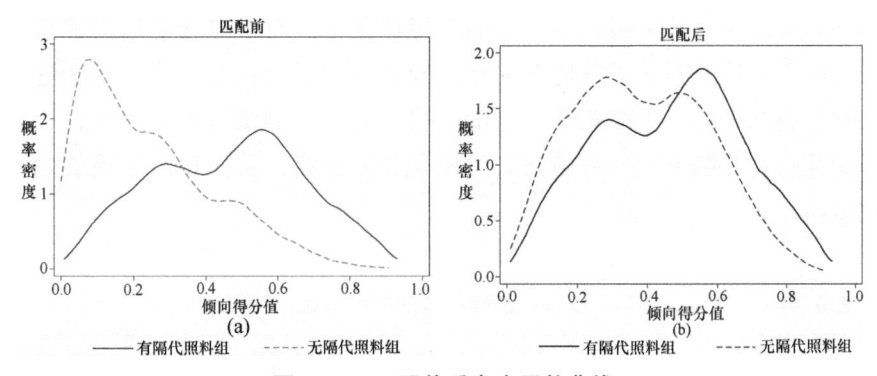

图 6-2　匹配前后密度函数曲线

共同取值范围直方图能更加清晰地反映共同支撑假设（此处略）。在进行样本匹配时设置强制共同支撑，即在处理组中倾向得分值高于控制组中的最大值或低于最小值的观察样本会被删除，丢弃了 7 个样本后，

最终匹配成功的样本数为7722个,说明匹配前与匹配后的各个倾向得分的概率密度都有较大范围的重合,不能满足共同支撑假设的样本极少,且在进行下一步回归之前已被剔除。可以看出的是,共同支撑假设得到满足。

四 实证结果

表6-4为使用最近邻匹配得到的回归结果(包括ATT、ATU、ATE的数值以及其标准误),这种方法是以倾向得分为依据,在控制组样本中向前或向后寻找最接近干预组样本得分的对象,并形成配对。这里采用一对一、一对三以及一对五的匹配方法来进行回归,从表中可以看出,不论k取值多少,ATT、ATU及ATE的值均为正数,即隔代照料对生育意愿的影响是正向的。也就是说,不论是有隔代照料的样本还是没有隔代照料的样本,在获得隔代照料后,二胎生育意愿都将提高。具体而言,对总样本进行最近邻匹配后所得到的ATT值约为0.09,并且在1%的水平下是统计显著的,这表明隔代照料会提高意愿生育的数量(比例为9%),即,相比于没有隔代照料家庭的,有隔代照料家庭的生育意愿平均高出9%。之所以如此,背后的机制是隔代照料可能从两个方面减轻了父母的育儿压力(或成本)。一方面是生理压力,如照顾孩子产生的精神压力以及身体劳累;另一方面是经济压力,对于身处职场的父母来说,由于无法照顾孩子只能在工作时间将孩子送到托儿所或幼儿园这样的社会育儿机构,需要花费一定的支出。对年轻的父母来说,隔代照料作为社会育儿服务的一种替代,成本低,质量高,从而提高了他们的生育意愿。

表6-4 全样本的倾向得分匹配结果

匹配方法	因变量:二胎生育意愿				
	参数	系数	标准误	z	p
最近邻匹配 (k=1)	ATT	0.089	0.015	5.00	0.000
	ATU	0.081	0.013	6.43	0.000
	ATE	0.084	0.011	7.57	0.000

续表

匹配方法	因变量：二胎生育意愿				
	参数	系数	标准误	z	p
最近邻匹配 （k=3）	ATT	0.094	0.015	6.13	0.000
	ATU	0.082	0.011	7.04	0.000
	ATE	0.086	0.011	7.69	0.000
最近邻匹配 （k=5）	ATT	0.092	0.015	6.17	0.000
	ATU	0.082	0.011	7.31	0.000
	ATE	0.085	0.010	8.24	0.000

注：ATT 是指处理组平均处理效应，即有隔代照料组在获得隔代照料前后二胎生育意愿变化的期望值；ATU 是控制组平均处理效应，即无隔代照料组在获得隔代照料前后二胎生育意愿变化的期望值；ATE 是总体平均处理效应，即样本满足"个体处理效应稳定假设"前提下，同一样本在获得隔代照料前后二胎生育意愿变化的期望值。

在隔代照料对二胎生育意愿的总体影响为正的情况下，下面再来具体看一下，这种影响在不同区域、性别和收入水平上的差异。

（一）城乡差异和性别差异

为了了解隔代照料对不同人群的影响，将样本按地区以及性别进行分类别回归（见表6-5）。结果表明，隔代照料对不同类型的人群的生育意愿均有显著促进作用，但促进效果不同。

表6-5　　　　　　　　　分地区、性别的 ATT 回归结果

	总样本	城市	农村	男性	女性
最近邻匹配 （k=1）	0.089*** (0.015)	0.088*** (0.024)	0.090*** (0.021)	0.047** (0.022)	0.104*** (0.020)
半径匹配	0.088*** (0.011)	0.079*** (0.021)	0.087*** (0.017)	0.049** (0.017)	0.104*** (0.015)
核匹配	0.087*** (0.011)	0.089*** (0.017)	0.085*** (0.014)	0.054** (0.017)	0.106*** (0.014)
局部线性 回归匹配	0.091*** (0.015)	0.093*** (0.024)	0.088*** (0.021)	0.059** (0.023)	0.111*** (0.020)

续表

	总样本	城市	农村	男性	女性
样条匹配	0.087*** (0.012)	0.089*** (0.018)	0.086*** (0.016)	0.059** (0.018)	0.107*** (0.016)
Logit ($\frac{dy}{dx}$)	0.061*** (0.011)	0.060*** (0.016)	0.066*** (0.014)	0.044*** (0.014)	0.083*** (0.016)

注：(1) ***、**、*分别表示1%、5%、10%的显著性水平。

(2) 标准误和t值为经过Bootstrap 500次计算所得；括号内为标准误。

(3) 最近邻匹配中k=1，即为一对一匹配；半径匹配中卡尺范围为0.01；核匹配中默认使用二次核；样条匹配中使用的是三次样条。

(4) Logit回归结果展示的是其他条件不变的情况下隔代照料的边际效应，即隔代照料从无到有时，意愿生育数量上升的数值。

从城市和农村的角度来看，隔代照料会使城镇家庭的意愿生育数量增加8.8%，农村家庭增加9.0%，且在1%的水平上都是统计显著的。影响相似，但城市略低，这可能与上文所提到的城镇居民育儿成本的过高有关；分性别来看，隔代照料对其生育意愿数量的影响存在性别差异，女性较男性受隔代照料的影响更大，这个我们的预期也是一致的。当存在隔代照料时，女性的意愿生育数量增加一单位的可能性提高了10.6%，而男性只有6.0%。这个差异来自女性在育儿方面独一无二的作用。由于家庭分工的不同，女性是育儿的主要参与者，投入的时间、精力和各种成本通常要高于男性。所以当存在隔代照料时，女性受益更大，成本减少的也更多，进而会较大幅度地提高她们的生育意愿。同样是源于家庭分工，隔代照料对男性的影响较小。

（二）收入组别间的差异。

为了更加深入地了解隔代照料对二胎生育意愿的影响机制，下面我们将收入作为分类标准，将样本进行分类，估计隔代照料对二胎生育意愿的影响。将家庭纯收入水平按由低到高排序并按照四分位数分为四组：收入最低组（0—25%），收入中等偏下组（26%—50%），收入中等偏上组（51%—75%），收入最高组（76%—100%）。表6-6显示了不同收入组别中隔代照料对二胎生育意愿的大致比例分布情况。可以大致看出，随着收入提高，隔代照料的占比越大，但二胎生育意愿也越低，这一现象与贝克尔和刘易斯的"数量—质量替代"模型相符。收入提高，家庭理性决策的结果是，减少孩子的数量，增加对孩子"质量"的投资，也就是人力资本投资，主要表现为教育、营养保健、培训、迁移等。

表6-6　　　不同收入分组下隔代照料以及二胎生育意愿的情况

收入分位	隔代照料		二胎生育意愿	
	有	无	有	无
0—25%	26.3%	73.6%	87.7%	12.2%
26%—50%	26.8%	73.1%	85.7%	14.2%
51%—75%	32.9%	67.1%	84.7%	15.2%
76%—100%	40.5%	59.5%	82.4%	17.6%

在上述收入分类的基础上，我们继续使用倾向得分匹配方法进行估计（见表6-7），从而了解隔代照料对二胎生育意愿影响在不同收入水平上的异质性。

表6-7　　　收入水平、隔代照料与二胎生育意愿

收入分位	0—25%	26%—50%	51%—75%	76%—100%
ATT值	0.076** (0.029)	0.072** (0.034)	0.143*** (0.036)	0.109*** (0.037)

整体上看，隔代照料对于二胎生育意愿仍然有促进作用且统计显著，但具体到不同的收入组别，这种影响是有差别的。隔代照料在收入最低组（0—25%）和中等偏下组（26%—50%）中的影响最小，分别会使二胎的生育意愿提高7.6%和7.2%；而在收入中等偏上组（51%—75%），ATT值为14.3%，几乎上升了1倍；在收入最高组（76%—100%）的ATT值为10.9%，略有回落。影响程度先升后降，呈现出一个倒U形的形式，影响水平最高出现在收入中等偏上组。

这一倒 U 形的影响机制可以解释为，在中低收入水平的家庭中，经济因素在生育决策中起到很大的作用。这部分家庭的所得多源于劳动，随着收入水平的提高，生育二胎的机会成本也在增加，进而隔代照料的存在能大幅度减少照料孩子的机会成本，则更能促进生育。而对收入最高的家庭而言，收入除了源于劳动，还有一部分源于资本，女性养育孩子的机会成本相对下降，再加上明显的"数量—质量替代"，隔代照料对于二胎生育意愿的影响会略有下降。

(三) 结果检验

1. 匹配方法检验。由于匹配的方法有多种，除了最近邻匹配法之外，我们也使用了半径匹配法等另外四种方法（见表 6-5）。从表中可以看到，ATT 在半径匹配法下为 0.088，核匹配法下为 0.087，局部线性回归下为 0.091，样条匹配法下为 0.087，并且都在 1% 的水平上统计显著。这些结果表明，隔代照料对于生育意愿的影响在 9% 左右。另外，几种匹配方法的结果均显示女性意愿生育数量受隔代照料的影响比男性更大。在城镇与农村分样本匹配中，两个群体之间略有差异，但仍可以认为城镇和农村家庭隔代照料对于二胎生育意愿的影响大致在 0.08—0.09。以上结果表明，我们在文中主要使用最近邻匹配下的倾向得分匹配方法是合适的，结果是稳健的。

表 6-5 的最后一行还给出了使用简单的 Logit 模型估计的结果。隔代照料对意愿生育数量影响的边际效应为 0.061，即有隔代照料会使个体意愿生育数量提高 6.1%。由于这种方法没有考虑到模型的内生性，进而得出的结果是有偏的。从数值上看，是低估隔代照料对意愿生育数量的影响。当我们在各子样本中使用这种方法进行估计时，得出的边际效应均低于使用倾向得分匹配方法的 ATT 结果。也就是说，因为内生性的存在，以往单纯使用 Logit 模型进行估计的研究低估了隔代照料对生育意愿的正面影响。

2. 敏感性分析。倾向得分匹配方法是建立在两个假设基础上的，其中，强可忽略性假设表示，给定协变量，则 y_0 和 y_1 均独立于 D，为满足这一假设必须将同时影响 D 和 Y 的因素都控制住；反之，当存在不可观测的协变量影响时，倾向得分匹配的结果就不具有可靠性。敏感性分析就是要研究存在不同程度的不可观测混淆变量会对估计结果产生多大的影响。由于因变量为是否生育二胎，即是一个二值变量，使用 MH 检验，结果如表 6-8 所示。

表 6-8　　　　　　　　　　MH 边界分析值

| \multicolumn{5}{c}{mhbounds 是否生育二胎，gamma [1 (0.05) 2]} |
Gamma	Q_ mh +	Q_ mh -	p_ mh +	p_ mh -
1	6.976	6.976	1.5e—12	1.5e—12
1.05	6.451	7.506	5.6e—11	3.0e—14
1.1	5.952	8.013	1.3e—09	5.6e—16
1.15	5.477	8.501	2.2e—08	0
1.2	5.023	8.970	2.5e—07	0
1.25	4.590	9.423	2.2e—06	0
1.3	4.175	9.861	0.000	0
1.35	3.776	10.285	0.000	0
1.4	3.393	10.696	0.000	0
1.45	3.024	11.094	0.001	0
1.5	2.668	11.482	0.004	0
1.55	2.324	11.860	0.010	0
1.6	1.992	12.227	0.023	0
1.65	1.670	12.586	0.048	0
1.7	1.357	12.936	0.087	0
1.75	1.054	13.278	0.146	0
1.8	0.7601	13.612	0.224	0
1.85	0.474	13.939	0.318	0
1.9	0.196	14.230	0.423	0
1.95	-0.020	14.573	0.508	0
2	0.244	14.881	0.404	0

注：gamma = e^γ，而 γ 表示不可观测混杂因子的系数，当 γ 的绝对值越大时，gamma 也会越大。

表 6-8 中，当 gamma = 1，即不存在不可观测混淆因子时，Q_ mh + =

Q_ mh − 。p_ mh + 数值在 gamma = 1.65 时（根据公式 γ = 0.5）达到 0.048，表示当不可观测混淆因子增加 65% 时才会导致倾向得分匹配的估计结果 ATT 值在 4.8% 的水平上不显著，此时未观察到的协变量会对隔代照料的 ATT 值产生较大影响；反之，则不然。根据前面给出的 logit 模型可知，只有混杂因子对隔代照料的影响程度大于年龄（$\beta_{年龄} = 0.320$）和户籍状况（$\beta_{户籍} = 0.274$）等这些因素的影响时，才会对估计结果产生较大影响。因此，隔代照料对二胎生育意愿的影响结果对于不可观测混淆变量是弱敏感的，也就是说，这里所选用的协变量是合适的，进而得出的结论也是可靠的。

第四节　结论和建议

过去几十年，部分发达国家一直受着低生育率的困扰。最近几年，在生育政策等因素的影响下，中国也开始面临这一问题，过低的生育率会影响到经济和社会的可持续发展。在全年放开二胎和三胎之际，生育率上升不及预期。如何提高现代家庭的生育率成为了一个迫切的问题。本章从隔代照料的角度考察了年轻父母在照料成本下降时的生育意愿。通过实证分析发现，隔代照料对（以意愿生育数量表示的）二胎生育意愿有显著促进作用。当祖辈参与照料时，年轻父母们所面临的时间约束甚至收入约束都会放松，他们在权衡工作与家庭时选择的空间增大，进而对孩子这种特殊的消费品的需求也增加。在中国，随着生活水平的不断改善，人的健康状况和预期寿命也在提高，再加上中国社会在育儿方面一直有隔代照料的传统。父母在子女成家后，依然会给予他们一定的帮助。而这种代际之间的照料和赡养，既弥补了市场和政府在这方面的不足，也有助于形成超稳固的家庭关系，是构成和谐社会的基石。另外，对于不同群体，隔代照料对生育意愿影响的程度也不同，就本章的研究来看，女性和中、高收入群体所受的影响相对大一些，城市和农村之间没有明显区别。

在实证研究的基础上，为了适当提高生育率，除了放松生育控制政策之外，我们还应该从隔代照料的视角，提出以下建议。

首先，要加快建设养老保障体制的建设。老人作为隔代照料的主要提供者，也需要在闲暇、市场工作和家庭劳动中进行选择，帮助子女照顾孩子使得他们必须放弃休闲和工作所带来的收益,这是隔代照料的机会成本。建立起完善的养老体制,老有所养,老有所用,隔代照料才会发生。

其次,也要加快正规育儿机构的体制建设。经济社会高速发展,人口流动加快,家庭结构和育儿方式也发生巨大变化,传统育儿方式不再可行。如果要降低育儿成本,提高生育意愿,考虑到育儿服务的经济和社会属性,需要政府和市场双管齐下。对此,杨菊华和杜声红[1]认为,一方面政府要进一步建立和完善正规育儿机构,另一方面市场也要发挥在资源配置中的高效作用,提供差异化和灵活的育儿服务。二者相互补充对方的不足或者失灵之处,相得益彰,共同发展。目前我国的托幼服务主要集中于针对3—6岁儿童的学前教育机构,面向0—3岁婴幼儿的托育机构基本缺失。这一问题成为了家庭生育决策中的重要阻力,应加大建设力度,解决家庭生育的后顾之忧。

另外,既然隔代照料能提高生育率,可以考虑将隔代照料纳入育儿服务体系,并对年长的照料者提供更多育儿方面的帮助。大量研究表明,孩子的未来(包括受教育程度)同照料者的学识修养、生活习惯(包括受教育程度)等息息相关。对于祖父辈与儿童的特殊关系,黄国桂等[2]认为,隔代照料的家庭中存在"老人惯,保姆宠,妈妈累"的现象,隔代照料的积极一面是因为祖辈有丰富的照料经验使得孩子得到可靠保障;消极一面是让父母希望的"科学早教"无法实现,孩子也可能会因为祖辈的溺爱而影响其形成健全的人格。同时,隔代照料对于照料提供者也是一种负担。因此,为解决上述问题,应将隔代照料纳入育儿体系,比如,在社区开展早期育儿教育培训等活动,为照料者提供更多育儿知识,乃至直接在经济上予以一定形式的帮助,缓解家庭中的养老负担,进而进一步促进生育。

类似的政策还包括,在公共政策制定中纳入性别平等的理念,降低女性承担的生育成本。促进社会生育福利制度建设,如延长产假、生育补贴、建立法律制度保护妇女权益,减少职场性别歧视,等等。只有通

---

[1] 杨菊华、杜声红:《部分国家生育支持政策及其对中国的启示》,《探索》2017年第2期。
[2] 黄国桂等:《隔代照料对于中国老年人健康的影响探析》,《人口与发展》2016年第6期。

过政策对市场进行调节，才能更有利于人们选择生育更多的孩子。

受数据所限，本章研究的隔代照料实际上主要强调的是年迈父母对子女在育儿方面的各种非经济方面的支持，没有将经济支持纳入进来，进而可能无法准确衡量（低估了）父母的隔代照料对子女生育意愿的影响，这也是需要注意和改进的地方。

第七章　就业质量与流动人口的二孩生育意愿

党的二十大报告明确提出要"优化人口发展战略,建立生育支持政策体系,降低生育、养育、教育成本。实施积极应对人口老龄化国家战略……"。做出这一重大战略部署的原因是,包括中国在内的很多国家(主要是发达国家和新兴经济体)目前都受到低生育率和人口老龄化的困扰。以世界前五大经济体为例(见表7-1),根据联合国(2019)的数据,截至2020年,日本60岁以上人口占总人口的比重为34.3%,是世界上老龄化最严重的国家之一;美国和德国分别为22.9%和28.6%,均已进入中度老龄化阶段。根据第七次全国人口普查数据,中国60岁及以上人口占比达18.7%,比2000年和2010年分别高出8.6个和5.44个百分点。与此同时,育龄人群总和生育率仅有1.3,远低于世代更替水平的2.1。在老龄化不断加剧且总和生育率持续低迷的双重困境下,2021年5月31日,中共中央政治局召开会议,审议了《关于优化生育政策促进人口长期均衡发展的决定》。《决定》指出,为进一步优化生育政策,实施一对夫妻可以生育三个子女政策及配套支持措施。这是继2014年和2016年之后,中国的计划生育政策又一次重大调整,标志着中国的生育政策从"单独二孩""全面二孩"正式进入"三孩"阶段。不过,有研究表明,生育政策不断放松,但政策效果,特别是长期效果不及预期[1]。日趋下降的生育率将进一步加深人口老龄化,反过来削弱经济增长潜力[2]。

---

[1] 卿石松等:《两孩政策效果追踪评估与未来趋势分析》,《人口与经济》2021年第4期。
[2] 蔡昉:《打破"生育率悖论"》,《经济学动态》2022年第1期;王维国等:《生育政策、人口年龄结构优化与经济增长》,《经济研究》2019年第1期。

表 7-1　　　　世界前五大经济体 60 岁及以上人口比重

国家	2000 年	2020 年	2000—2020 年的增长率
中国	10.1%	18.7%	8.6%
美国	16.2%	22.9%	6.7%
德国	23.3%	28.6%	5.3%
日本	23.0%	34.3%	11.3%
印度	6.9%	10.1%	3.2%

资料来源：（1）UN, World Population Prospects (The 2019 Revision)；（2）中国资料来源于第五次、第七次全国人口普查公报。

与其他国家不同的一点是，中国的流动人口占比较高。根据第七次全国人口普查数据，流动人口占比高达 26%，而且这部分群体大多处于生育的旺盛期，其生育行为与生育意愿必然对中国的总和生育率以及未来人口数量产生重大影响。因此，从优化人口发展战略，积极应对老龄化这个意义上讲，研究当前中国家庭，特别是流动人口的生育意愿，是一个具有重要现实意义的课题。

对美好生活的追求是人们选择迁移或者流动的主要原因。就业质量的高低影响着流动人口在流入地的生活，也会影响他们的生育意愿。理论分析表明，就业质量对生育意愿的影响至少存在两种方向相反的效应：一方面，就业质量提高会放松流动人口家庭的预算约束，在一定程度上缓解流动人口所面临的教育、医疗、住房等主要需求带来的生活压力，从而提高其二孩生育意愿，即收入效应；另一方面，就业质量提高必然会增加生育的机会成本，尤其对于女性而言，生育意味着就业中断、收入降低，甚至面临再次求职过程中的性别歧视问题。就业质量越高所面临的生育惩罚也往往越大，这又会在一定程度上降低二孩生育意愿，即替代效应。因此，在三孩政策实施的大背景下，探究就业质量对流动人口生育意愿的影响具有重要的理论意义和政策内涵。

本章使用 2016 年"中国流动人口动态监测数据"（CMDS），从就业质量视角探究其对流动人口群体二孩生育意愿的影响。考虑到生育意愿和就业质量之间存在反向因果问题，我们用流动人口所在区（县）最低工资水平的对数值作为工具变量来解决模型存在的内生性问题。ivprobit

模型回归结果表明,目前就业质量对流动人口二孩生育意愿的影响中收入效应占据主导地位,并且上述结论在重新构建就业质量指数、重新界定生育意愿、重新界定育龄年龄、采用 ERM 模型以及稳健标准误聚类到更高层级五种稳健性检验下依然成立。

本章的结构安排如下:第一节为文献综述部分,我们会对现有文献进行系统梳理,并指出本章所做工作的意义;第二节为研究设计,涉及研究的资料来源、变量描述性统计以及模型构建等;第三节为实证分析,是这一章的核心内容,我们会对实证结果进行深入分析并进行稳健性检验以确保分析结果的稳健性;第四节为异质性分析及渠道检验;第五节会对实证结果进行总结和概括,并在此基础上提出政策建议。

第一节 文献综述

目前学术界关于生育意愿的研究主要包括两个方面:生育意愿、生育行为、生育水平三者的偏离以及生育意愿的影响因素,均得到了一些有意义的结论,为我们的研究提供了理论支持。关于生育意愿、生育行为、生育水平三者的偏离,低生育率模型首先发现生育行为与生育意愿相偏离的现象,并且指出非意愿生育、替代效应以及性别偏好会导致生育行为高于生育意愿,竞争效应、不孕不育效应以及生育年龄推迟会导致生育行为低于生育意愿[1]。绝大多数文献主要对生育意愿和生育行为之间的偏离进行探讨[2],发现造成超低生育率现象的原因在于超低的生育意愿,并进一步指出研究生育意愿是预测生育行为的有力工具。

关于生育意愿的影响因素,已有研究主要从个体层面、家庭层面、社会层面以及政策层面展开研究。首先从个体层面来看,影响因素主要有生育成本、受教育程度、就业性质以及一胎特征等[3]。其次从家庭层

---

[1] Bongaarts, John, "Fertility and Reproductive Preferences in Post-Transitional Societies", *Population and Development Review*, Vol. 27, 2001, pp. 260 – 281.

[2] 张冲、李想:《女性生育意愿与生育行为偏离的影响因素》,《中国卫生统计》2020 年第 6 期。

[3] 马良等:《独生子女性别会影响父母的二胎生育意愿吗?——基于中国综合社会调查(CGSS)数据的研究》,《人口学刊》2016 年第 6 期。

面看，影响因素包括婚配模式、性别平等理论、隔代照料等方面[1]；从社会层面观察，影响因素涉及公共满意度、房价[2]以及社会保障等方面。最后表明政策调整以及外生冲击对育龄人群生育意愿的影响同样不容忽视。

也有个别学者关注到流动人口的生育意愿。流动人口作为一个多处于生育期（甚至是生育旺盛期）的人口群体，其二孩生育意愿和行为无疑会对全国层面的二孩生育水平产生重要影响[3]。现有研究分别从性别差异角度、社会保障角度、社会经济地位角度以及城市适应角度探究流动人口的生育意愿。

流动人口的就业质量在整个流动人口外出过程中处于相当重要的地位[4]。关于就业质量方面的研究，一部分专注于就业质量的测度[5]，另一部分关注就业质量的影响因素，如政府培训、受教育程度、家庭规模和居留意愿、子女是否随迁以及务工距离等方面[6]。此外，有研究表明，就业质量对农民工幸福感有显著的正向影响。其中，劳动报酬对农民工幸福感有显著的正向影响，参加医疗保险或养老保险的农民工的幸福感更高，而工作时间有显著的负向影响，工作时间越长的农民工的幸福感越低[7]。有学者关注到，幸福感也会对生育意愿产生影响，即幸福感显著增强了城镇和相对年轻育龄妇女的生育意愿[8]；同样有学者发现主观幸福感显著促进了城乡居民的二孩生育意愿。

综上所述，以往研究绝大部分采用全样本分析生育意愿的影响因素

---

[1] 封进、艾静怡、刘芳：《退休年龄制度的代际影响——基于子代生育时间选择的研究》，《经济研究》2020年第9期。

[2] 易君健、易行健：《房价上涨与生育率的长期下降：基于香港的实证研究》，《经济学（季刊）》2008年第3期。

[3] 杨菊华：《流动人口二孩生育意愿研究》，《中国人口科学》2018年第1期。

[4] 梁海艳：《中国流动人口就业质量及其影响因素研究——基于2016年全国流动人口动态监测调查数据的分析》，《人口与发展》2019年第4期。

[5] 刘涛、王德政：《教育水平、工作经验与流动人口就业质量》，《人口研究》2021年第4期。

[6] 李中建、袁璐璐：《务工距离对农民工就业质量的影响分析》，《中国农村经济》2017年第6期。

[7] 卢海阳、杨龙、李宝值：《就业质量、社会认知与农民工幸福感》《中国农村观察》2017年第3期。

[8] 朱明宝、杨云彦：《幸福感与居民的生育意愿——基于CGSS2013数据的经验研究》，《经济学动态》2017年第3期。

来对比城乡之间生育意愿的差异，并且大多聚焦于受教育程度、生育成本、主观幸福感、社会保障以及一孩特征等方面，而对于处在生育旺盛期的流动人口这个群体的研究较少。对于就业质量的研究，多数文献专注于就业质量本身的影响因素以及就业质量的指标构建，少部分研究关注到就业质量对农民工幸福感的影响，并且发现幸福感会进一步影响到生育意愿，但直接考察就业质量对流动人口生育意愿的影响及其作用机制的研究不多。

本章的工作主要体现在以下两个方面：首先，为探究生育意愿的影响因素提供了新的视角。我们将研究对象定位到生育旺盛的流动人口群体，并且从就业质量的视角出发，为生育意愿的实证研究提供了一个不同的角度。与以往研究多采用的 CGSS 及 CHNS 数据库相比，本章使用了 2016 年的 CMDS 数据，该数据库具有调查对象范围广、样本量大以及涵盖信息多等优点。其次，从研究的结果看，我们发现就业质量对流动人口二孩生育意愿的影响仍然是收入效应占主导地位，特别是对男性、非高龄孕产妇以及在流入地已购房的流动人口的促进作用尤为显著。在按流动人口迁移类型进行异质性分析发现，迁移类型为省内跨市的样本，就业质量对生育意愿的影响是显著为正的。并且发现就业质量通过购房渠道影响流动人口二孩生育意愿。这些都是对现有文献的丰富和补充。

第二节　研究设计

一　资料来源

下面所使用的微观数据来自国家卫生健康委员会组织的"中国流动人口动态监测调查"（CMDS）项目。2009 年以来，国家卫生健康委员会每年通过调查问卷的方式展开连续断面监测调查，覆盖了全国 31 个省区市中流动人口较为集中的流入地，采用分层、多阶段、与规模成比例的 PPS 抽样，以在流入地居住一个月以上、非本区（县、市）户口且年龄在 15 周岁及以上的流动人口为调查对象。这里所使用的数据是 2016 年调查数据，共有 16.9 万份家庭户样本，详细调查了流动人口家庭基本信息、流动范围和流动意愿、就业状况和社会保障、婚育和卫生计生等方面的信息。由于研究的是就业质量对流动人口二孩生育意愿的影响，因此需要筛选出就业身份为雇员、有配偶且年龄处于 15—49 岁育龄期的样本，经过数据清洗以及通过和区（县）层面的最低工资数据①、地级市层面房价数据②进行匹配后，最终保留的有效样本量为 15006 个。

二 变量说明及描述性统计

本章的被解释变量为"流动人口二孩生育意愿"。根据 2016 年 CMDS 数据库中的调查问卷第 407 个问题"您是否打算再生育一个孩子"来构建，并且该问题的调查对象为已经有一个孩子且处于 15—49 岁育龄期内的有偶男性或女性，因此恰好得到本章的被解释变量，当回答为"是"则将生育意愿赋值为"1"，当回答为"否"或"没想好"则赋值为"0"。

本章的核心解释变量为"就业质量"。就业质量指数的构建参考国内学者③的研究并结合数据的可获得性，选取工作时间、工作收入、工作稳定性及社会保障四个方面来测度。其中，工作时间采用流动人口周工作小时来测度；工作收入采用流动人口上月纯收入来测度；工作稳定性采用流动人口是否与雇佣单位签订有固定期限的劳动合同，"是"则赋值为"1"，"否"则赋值为"0"；社会保障包括是否参加养老保险和医疗保险两个方面，"有"则赋值为"1"，"否"或"不清楚"则赋值为"0"。在此基础上，就业质量参考多维就业质量指数④（莱斯科等，2014）来构建，首先对就业质量的五个维度进行标准化处理：

$$X_{ij}^{nol} = (X_{ij} - \min_j)/(\max_j - \min_j), \quad j = 1,2,3,4,5 \quad (7.1)$$

其中，X_{ij}^{nol} 为就业质量各维度标准化后的结果，i 为流动人口个体，j 为就业质量的五个维度，$\min_j$ 和 mix_j 分别是 j 维度的最小值和最大值。

---

① 最低工资数据通过检索政府网站、统计公报以及相应的政策文件获得，由于 2016 年中国流动人口动态监测数据是在 5 月份开展现场调查，因此本章需匹配能够影响到被调查人群且最新实施的最低工资水平，除天津市、河北省、山东省采用 2015 年实施的最低工资数据外，其余省份均采用 2016 年五月份之前颁布实施的最低工资数据。
② 地级市房价资料来源于国家信息中心宏观经济与房地产数据库，由于房价水平只能获得年度数据，为与 2016 年 CMDS 数据匹配，本章采用的是 2015 年地级市层面的房价数据。
③ 明娟、曾湘泉：《工作转换与受雇农民工就业质量：影响效应及传导机制》，《经济学动态》2015 年第 12 期。
④ Leschke, J. and Watt, A., "Challenges in Constructing a Multi-Dimensional European Job Quality Index", *Social Indicators Research*, Vol. 118, No. 1, 2014, pp. 1–31.

需要特别指出的是工作收入、工作稳定性和社会保障情况均属于正向指标，而工作时间是负向指标，工作时间越长，意味着该流动人口的就业质量越差，因此需要对工作时间这个维度进行反向处理。在得到五个维度的标准化结果后将其进行等概率加权平均计算，从而得到该流动人口的就业质量指数：

$$Jobquality_i = \frac{1}{5}\sum_{j=1}^{5} X_{ij}^{nol} \qquad (7.2)$$

本章的控制变量涉及三个方面：首先是个人特征，包括性别、年龄、户口、民族、单位类型、受教育程度、是否建立居民健康档案等；其次是流动特征，包含流动时间、流动规模等；最后是一孩特征和房价特征，包括一孩年龄、一孩性别、一孩主要照料人及相对房价、平均每月房贷/租等变量。

表7-2和表7-3给出了各变量定义及描述性统计。

表7-2　　　　　就业质量各维度定义及描述性统计

变量名称	变量说明	观测值	均值	标准差	最小值	最大值
工作收入	标准化后的上月纯收入	15,006	0.268	0.174	0	1
工作时间	标准化后的周工作小时	15,006	0.529	0.147	0	1
工作稳定性	是否与雇主签订有固定期限的劳动合同，是=1，否/不清楚=0	15,006	0.495	0.500	0	1
养老保险	参保情况：是=1，否/不清楚=0	15,006	0.627	0.484	0	1
医疗保险	参保情况：是=1，否/不清楚=0	15,006	0.888	0.315	0	1

表7-3　　　　　　主要变量定义及描述性统计

	变量名称	变量说明	观测值	均值	最小值	最大值
被解释变量	生育意愿	是否打算再生一个孩子，是=1，否、没想好=0	15,006	0.232	0	1
核心解释变量	就业质量	5个维度构建的就业质量指数	15,006	0.561	0.119	0.893

续表

		变量名称	变量说明	观测值	均值	最小值	最大值
控制变量	个人特征	年龄	处于15—49岁育龄期内	15,006	32.94	18	49
		性别	男性=1,女性=0	15,006	0.544	0	1
		民族	汉族=1,其他=0	15,006	0.942	0	1
		受教育年限①	未上过学=0年, 小学=6年, 初中=9年, 高中/中专=12年, 大学专科=14年, 大学本科=16年, 研究生=19年	15,006	10.94	0	19
		户口	农业、农转居=1,其他=0	15,006	0.806	0	1
		单位类型是否为个体工商户	是=1,否=0	15,006	0.202	0	1
		单位类型是否为国有企业或机关事业单位	是=1,否=0	15,006	0.113	0	1
	流动特征	是否在本地建立居民健康档案	是=1,否=0	15,006	0.411	0	1
		流动时间是否在1—5年	是=1,否=0	15,006	0.537	0	1
		流动时间是否在5年以上	是=1,否=0	15,006	0.299	0	1
		是否和配偶一同流动	是=1,否=0	15,006	0.918	0	1
		是否和祖辈一同流动	是=1,否=0	15,006	0.0737	0	1
	一孩特征	一孩年龄		15,006	6.959	0	18
		一孩性别	男性=1,女性=0	15,006	0.605	0	1
		祖辈是否为主要照料人	是=1,否=0	15,006	0.245	0	1
		老师、其他亲属、邻居朋友是否为主要照料人	是=1,否=0	15,006	0.0291	0	1

① 由于本章计量模型构建控制了很多0—1变量,为了避免多重共线性问题,借鉴王春超和尹靖华(2022)的做法,将受教育年限量化后引入模型。

续表

	变量名称	变量说明	观测值	均值	最小值	最大值
控制变量 房价特征	房租/贷①	平均每月房租或房贷+1后取对数值	15,006	5.248	0	8.517
	相对房价	地级市房价水平/家庭平均月总收入	15,006	1.435	0.366	4.849

三 模型构建

为了准确估计就业质量对流动人口二孩生育意愿的影响，本章构建如下计量模型：

$$\mathrm{Prob}_{(ferwill_{ij}=1)} = \beta_0 + \beta_1 jobquality_i + \beta_2 X_i + \gamma_j + \varepsilon_i \qquad (7.3)$$

其中，被解释变量 $ferwill_{ij}$ 为流入地为 j 地级市流动人口 i 的二孩生育意愿，由于该变量为二元变量，因此采用 probit 模型进行估计。核心解释变量 $jobquality$ 为流动人口 i 的就业质量指数；X_i 为涵盖四个方面特征的一系列控制变量，包括性别、年龄、户口、民族、单位类型、受教育程度、是否建立居民健康档案、流动时间、流动规模、一孩年龄、性别、照料人及相对房价、房贷/租等变量；同时模型还加入了地区虚拟变量 γ_j 以控制地级市层面的固定效应来捕捉一些能同时影响到就业质量及生育意愿的社会经济发展水平、文化观念等，ε_i 为随机误差项。

四 内生性问题

分析可知，该计量模型存在由遗漏变量以及反向因果所产生的内生性问题。第一，由于 CMDS 2016 年数据库本身的局限性，该计量模型并没有控制流动人口的健康状况，而自评健康情况会同时影响到被解释变量生育意愿以及核心解释变量就业质量，因此模型存在遗漏变量问题。第二，研究指出生育政策调整会影响女性的生育意愿，提升了用人单位和女性承担的实际生育成本，从而使女性的就业质量整体下降②，由此可以看出生育意愿同样会影响到女性的就业质量，说明该计量模型可能

---

① 流动人口样本中存在房贷/房租为 0 值的样本，取对数时参考了陆铭和陈钊（2004）的做法，对于有 0 值的样本 +1 再取对数。

② 盛亦男：《生育政策调整对女性就业质量的影响》，《人口与经济》2019 年第 3 期。

存在反向因果问题。

为了解决内生性问题,本章选取流动人口所在区(县)最低工资水平的对数值作为工具变量。首先,流动人口所在区(县)的最低工资水平会影响到流动人口的就业质量,最低工资越高说明这个地方的经济状况越好,流动人口所处的就业环境也更好,相应的社会保障覆盖程度也更高,从而流动人口的就业质量也会更高,符合工具变量的相关性条件。其次,流动人口所在区(县)的最低工资水平并不会直接影响到流动人口的二孩生育意愿,符合工具变量的外生性条件。由于被解释变量是二元变量,因此本章将进一步采用 ivprobit 模型进行估计以解决模型存在的内生性问题,从而使实证结果更为稳健。

第三节 实证分析

我们的实证策略是首先进行简单回归,然后用工具变量法来处理内生性问题,并将两种结果进行比较。

一 实证结果及分析

表 7-4 前两列报告了 probit 模型的边际效应,我们发现就业质量对流动人口生育意愿有显著的正向影响,说明就业质量提高所带来的收入效应大于替代效应。第(1)列结果显示,就业质量每提高 1 个单位,流动人口的二孩生育意愿取 1 的概率将提高 10.7 个百分点。第(2)列在第(1)列的基础上,进一步控制了地级市层面的固定效应,结果显示,就业质量的边际效应仍在 10% 的显著性水平上正向显著。具体来说,就业质量每提高 1 个单位,流动人口的二孩生育意愿取 1 的概率将提高 4.8 个百分点。由此说明,目前我国就业质量对流动人口二孩生育意愿的影响仍然是收入效应占主导地位,就业质量提高会放松流动人口的预算约束,因此通过改善这部分群体的就业质量从而提高生育意愿仍然有一部分改进空间。对于其他控制变量,基本与预测相符,并且由于模型存在内生性问题,估计结果有所偏差,所以在这一部分不予赘述。

表 7-4 后两列为 ivprobit 模型的估计结果,第(3)列为极大似然法估计模型的第一阶段,工具变量的系数值在 1% 的水平上显著为正,说

明流动人口所在区（县）的最低工资标准会显著促进其就业质量，验证了工具变量的相关性。本章借鉴以往研究的做法：采用两阶段工具变量法 ivprobit 模型获得第一阶段 F 统计量，然后采用极大似然法估计 ivprobit 模型获得参数①。从表中可以看到，第一阶段 F 统计量为 29.64 大于 10，说明可以排除弱工具变量的问题。第（4）列为极大似然法估计模型的第二阶段，在控制地级市层面固定效应的情况下，就业质量对流动人口二孩生育意愿在 1% 的显著性水平上有正向的显著影响，与基本回归结果相一致。除此之外，沃尔德检验的 p 值为 0.0234，说明模型确实存在内生性问题需要解决。

表 7-4　　　　　　　　　　　回归结果

	probit 模型		ivprobit 模型	
	生育意愿	就业质量	生育意愿	
	（1）	（2）	（3）	（4）
最低工资对数值			0.153*** (0.056)	
就业质量	0.107*** (0.030)	0.048* (0.027)		4.847*** (1.090)
年龄	-0.012*** (0.001)	-0.013*** (0.001)	0.002*** (0.000)	-0.039*** (0.009)
性别	0.026*** (0.008)	0.032*** (0.008)	0.010*** (0.003)	0.028 (0.043)
民族	-0.041 (0.027)	-0.008 (0.018)	0.004 (0.007)	-0.037 (0.047)
受教育年限	0.001 (0.002)	0.002 (0.002)	0.016*** (0.001)	-0.072*** (0.020)
户口	0.029** (0.012)	0.026** (0.011)	0.001 (0.004)	0.055 (0.037)

---

①　张彬斌：《研发投入强度增长与中年就业退出》，《财贸经济》2022 年第 5 期。

续表

	probit 模型		ivprobit 模型	
	生育意愿	就业质量	生育意愿	
	(1)	(2)	(3)	(4)
单位类型（参照组：私营企业及其他）				
个体工商户	0.007 (0.011)	0.011 (0.009)	-0.104*** (0.004)	0.517*** (0.112)
国有企业或机关事业单位	-0.001 (0.012)	0.007 (0.013)	0.077*** (0.004)	-0.344*** (0.098)
是否在本地建立居民健康档案	-0.003 (0.012)	-0.000 (0.010)	0.025*** (0.003)	-0.120*** (0.036)
流动时间（参照组：一年以下）				
1—5 年	0.010 (0.010)	0.025*** (0.009)	0.007* (0.004)	0.027 (0.040)
5 年以上	-0.009 (0.011)	0.006 (0.010)	0.012*** (0.005)	-0.044 (0.039)
流动规模（参照组：和子女一同流动）				
和配偶一同流动	-0.005 (0.017)	-0.006 (0.014)	0.004 (0.006)	-0.034 (0.041)
和祖辈一同流动	0.002 (0.013)	0.008 (0.013)	-0.011** (0.006)	0.074* (0.041)
一孩年龄	-0.004*** (0.001)	-0.001 (0.001)	-0.001 (0.000)	0.001 (0.004)
一孩性别	-0.087*** (0.009)	-0.093*** (0.008)	0.002 (0.003)	-0.226*** (0.076)
一孩主要照料人（参照组：父亲、母亲、父母双方）				
祖辈	0.002 (0.010)	0.005 (0.008)	-0.003 (0.003)	0.026 (0.025)

续表

	probit 模型		ivprobit 模型	
	生育意愿	就业质量	生育意愿	
	(1)	(2)	(3)	(4)
老师、其他亲属、邻居朋友	-0.014 (0.020)	-0.019 (0.021)	-0.014* (0.008)	0.020 (0.069)
房租/贷	-0.001 (0.001)	-0.002 (0.001)	0.000 (0.001)	-0.004 (0.004)
相对房价	0.009 (0.006)	-0.007 (0.007)	-0.043*** (0.003)	0.186*** (0.057)
常数项			-0.736* (0.401)	-1.166* (0.694)
固定效应	不控制	控制	控制	控制
沃尔德检验				0.0234
第一阶段F值			29.64	
观测值①	15,006	14,661	14,661	14,661

注：(1) 前两列括号内为地级市层面的聚类稳健标准误，后两列括号内为异方差稳健标准误；(2) *、**、***分别表示10%、5%和1%的统计显著性水平。

控制变量的系数同样值得关注。第(4)列结果显示，年龄变量在1%的水平上显著为负，说明流动人口的二孩生育意愿会随着年龄的增长而逐渐下降，这可能与最佳生育年龄有关。年龄越大，生育风险越高，会降低生育意愿。受教育年限变量在1%的显著性水平上显著为负，说明流动人口的受教育年限越长，不想生孩子的概率越大。教育通过改变人们的认知从而降低生育意愿。在不考虑其他因素的情况下，与单位类型为私营企业及其他相比，个体工商户在1%的显著性水平上显著为正，国有企业或机关事业单位在1%的显著性水平上显著为负。可能的解释是，国有企业或机关事业单位的工作更有保障，社会保险覆盖率更高且

---

① 由于被解释变量生育意愿是个二元变量，并且加入了地区固定效应，对于某些地区来说，被解释变量的取值全部是0或1，这些观测值对于实证分析影响不大，被删除，也导致第(1)—第(4)列的观测值略有差异。

职工参保的险种更全，进而他们的社会保障水平更高。社会保障对养儿防老这一家庭保障会产生替代作用，这与王天宇和彭晓博的研究一致。因此，在社会保障水平高的单位就业，在一定程度上会减少他们对家庭保障的需求，降低了生育意愿。而个体工商户与私营企业的员工相比，工作时间更加灵活，工作收入更高，因此这部分人群的二孩生育意愿也会更高。

流动特征中，与流动规模为和子女一同流动相比，和祖辈一同流动的系数在10%的水平上显著为正，原因可能是和祖辈一同流动，祖辈能提供隔代照料的功能，从而大幅降低流动人口自身的生育成本，有效提高其二孩生育意愿。一孩性别变量的系数在1%的水平上显著为负，说明当一孩为男孩时会显著降低流动人口的二孩生育意愿，这与我国"重男轻女"的传统观念相关，若第一个孩子是女孩，为了传统观念上的"传宗接代"，父母往往会选择继续生育；若第一个孩子是男孩，考虑到养育孩子需要支付的教育、医疗等成本，父母往往会犹豫是否生育第二个孩子。

综上所述，本章通过 probit 模型、ivprobit 模型逐步验证了就业质量对流动人口二孩生育意愿的影响，并且实证结果是一致显著为正的。说明本章总体回归结果支持就业质量提升会促进流动人口二孩生育意愿的理论推断。

二 稳健性检验

为了检验上述实证结果的稳健性，接下来通过改变就业质量的度量方式、重新界定生育意愿、重新界定育龄年龄、采用 ERM 模型以及稳健标准误聚类到更高层级五种方法对计量模型重新进行实证分析。

1. 重新测度就业质量

（1）采用熵值法重新构建就业质量指数。熵值法是一种客观赋权法，是指根据各项指标观测值所提供的信息的大小来确定指标权重，熵越小，不确定性就越小，信息量越大，该指标的影响权重也就越大。本章采用熵值法计算社会保障、工作稳定性、工作时间和工作收入四个指标权重，具体步骤如下：

首先，对就业质量的四个维度进行标准化处理：

$$X_{ij}^{nol} = (X_{ij} - \min_j)/(\max_j - \min_j), \quad j = 1,2,3,4 \quad (7.4)$$

接下来计算流动人口 i 的第 j 个指标的比重：

$$P_{ij} = \frac{X_{ij}^{nol}}{\sum_{i=1}^{n} X_{ij}^{nol}}, \quad j = 1,2,3,4 \quad (7.5)$$

进一步计算第 j 个指标的信息熵：

$$e_j = -k \sum_{i=1}^{n} \ln P_{ij} \left(k = \frac{1}{\ln n}\right), \quad j = 1,2,3,4 \quad (7.6)$$

进一步计算第 j 个指标的权重：

$$w_j = \frac{1 - e_j}{\sum_{j=1}^{4}(1 - e_j)}, \quad j = 1,2,3,4 \quad (7.7)$$

最终加权计算得到就业质量指数：

$$jobquality_i = \sum_{j=1}^{4} w_j \times X_{ij}^{nol}, \quad j = 1,2,3,4 \quad (7.8)$$

与本章最初采用等概率加权平均构建就业质量指数相比，采用熵值法避免了主观赋权所导致的人为偏差，利用各项指标的变异程度进行赋权，得到了更为严谨、客观的就业质量指数。实证结果如表 7-5 前两列所示，ivprobit 模型估计结果表明就业质量对流动人口二孩生育意愿的影响仍是正向显著的。这表明，本章的实证结果不受就业质量指数测度方式的影响，具有较好的稳健性。

（2）由于养老保险和医疗保险是覆盖范围最广的社会保险险种，对于就业问题更为严峻的流动人口群体而言，养老保险和医疗保险对其影响不言而喻。因此本章最初选用二者作为社会保障水平的测度指标。这一部分将社会保障所涵盖的五险一金，即养老保险、医疗保险、生育保险、工伤保险、失业保险以及住房公积金均纳入社会保障指标的测度范围，将就业质量指数的构建拓展到九个维度。表 7-5 后两列结果显示，增加社会保障维度后生成的就业质量指数对流动人口二孩生育意愿的影响仍在 1% 的水平上正向显著。再次表明，本章的实证结果不受就业质量指数构建维度的影响，具有较好的稳健性。

表7-5　　　　　稳健性检验：重新构建就业质量指数

	熵值法构建就业质量指数		增加维度构建就业质量指数	
	就业质量	生育意愿	就业质量	生育意愿
	(1)	(2)	(3)	(4)
最低工资对数值	0.286*** (0.095)		0.217*** (0.068)	
就业质量		2.735*** (0.678)		3.623*** (0.894)
	-1.823*** (0.689)	-0.015 (0.517)	-1.493*** (0.489)	0.371 (0.398)
控制变量	控制	控制	控制	控制
固定效应	控制	控制	控制	控制
第一阶段F值	28.95		47.63	
观测值	14,661	14,661	14,661	14,661

注：(1) 括号内为异方差稳健标准误；(2) *、**、***分别表示10%、5%和1%的统计显著性水平；(3) 采用ivprobit模型进行估计；(4) 控制变量同表7-3。

2. 重新界定生育意愿

本章生育意愿的度量采用2016年CMDS数据库第407个问题，"您是否打算再生育一个孩子"，回答包括："是、否、没想好"三种类型。在基准回归中，将回答为"没想好"的样本视作生育意愿为0，在一定程度上高估了生育意愿为0的样本。这一部分直接剔除回答为"没想好"的样本，在缩小样本范围的基础上进一步估计就业质量对流动人口二孩生育意愿的影响。表7-6前两列结果显示，就业质量对流动人口二孩生育意愿的影响均在1%的水平上显著为正。这表明，不论采用哪种口径来界定生育意愿，本章主要结论不会受样本选择范围的影响，具有较好的稳健性。

3. 重新界定育龄年龄

本章最初采用人口研究中常用的育龄期定义，将年龄处于15—49岁作为筛选育龄期样本的标准。但是在现实生活中，年满35周岁以上的分娩女性为高龄产妇，具有较高的分娩风险；此外，我国的婚姻法规定的结婚年龄，男性不得早于22周岁，女性不得早于20周岁，这表明用15—49岁作为育龄期过于宽泛，降低了真正处于育龄期生育旺盛群体生育意愿的准确性。因此，这一部分在综合考虑以上因素后重新界定育龄年龄，筛选年龄处于20—35周岁的女性、22—49周岁的男性样本进行实证分析。表7-6后两列结果表明，就业质量对流动人口二孩生育意愿的影响均在1%的水平上显著为正。再次验证本章基本结论不会受育龄年龄范围的影响，具有较好的稳健性。

表7-6　稳健性检验：重新界定生育意愿、重新界定育龄年龄

	重新界定生育意愿		重新界定育龄年龄	
	就业质量	生育意愿	就业质量	生育意愿
	（1）	（2）	（3）	（4）
最低工资对数值	0.224*** (0.070)		0.189** (0.077)	
就业质量		3.550** (1.775)		4.285** (1.668)
常数项	-1.212** (0.509)	0.867 (1.333)	-1.000* (0.555)	0.483 (1.406)
控制变量	控制	控制	控制	控制
固定效应	控制	控制	控制	控制
第一阶段F值	20.22		18.19	
观测值	9,405	9,405	7,984	7,984

注：（1）括号内为异方差稳健标准误；（2）*、**、***分别表示10%、5%和1%的统计显著性水平；（3）采用ivprobit模型进行估计；（4）控制变量同表7-3。

4. 采用扩展回归模型（ERM）

由于本章的被解释变量是二元变量，借鉴已有研究[1]，表7-7在基

---

[1] 刘铠豪、佟家栋、刘润娟：《中国出口扩张的健康成本——来自成年人发病率的证据》，《中国工业经济》2019年第8期；王春超、尹靖华：《公共卫生健康教育与流动人口传染病就医行为研究》，《经济学（季刊）》2022年第2期。

本回归的基础上采用 ERM 模型进行估计，该模型可以同时处理内生变量、内生样本选择、内生处理指派、随机效应或其组合造成的内生性问题。由于被解释变量二孩生育意愿是二元变量，因此本章采用 eprobit 命令进行估计，结果表明第一阶段最低工资水平对流动人口就业质量有显著的正向影响。在控制地级市层面固定效应的情况下，第二阶段结果显示就业质量对流动人口二孩生育意愿在 1% 的显著性水平上有正向显著影响，再次验证就业质量对流动人口二孩生育意愿有显著的促进作用。

表 7-7　　　　　　　稳健性检验：采用扩展回归模型

	扩展回归模型（eprobit）	
	就业质量	生育意愿
最低工资对数值	0.198 *** (0.061)	
就业质量		3.946 *** (0.859)
常数项	-0.894 ** (0.443)	-4.692 *** (0.304)
控制变量	控制	控制
固定效应	不控制	控制
观测值	15,006	15,006

注：(1) 括号内为地级市层面的聚类稳健标准误；(2) *、**、*** 分别表示 10%、5% 和 1% 的统计显著性水平；(3) 采用扩展回归模型（ERM）进行估计；(4) 控制变量同表 7-3。

5. 稳健标准误聚类到更高层级

基于样本相关性的不同假设，不同的聚类层级会直接影响回归结果的显著性。前面的基本回归将聚类层级确定为地级市层面，这一部分将聚类层级替换到更高的省份层面。表 7-8 显示，即使聚类到更高的省份层面，不论采用 probit 模型进行基本回归，还是采用 eprobit 模型进行 IV 估计，就业质量对流动人口二孩生育意愿的影响均显著为正，实证结果与基本回归结果一致。具体而言，第（2）列中的估计结果显示，在控制固定效应的情况下，就业质量每提高一个单位，流动人口二孩生育意愿取 1 的概率将提高 4.8%。说明不同的聚类层级并不会影响本章实证模型的主要结论,再次证明本章实证结果的稳健性。

表 7-8　　稳健性检验:稳健标准误聚类到更高层级

	probit 模型		扩展回归模型 (eprobit)	
	生育意愿		就业质量	生育意愿
	(1)	(2)	(3)	(4)
最低工资对数值			0.198*** (0.070)	
就业质量	0.107*** (0.348)	0.048* (0.027)		3.946*** (0.786)
常数项			-0.894* (0.513)	-4.692*** (0.306)
控制变量	控制	控制	控制	控制
固定效应	不控制	控制	不控制	控制
伪 R^2	0.0533	0.1117		
观测值	15,006	14,661	15,006	15,006

注:(1)括号内为省级层面聚类稳健标准误;(2)*、**、***分别表示 10%、5% 和 1% 的统计显著性水平;(3)采用 probit、扩展回归模型(ERM)进行估计,probit 模型报告边际效应;(4)控制变量同表 7-3。

第四节　异质性分析及渠道检验

一　异质性分析

上述实证结果均已证明本章的基本结论,即就业质量对流动人口二孩生育意愿存在显著的正向影响,收入效应占据主导地位。本部分分别从流动人口性别、是否为高龄孕产妇、是否在流入地购房以及迁移类型四个角度将流动人口总样本进行分组回归,分别考察就业质量对流动人口二孩生育意愿的影响。

(1)由于生理结构的不同,生育对于男性和女性而言所造成的影响存在很大的差异。众所周知,在就业市场上,具有生育意愿的女性群体会面临更多的就业歧视问题，并且也会给其带来相应的生育惩罚，而男性却不会由于妻子的生育对其就业产生影响。因此，就业质量对流动人口二孩生育意愿的影响必然会和流动人口性别密切相关。表7－9 A 部分按照流动人口性别进行分组，结果显示：与女性样本相比，男性流动人口的就业质量提高时，更能促进其二孩生育意愿。可能的解释为：对于女性而言，就业质量越高，生育二孩的机会成本也越大；对于男性而言，就业质量越高意味着他越能负担得起生育二孩的成本，因此生育二孩的意愿也更强烈。

表7－9　基于性别、女性是否为高龄产妇的异质性分析

	A 性别		B 女性是否为高龄产妇	
	男性	女性	年龄≤35 岁	年龄＞35 岁
就业质量	4.844*** (1.197)	4.791** (2.177)	5.896*** (1.379)	5.061*** (1.948)
常数项	－1.049 (0.882)	－1.128 (1.683)	－1.893* (1.110)	0.630 (2.933)
控制变量	控制	控制	控制	控制
固定效应	控制	控制	控制	控制
第一阶段 F 值	18.34	16.96	13.90	6.82
观测值	7,873	6,492	4,783	1,260

注：(1) 括号内为地级市层面的聚类稳健标准误；(2) *、**、*** 分别表示10%、5% 和1% 的统计显著性水平；(3) 异质性分析采用 ivprobit 模型进行估计，工具变量同样采用流动人口所在区县的最低工资对数值；(4) 控制变量同表7－3。

(2) 高龄孕产妇是指分娩年龄在35 岁以上的孕产妇，这一群体通常在生育时面临更高的风险。有鉴于此，我们认为，就业质量提高对二孩生育意愿的影响必然同女性是否为高龄产妇相关。表7－9 的 B 部分按照女性是否为高龄产妇进行分组。研究结果显示，就业质量提升对年龄在35 岁及以下样本的促进作用更强。这是因为35 岁以下的女性生育能力更强，所面临的生育风险也更小，就业质量提升会对这部分处于生育旺盛期的群体发挥最大的促进作用。因此，若试图通过提升就业质量来

改善育龄人群总和生育率,应将目标人群定位于此。

(3)随着社会经济发展,房子在每个家庭中占据举足轻重的地位。对于流动人口而言,在流入地买房更是难上加难,未购房人群远多于已购房人群,并且在某些城市,是否拥有房产也是孩子上公立学校的重要保障。因此,就业质量对流动人口二孩生育意愿的影响必然和其是否在流入地拥有住房相关。表7-10 C部分按流动人口是否在流入地购房进行分组,结果表明二者系数值存在一定的差异,就业质量对已购房流动人口二孩生育意愿的促进作用更强。这是因为,在我国传统观念中,房子代表着家,没有房子过着居无定所的生活会严重降低生活的主观幸福感。当流动人口还没有在流入地真正"住下来"的时候,这部分人群就业质量提高会首先作用于攒钱买房,而不是提高生育意愿。同时,本章发现流动人口群体在流入地已购房的仍是少数,这和居高不下的房价密不可分,因此提高这部分群体的生育意愿,可以从降低流动人口在流入地的居住成本这个角度出发,让更多的流动人口真正地在流入地"安居"。

表7-10 基于是否在流入地购房、迁移类型的异质性分析

	C 是否在流入地购房		D 按迁移类型		
	已购房	未购房	跨省	跨市	跨县
就业质量	6.058*** (0.708)	3.881* (2.112)	3.158 (2.381)	5.486*** (1.666)	5.378 (4.061)
常数项	-2.771** (1.127)	-0.757 (0.957)	-0.513 (1.025)	-1.918 (1.817)	-1.712 (2.755)
控制变量	控制	控制	控制	控制	控制
固定效应	控制	控制	控制	控制	控制
第一阶段F值	15.42	19.91	25.75	14.69	7.02
观测值	4,507	9,873	6,299	5,421	2,513

注:(1)括号内为地级市层面的聚类稳健标准误;(2)*、**、***分别表示10%、5%和1%的统计显著性水平;(3)异质性分析采用ivprobit模型进行估计,工具变量同样采用流动人口所在区县的最低工资对数值;(4)控制变量同表7-3。

(4)国家统计局数据显示,农民工流动人口的迁移类型由"跨省流

动"转向"省内流动"为主,这种"帕累托改进式"的流动趋势与之前"孔雀东南飞""蜂拥北上广"的趋势相比,无疑是经济发展和社会进步的表现。而流动人口所产生的迁移成本与迁移类型密不可分,所以就业质量对流动人口二孩生育意愿的影响可能因迁移类型的不同存在差异。因此,表7-10 D部分按流动人口迁移类型进行分组,结果显示,就业质量对跨市迁移的流动人口二孩生育意愿有显著的正向促进作用,但是对跨省迁移以及跨县迁移的样本二孩生育意愿并没有显著影响。这是因为跨市迁移与跨省相比,可以有效减少远距离流动所带来的机会成本、经济成本以及生育二孩的生育成本。譬如,当迁移类型为跨市迁移时,祖辈更方便为其提供隔代照料功能,生育二孩的成本更可能和祖辈一起分担,这将在一定程度上减少流动人口家庭生育二孩所产生的心理压力,因此对于跨市迁移的样本就业质量对其二孩生育意愿的促进作用更强;而跨县迁移的流动人口样本由于迁移距离有限,就业质量的变化对其二孩生育意愿并不会造成显著影响。

二 渠道检验

就业质量可能通过在流入地购房意愿这一渠道影响就业者的二孩生育意愿,对于流动人口而言,房子是漂泊他乡安全感、幸福感的重要保障,就业质量提升将会影响其在流入地的购房意愿,而在流入地拥有房产将会大幅提高他们在流入地的融入感,会进一步影响到孩子是否能上公立学校等方面。"安居"对于生育意愿存在溢出效应,拥有保障性住房或者产权性住房均显著提高了育龄人群的生育意愿[①]。因此,就业质量可能通过购房渠道进一步影响二孩生育意愿。

表7-11为渠道检验回归结果,结果显示,在控制固定效应的情况下,就业质量对流动人口本地购房意愿影响为正且在5%的统计水平上显著。就业质量提高一个单位,流动人口打算在本地购房的意愿将提高5.5%。此外,我们在异质性分析的表7-10 C部分可以发现,在本地已购房人群样本中,就业质量对二孩生育意愿的促进作用高于未购房人群,

---

① 李勇辉、沈波澜、李小琴:《未能安居,焉能育儿?——住房对育龄人群生育意愿的影响研究》,《中国经济问题》2021年第2期。

说明在流入地是否拥有房产将会显著影响流动人口的二孩生育意愿。不安居，则不乐育，住房状况是影响青年人口生育决策的重要因素。有房青年的生育意愿显著高于无房青年，住房通过对青年人主观幸福感的影响提高了有房青年的生育意愿[1]。因此，是否在流入地购房是就业质量影响流动人口二孩生育意愿的一个渠道。就业质量提高时，会显著提高流动人口在流入地的购房意愿，而拥有本地住房将会进一步提升这部分人群的主观幸福感，从而提高其二孩生育意愿。

表 7-11　　　　　　　　　　渠道检验

	是否打算在本地购房	
	系数	边际效应
就业质量	0.179** (0.080)	0.055** (0.025)
常数项	-2.078*** (0.192)	
固定效应	控制	控制
控制变量	控制	控制
伪 n^2	0.094	
观测值	14,810	14,810

注：(1) 括号内为地级市层面的聚类稳健标准误；(2) *、**、***分别表示10%、5%和1%的统计显著性水平；(3) 渠道检验采用 probit 模型进行估计；(4) 控制变量同表 7-3。

第五节　结论和建议

本章利用"中国流动人口动态监测调查"（CMDS）2016年数据，从就业质量的视角实证检验流动人口的二孩生育意愿。针对模型存在的内生性问题，我们用流动人口所在区（县）最低工资水平对数值作为工具变量以修正模型中因遗漏变量和反向因果所导致的内生性，为确保实

---

[1] 李宝礼、邵帅：《不安居，则不乐育：住房状况与青年人口生育意愿研究》，《中国青年研究》2022年第3期。

证结果的稳健，我们还进行了一系列的稳健性检验，最后从四个角度分析不同样本间的异质性并且探讨了就业质量影响流动人口二孩生育意愿的渠道。

研究发现：第一，就业质量对流动人口二孩生育意愿的影响中收入效应占据主导地位。第二，就业质量对不同类型的流动人口样本二孩生育意愿影响存在异质性。对于男性、非高龄孕产妇、在流入地已购房以及迁移类型为跨市的样本而言，就业质量对其二孩生育意愿有更强的促进作用。第三，渠道检验表明，购房渠道是就业质量影响流动人口二孩生育意愿的重要途径。

基于以上研究结论，本章提出以下政策建议。首先，我们可以着力于提高就业质量所涵盖的四个方面，逐步改善流动人口的就业质量。从工作时间来讲，目前我国很多互联网企业采用"996工作制"，员工苦不堪言。因此，国家应进一步出台相应的实施办法有效约束企业工作时间，为员工争取更多的劳动权益。从工作收入来讲，流动人口在外面临更高的生活成本，譬如租房成本、交通成本等。因此，要想让这部分人群在流入地安居，我国应进一步出台相应的办法对流动人口进行适度的住房补贴、交通补贴等，从而提高其就业质量。从工作稳定性来讲，尤其对于老生代流动人口而言，其工作稳定性得不到保障，国家应切实保障老生代流动人口的就业权益。从社会保障方面来讲，除了满足员工基本的养老保险、医疗保险外，我国应逐步完善社会保障制度，不断扩大生育保险、失业保险、工伤保险以及住房公积金制度的覆盖人群，进而提高员工的就业质量。

其次，我国应将提高二孩生育意愿的目标人群年龄定位在35岁及以下。进一步，如果这些人群在流入地已购房，那么提高就业质量所发挥的作用将会更强。这些结论启示我们：要让更多的流动人口买得起房，地方政府应坚持中央经济工作会议提出的"房子是用来住的而不是炒的"基本定位，合理调控房价水平，适度补贴流动人口购房成本，从而有效提高其二孩生育意愿。此外，跨市迁移的样本就业质量提高发挥的促进效应更大，从侧面反映出我国目前儿童照料、婴幼儿托育机构存在严重不足，国家应进一步加大力度建设婴幼儿托育体系，为育龄人群提供相应的生育支持，有效降低生育成本，从而提高其二孩生育意愿。

最后，通过提升就业质量来提高流动人口二孩生育意愿仍存在一部分改善空间，我们应抓住这样的契机有效释放这部分由于就业质量低而推迟甚至放弃生育的育龄人群的生育潜力，进一步提高这部分群体的二孩生育意愿，这对于提高我国总和生育率以及积极应对人口老龄化均具有较强的现实意义。

第八章　父母时间投入对青少年认知能力的影响

教育事关国家发展的未来。党的二十大报告提出"实施科教兴国战略，强化现代化建设人才"，"要坚持教育优先发展，加快建设教育强国、科技强国、人才强国，坚持为党育人、为国育才，全面提高人才自主培养质量"。儿童和青少年的教育和认知能力的培养是实现这一战略目标的关键。认知能力是指人脑对信息进行各种处理的能力，这种能力的增加源于儿童自身人力资本的累积。证据表明，个体早期的认知能力与其未来在劳动力市场上的表现密切相关。青少年时期是个体发展的重要阶段，而家庭投资是青少年人力资本累积的重要途径。20 世纪 70 年代后，育儿经济学逐渐得到关注。贝克尔的"数量—质量替代"模型指出父母的育儿活动本质上是父母的一种消费选择。在此模型基础上，国内外学者开始对家庭的育儿行为展开广泛的实证研究。学者们注意到父母的陪伴时间对子女人力资本投资的影响，高质量陪伴对儿童长期发展的积极作用得到广泛认可。

国内的相关研究出现较晚，大多只考虑了父母在物质和货币方面的投入，造成估计结果出现偏误。自从计划生育政策实施以来，家庭的生育在数量上面临着严格的限制，很多父母十分重视对孩子"质量"的投资，包括学校教育、培训、营养和健康、移民等。除此之外，相当一部分父母还会选择以牺牲个人时间为代价，投入更多的时间去照料、辅导和陪伴孩子，父母的教养方式也呈现出越来越"时间密集型"的趋势。

在经济增长和生育政策逐渐放松的背景下，家庭在生育上面临的制度约束和经济约束发生变化，但时间约束没有改变，要准确地预测和评价生育政策的影响，需要充分考虑家庭的时间投入。2020 年以来，受新冠疫情影响以及国家"双减"政策的实施,孩子居家时间大幅增加,父母的时间投入以及陪伴质量的高低对孩子认知能力的影响更为明显。如果政策制定不充分考虑家庭时间投入的话,可能出现既"拼学校"也"拼父母"的现象,孩子的负担没减少,家长的负担在增加,使政策难以达到预期效果。

本章关注的是父母的时间投入与青少年人力资本累积之间的关系,研究对象是青少年这个群体,我们将使用新的工具变量"家长是否认识与孩子常在一起的朋友的家长"以尽可能消除内生性的影响,并通过多角度的稳健性检验与异质性分析研究不同条件下父母时间投入对儿童认知能力的影响。

第一节 文献综述

经济学家致力于研究家庭教育、父母陪伴及父母经济行为对孩子日后经济地位的影响。贝克尔将父母养育儿女看作父母的消费行为,效用取决于子女的数量与质量。父母投入时间是对孩子的人力资本投资,对孩子成长有重要意义。赫克曼[1]将人力资本划分为认知能力和非认知能力,认为认知能力主要是从受教育方面的指标体现出来的,将孩子学习能力作为衡量认知能力的指标。德普克[2]根据父母影响孩子偏好和对孩子选择施加控制的程度的不同,定义了四种不同的教养方式,父母的时间投入会随着教养方式的不同而不同。

在中国,计划生育政策为家庭施加了一个生育数量方面的限制。根据贝克尔的"数量—质量替代"模型,在收入增长和女性工资率不断提高的背景下,家庭对孩子的需求更多的是以"质量"的形式被满足,这也导致家庭于育儿模式出现变化。相当一部分城市家庭选择了需要父母投入大量货币、时间和精力的"密集型"教养方式,"虎妈"一词也成为中国父母的形象缩影,这被认为是许多中国孩子获得成功的根源。秦

---

[1] Heckman, J., "Lessons from the bell curve", *Journal of Political Economy*, Vol.103, No.5, 1995, pp.1091–1120.

[2] Doepke, M. and Zilibotti, F., "Parenting with Style: Altruism and Paternalism in Intergenerational Preference Transmission", *IZA Discussion Papers*, No.7108, 2014.

雪征①研究了父母教养方式对青少年人力资本形成的影响，从"要求"和"反应性"两个维度定义父母的教养方式，其中"高反应性"就是父母高度关注和高时间投入的体现。

国内研究受制于数据库的限制，主要从家庭收入、家庭结构、父母教育、学校质量与邻里特征等角度来观察孩子人力资本的累积，对父母的时间投入关注不够，度量方式也相对简单②。杜凤莲等③利用"中国时间利用调查数据库"（CTUS）研究子女升学对父母时间配置的影响。该数据库包括父母（平均意义上）一天时间的具体配置情况，发现子女教育和升学会提高母亲的有酬劳动时间，降低父亲的劳动和娱乐时间。由此可以推断，父母育儿时间的确是制约家庭经济决策的重要因素。

随着数据库的不断完善，不少学者尝试用各种数据来构造父母时间投入的代理变量，以求更准确地估计出父母陪伴对孩子人力资本累积的作用。李乐敏④将父母陪伴孩子吃饭的频率作为研究对象，发现陪伴孩子吃饭可以提高青少年的宜人性，对其非认知能力提升有积极作用。王春超⑤则用父母养育孩子的活动的频率来度量父母的时间投入，发现父母的时间陪伴主要通过与学校教育的交互作用，通过提高学习的积极性来促进儿童人力资本的提升。

今天，很多中国父母愿意在孩子成长过程中投入大量的时间和金钱，但将父母直接的时间投入作为研究对象，深入探究其对儿童认知能力的影响的文献并不多。

第二节　数据和模型

一　数据说明

本章选取的数据库为"中国教育追踪调查"（China Education Panel

---

① 张皓辰、秦雪征：《父母的教养方式对青少年人力资本形成的影响》，《财经研究》2019年第45期。
② 陶然、周敏慧：《父母外出务工与农村留守儿童学习成绩——基于安徽、江西两省调查实证分析的新发现与政策含义》，《管理世界》2012年第8期。
③ 杜凤莲等：《子女升学对父母时间配置的影响》，《经济学动态》2021年第8期。
④ 李乐敏等：《父母陪伴对青少年非认知能力的影响——基于亲子共餐视角的准实验研究》，《人口与发展》2020年第26期。
⑤ 王春超、林俊杰：《父母陪伴与儿童的人力资本发展》，《教育研究》2021年第1期。

Survey，CEPS)。该数据库调查由中国人民大学中国调查与数据中心（NSRC）设计并实施，旨在研究教育产出在个人生命历程中发生作用的过程。数据库对处于初中阶段的孩子的教育、心理、家庭情况和学校情况进行了比较完备的调查。调查主要采用多阶段的概率与规模成比例（PPS）的抽样方法，分三个阶段进行抽样，最终在全国范围内抽取112所学校、438个班级、约2万名学生作为调查样本，调查对象包括学生、家长、教师及校领导。

本章主要使用2013—2014年针对七年级和九年级学生、家长、班主任、任课教师和学校的基线调查数据，在稳健性检验部分运用了2014—2015年对八年级学生的跟踪回访取得的调查数据。其中CEPS基线调查得到样本量共计19487个，2014—2015年追踪调查样本量共计10750个。由于CEPS数据库中追踪调查只发布了八年级学生的相关数据，所以在本章研究时剔除了基线调查中九年级学生的数据，最终本章得到的样本量为4305个。

二 计量模型

1. 模型的设定。本章重点研究父母时间投入对青少年认知能力的影响，现将计量模型设定如下：

$$Y_i = \beta_0 + \beta_1 T_i + \delta X + \varepsilon_i \tag{8.1}$$

其中，Y_i是被解释变量，衡量受访学生的认知能力水平，T_i为解释变量，衡量父母陪伴学生i的时间多少。X是控制变量，包括受访学生的个人特征、家庭特征、所在学校特征，ε_i是随机扰动项。

2. 模型的内生性问题。在研究父母时间投入与青少年认知能力影响的过程中，最难解决的问题就是未观测到的儿童特征与父母时间投入的内生性问题，区分父母投入与孩子结果之间的相关性与因果效应也比较困难。研究内生性的可能来源主要有三个：

（1）双向因果关系。一方面，父母投入大量的时间陪伴孩子可以使孩子学习时间延长，认知能力表现得越好，即父母时间投入影响孩子认知能力；另一方面，认知能力表现越好的孩子，更可能博得父母更多的关注、更愿意与父母进行各方面的活动与交流，父母时间投入可能越多，即儿童认知能力表现影响父母陪伴时间的投入。

（2）遗漏变量。即二者可能同时受到一些模型中未包含的不可观测因素的影响，可能的因素有学校投入、幼儿时期投入、儿童禀赋、儿童健康冲击等。例如，儿童禀赋越高其在认知能力方面的表现就会越好，父母在观测到其孩子的能力超常时，往往更愿意花费大量的时间培养孩子，从而激发孩子潜能。

（3）测量误差。本章的解释变量为父母的时间投入，CEPS问卷调查中该问题采用的是单纯的问答得出的时间，时间的衡量没有规定的标准，单纯依靠父母填写问卷时对自身投入时间的估计来回答，得出的数据可能存在测量误差问题。

基于以上三点，本章先通过OLS方法进行基本回归，然后再使用工具变量法来解决内生性问题，并将研究结果与之进行比较，之后我们还会进行多维度的稳健性检验，以增强研究结果的可信度。

三　变量说明

（一）被解释变量。本章的被解释变量为儿童的认知能力，国际上最常用的度量认知能力的方法是Woodcock-Johnson成就测试，该定义的认知能力测试包括记忆能力、阅读和理解词汇能力以及数学能力。CEPS的问卷调查了学生的语文成绩、数学成绩和英语成绩，并为七年级和九年级学生各设计制作了一套科学的认知能力测试题以评估学生的认知能力得分，上述指标都可以用来衡量学生的认知能力。中国的学生在中考阶段会出现一次分流，导致初中阶段应试教育问题比较突出，考试成绩显得尤为重要，家庭也愿意投入大量资源以提高孩子的学习成绩。而且，义务教育阶段的学习无论是使用的教材，还是课程设置的标准，均由教育部统一规定和指导，学习内容高度相似，考试成绩在一定程度上也具有可比性。所以，本章采用数学成绩和语文成绩测度学生的认知能力，选用的被解释变量为数学成绩和语文成绩加总的对数。

（二）核心解释变量。本章研究的主要对象为父母对孩子的时间投入。在CEPS数据库父母问卷数据中，报告了父母平均每天直接花在孩子身上的时间（包括生活照料、学习辅导、娱乐玩耍），这是父母时间投入的直接数据。在实证过程中，为避免极端值的影响，我们对原始数据进行了处理。考虑初中生每天平均8小时在学校上课，每天睡眠时间平均为 8 个小时（数据库样本的睡眠时间平均值为 7.79 小时），所以我们删除了父母直接投入时间值大于 8 小时的数据。

为了能更加准确地度量父母"有质量"的时间投入，我们还引入了一个父母时间投入的代理变量，该变量由六个问题组成，涉及过去一年与孩子一起吃晚饭、读书、看电视、做运动、参观博物馆或动物园或科技馆，以及外出看演出或体育比赛的频率。在 CEPS 数据库中，这六项数据的衡量均分为六个等级：每周一次以上、每周一次、每个月一次、每半年一次、每年一次和从未做过。数据库根据频率从低到高对每个数据进行 0—5 的赋值，代表父母时间投入高低的代理变量。在得到六个父母时间投入代理变量后，用主成分分析法提取了 4 个因子变量进行拟合，从而得到本章的核心解释变量，即父母"有质量"的时间投入。

（三）控制变量。本章控制变量主要考虑从个人层面、家庭层面、学校层面三个角度选取，具体变量如表 8 - 1 所示。

表 8 - 1　　　　　　　　　　变量的描述性统计

变量名称	变量名称与赋值	均值	标准差	最大值	最小值
被解释变量					
认知能力（cognitive）	学生七年级语文和数学成绩加总取对数	5.073	0.280	2.398	5.620
解释变量					
父母陪伴时间（hour）	父母报告的平均每天直接陪伴时间	2.609	1.628	0	7
有质量陪伴时间（times）	5 项有质量陪伴活动主成分分析法得出的陪伴时间	0.007	0.760	1.471	-3.821
严格管理孩子（manage）	8 项管理活动主成分分析法得出的陪伴变量①	0.001	0.632	0.838	-2.155
与孩子交流（talk）	5 项有与孩子交流活动主成分分析法得出的陪伴变量②	0.003	1.105	1.374	-3.222
工具变量					
父母与孩子朋友家长是否熟识（knowfp）	熟识 = 2，认识 = 1，不认识 = 0	0.786	0.475	0	2

续表

变量名称	变量名称与赋值	均值	标准差	最大值	最小值
控制变量					
年龄（age）	受访学生年龄	12.843	0.788	11	15
健康情况（health）	比较好、很好=1，其余=0	0.767	0.423	0	1
户口（resident）	农业户口=0，其他非农业户口=1	0.561	0.496	0	1
民族（national）	少数民族=0，汉族=1	0.936	0.244	0	1
补习语文（lessonc）	参加普通数学辅导班=1，未参加=0	0.135	0.341	0	1
补习数学（lessonm）	参加语文/作文=1，未参加=0	0.213	0.409	0	1
父亲受教育程度（fatheredu）	高=3，中=2，低=1	1.713	0.790	1	3
家庭经济情况（econ）	最好=5，最差=1	2.871	0.537	1	5
父母受教育期望（hope）	父母对孩子的教育期望，从高到低取3—1	2.820	0.401	1	3
社区情况（region）	最好=7，最差=1，其他=0	3.511	2.279	0	7
过去家庭投入（before）	孩子小学以前由父母带=1，其他人带=0	0.738	0.440	0	1
地区类型（place）	东部=3，中部=2，西部=1	2.363	0.832	1	3
学校排名（srank）	最好=3，中上=2，中等及以下=1	2.090	0.657	1	3
晚自习（class）	学校要求七年级上晚自习=1，不上晚自习=0	0.786	0.475	0	2

注：①表中与陪伴变量相关的8项管理活动在问卷中的问题为"在下列方面，您对孩子管得严不严格：a. 作业，考试；b. 在学校表现；c. 每天上学；d. 每天几点回家；e. 和谁交朋友；f. 穿着打扮；g. 上网时间；h. 看电视的时间"。

②陪伴变量在问卷中对应的问题是"您是否主动与孩子讨论以下问题：a. 学校发生的事情；b. 孩子与朋友的关系；c. 孩子与老师的关系；d. 孩子的心情；e. 孩子的心事或烦恼"。

（四）工具变量。在选用工具变量处理内生性问题时，有学者用父母过去的时间投入作为工具变量。比如迪尔·博卡等[1]在研究5岁时父

---

[1] Del Bono, D. Marco F. and Yvonne K., "Early Maternal Time Investment and Early Child Outcomes", *Economic Journal*, Vol. 126, No. 11, 2016, pp. 96–113.

母时间投入对孩子认知能力的影响时，将3岁时父母的时间投入作为工具变量，这样既解决内生性问题，又可以排除儿童禀赋的影响。也有文章选用（外）祖父母的教育水平作为工具变量，其假设是（外）祖父母的教育直接影响父母的教育结果和父母对孩子的时间投入，但不影响孙子女的教育结果。在稍早的研究中，迪尔·博卡等[①]还使用了母亲的工作情况（包括全职和非全职工作时间）作为工具变量。母亲工作时制，以确保其不会对孩子人力资本表现结果产生影响。

在国内学者的研究中，王春超等在研究父母陪伴时间对儿童发展的影响时，在同期投入模型中提出了两个可行的工具变量：学校是否强制住宿和家庭成分与事件经历（改革开放前父母家庭成分与父母早期是否经历威胁等暴力事件）。作者通过相关性分析发现，强制住宿对孩子的认知能力没有显著影响。寄宿与否与学生户口、学校所属区域、学校性质及学校排名等不相关，说明强制寄宿制并不会通过其他途径影响孩子的认知能力。对于家庭成分与事件经历的证据表明，经历过暴力事件的父母可能在与孩子进行情感交流时存在障碍，但这与孩子本身的认知能力不存在相关关系。

本章在既往研究的基础上，选取的工具变量为"家长是否熟识与孩子常在一起的朋友的家长"。如果家长认识孩子好朋友的家长，说明他们在孩子身上投入的时间更多，更积极地参与了孩子生活和学习上的各项活动，在此过程中能认识孩子的好朋友并结识他们的家长，因此，父母对孩子投入的时间与父母和孩子好朋友的家长熟识情况相关；此外，家长之间的联络或友谊，对孩子特别是他们的认知能力不会有直接影响，外生性也得以满足。所以，直觉上看，父母是否熟识孩子朋友的家长符合工具变量的所需具备的条件。

四 描述性统计

在对2013—2014年基线调查数据库中的同一个体不同问卷数据进行匹配，并删除缺失数据后，最终得到的样本共4305个。我们对被解释变

[①] Del Boca, D. Flinn, C. and Wiswall, M., "Household Choices and Child Development", *The Review of Economic Studies*, Vol. 81, No. 1, 2014, pp. 137−185.

量、核心解释变量和控制变量的数据进行描述性统计分析,从表8-1全样本分析中可以看出,衡量学生认知能力的变量均值为5.073;父母陪伴时间均值为2.609;经过主成分分析法得出的有质量的父母陪伴时间的均值为0.007,最小值为-3.821,最大值为1.471。

控制变量方面,七年级的学生年龄应该为13—14岁,年龄过大可能有认知方面的障碍或者留级经历等特殊情况,所以本章删除了年龄大于15岁的样本,最终样本年龄在11—15岁,均值为12.843岁。其他方面,93.6%的学生为汉族,男性占比49.4%,女性占比50.6%,独生子女比例为53.3%,非农户口占比56.1%,农业户口占比43.9%。样本中参加过数学补习班和语文补习班的分别占比21.3%和13.5%,父母期望孩子的最高的受教育程度均值为2.820,有81%的家长希望孩子至少能上大学,说明父母对孩子的教育期望普遍较高。

图8-1、图8-2为分样本变量描述性统计结果。两图从左到右依次是按父母受教育程度、学校排名和所在地区情况进行分组。从父母受教育程度分样本结果来看,父母的受教育程度越高,直接陪伴孩子的时间就越多,且学历越高的父母进行的有质量的陪伴越多;在初中阶段,孩子所在学校排名越高,或者说教育质量越高,家长的日常时间投入和"有质量"的时间投入都越多,"内卷"更严重;从地区情况来看,在日常照料时间方面,西部地区的家长最长,中部次之,东部最短;而从"有质量"的陪伴时间来看,东部家长投入的时间最长,西部次之,中部最短。由于东、中、西部地区经济情况不同及对教育的重视情况有差

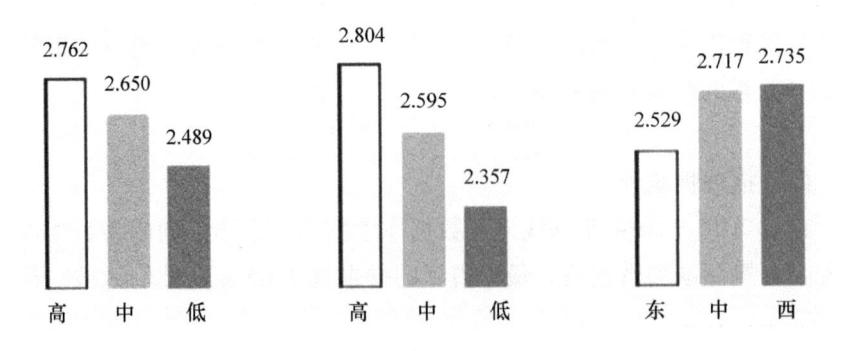

图8-1 父母直接陪伴时间均值分布

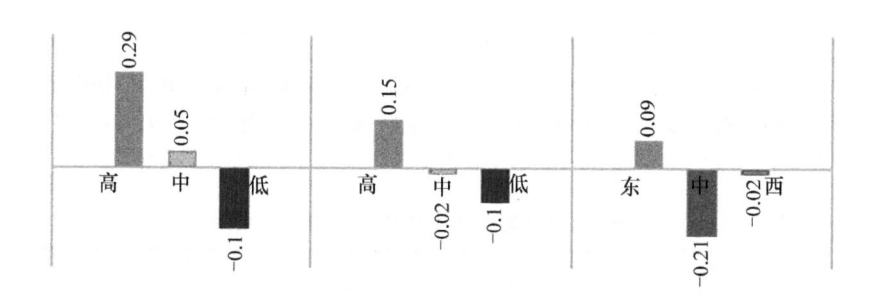

图 8-2 父母"有质量"的陪伴时间均值分布

异，经济越发达的地区，父母的工作时间可能越长，用于日常照料孩子的时间越少，但是经济越发达的地区，越重视教育投入，父母时间投入的质量更高。

第三节 实证分析

一 回归结果

（一）统计检验。由于父母时间投入与孩子认知能力之间可能互为因果，所以本章拟采用工具变量的方法估计模型的参数。我们首先进行了豪斯曼检验，卡方统计量为7.47，其中P值为0.0063，在1%的水平上拒绝所有解释变量外生的假设，说明父母时间投入具有内生性，导致OLS回归估计结果可能存在偏误。

本章选取的工具变量为"父母是否熟识孩子朋友的家长"，使用工具变量法的前提是工具变量满足相关性和外生性。工具变量的相关性可以通过两阶段最小二乘法回归检验得出，一阶段回归结果显示，父母与孩子朋友的家长是否熟识与父母时间投入显著相关；工具变量"父母是否熟识孩子朋友的家长"和父母陪伴时间的扰动项并没有理论上的相关性，接着将工具变量对因变量做回归，系数并不显著，说明该工具变量满足外生性假定。在第一阶段回归中，内生解释变量对应的F值为26，远远大于经验值10，说明不存在弱工具变量的问题。

（二）回归结果。表8-2中，第（1）列是父母陪伴时间的OLS回归结果，第（2）列是父母陪伴时间的2SLS回归结果，第（3）列是有质量的父母陪伴时间的 OLS 回归,第(4)列是有质量的父母陪伴时间的 2SLS 回归结果,第(5)列解释变量为父母管理孩子的严格程度的 2SLS 回归,第(6)列解释变量为父母与孩子交流情况的 2SLS 回归。

表 8-2　　父母时间投入影响子女认知能力的回归结果

变量	(1) OLS	(2) 2SLS	(3) OLS	(4) 2SLS	(5) 2SLS	(6) 2SLS
hour	-0.001 (0.003)	0.082** (0.034)				
times			0.020*** (0.007)	0.098*** (0.037)		
manage					0.177** (0.072)	
talk						0.068*** (0.026)
个人特征	Yes	Yes	Yes	Yes	Yes	Yes
家庭特征	Yes	Yes	Yes	Yes	Yes	Yes
学校特征	Yes	Yes	Yes	Yes	Yes	Yes
N	4305	4305	4305	4305	4305	4305
C-D Wald F		26.61		96.30	37.24	90.87

注:括号内为标准误;***、**、*分别表示在1%、5%和10%的水平上显著,下同。

回归结果显示,在以父母汇报的平均每天直接花费在孩子生活照料、学习辅导和娱乐玩耍的汇总时间作为自变量的回归中,OLS 回归结果为负不显著,且系数非常小;在加入工具变量的回归中,父母时间投资对孩子的认知能力有正向影响,回归系数为 0.082,且在 5% 的水平上显著,说明父母陪伴时间对孩子的认知能力有积极的影响。现实中父母对孩子时间投入越多,照料孩子学习的时间就越多,孩子的学习时间增加,也会逐渐变得自律,从而对孩子的学习成绩即认知能力有正向影响。

CEPS 调查中汇报的父母直接照料的时间,是填写问卷时父母估计的其平均每天直接陪伴孩子的时间,有的父母会高估自己的时间投入,有

第八章　父母时间投入对青少年认知能力的影响

的父母会低估自己的时间投入，此时间汇报数据可能计量上缺乏准确性；有的研究将父母陪伴时间严格区分为"发展性时间"和"非发展性时间"，其中"发展性时间"对孩子的认知能力有积极的影响，"非发展性时间"对孩子的认知能力影响为负但不显著。本章使用的父母汇报的时间包含父母投入的"发展性时间"和"非发展性时间"，可能导致低估了父母的时间投入效果。综上所述，在接下来的研究中，我们引入"有质量的"时间投入，该衡量标准对应于普莱斯（2008）[①] 定义的父母时间投资，资料来源于父母陪伴孩子吃饭、读书、运动、看电视、参观博物馆和观看演出等活动的频率，我们利用主成分分析法得到新的解释变量，由此可以更加准确地度量父母陪伴时间对孩子认知能力的影响。表 8-2 中的回归结果显示，父母"有质量的"时间投入对孩子的认知能力有积极的影响［第（3）、第（4）列］，且都在 1% 的水平上显著，其中 OLS 和 2SLS 回归得到的系数分别为 0.020 和 0.098。第（5）列与第（6）列使用了父母花费时间管理孩子的严格程度与父母与孩子交流情况作为解释变量，它们是父母有质量的陪伴时间的细分变量。实证结果表明这两个变量的影响也为正且在 5% 和 1% 的水平上统计显著。

控制变量方面。从受访者个人特征层面看，处于同一年级的学生年龄越大，认知能力表现越差。这可能是因为年龄较大的学生在之前的学习阶段存在留级等问题。此外，实证结果还显示，参加数学和语文的补习对孩子认知能力的影响虽然为正，但并不显著。

从家庭特征层面来看，父母的教育期望与孩子认知能力呈显著的正相关关系。对孩子有着更高教育期望的父母在孩子身上投入的时间、金钱和精力也会更多，进而影响到子女的认知能力；父亲的受教育程度与孩子的认知能力显著正相关，而母亲的受教育程度的影响不显著。迪尔·博卡的研究也得出过类似结论，即父亲对大龄孩子的认知能力的影响更重要。此外，回归结果还表明，家庭经济情况越好以及所在社区条件越好的孩子，其认知能力也表现更佳。

[①] Price, J., "Parent-Child Quality Time: Does Birth Order Matter?", *Journal of Human Resources*, Vol. 43, No. 1, 2008, pp. 240–265.

二 稳健性分析

（一）有序的 Probit 回归。前面的实证分析表明父母的时间投入对孩子的认知能力有显著的正向影响，且有质量的父母陪伴时间对孩子的认知能力影响更大。为验证结果的稳健性，这里我们将使用有序的 Probit 模型，以父母问卷中父母回答的孩子在班级的成绩水平 5 分类的结果作为被解释变量，考虑到本章存在的内生性问题，我们利用 CMP 方法在普通的有序的 Probit 模型中引入工具变量进行回归，回归结果如表 8-3 所示。

表 8-3 父母时间投入影响子女认知能力的有序的 Probit 模型回归结果

变量	(1) oprobit	(2) iv-oprobit	(3) oprobit	(4) iv-oprobit	(5) iv-oprobit	(6) iv-oprobit
hour	-0.013 (0.010)	0.095* (0.050)				
times			0.124*** (0.023)	— —		
manage					0.095*** (0.024)	
talk						0.285*** (0.071)
个人特征	Yes	Yes	Yes	Yes	Yes	Yes
家庭特征	Yes	Yes	Yes	Yes	Yes	Yes
学校特征	Yes	Yes	Yes	Yes	Yes	Yes
N	4294	4294	4294	4294	4294	4294

我们看到，此时父母时间投入的系数仍然显著为正，说明父母时间投入会对孩子的认知能力产生积极影响；在第（4）列以父母有质量的时间投入为解释变量，由于主成分分析法得出的父母时间投入曲线过于平滑，Stata 无法得出二阶段结果；第（5）列和第（6）列以父母投入时

间严格管理孩子和与孩子积极沟通作为解释变量，得到的结果也都显著为正。

有序的 Probit 模型得出的系数和显著性提供的信息有限且不直观，本章进一步计算在模型中核心解释变量对父母评价的孩子成绩的边际效应，结果如表 8-4 所示。从父母直接投入的时间来看，父母时间投入每提高一个单位，孩子的成绩水平为"不好"的概率上升 0.001，成绩为"很好"的概率下降 0.001；而父母"有质量"的时间投入每提高一个单位，孩子成绩为"不好"的概率下降 0.014，成绩水平为"中上"的概率提高 0.027。父母花费时间严格管理孩子和父母投入时间与孩子沟通交流与父母有质量的时间投入呈现的边际效应趋势与之相近。

表 8-4　　　　　父母时间投入影响子女认知能力的边际效应

变量	hour	times	manage	talk
认知能力				
不好	0.001	-0.014	-0.003	-0.009
中下	0.002	-0.020	-0.004	-0.013
中等	0.001	-0.012	-0.002	-0.008
中上	-0.002	0.027	0.006	0.018
很好	-0.001	0.019	0.004	0.012

从边际效应的回归结果来看，父母每天直接照料孩子的时间投入对孩子的认知能力影响难以确定，而有质量的时间投入对孩子认知能力水平的提升有明显的促进作用。

（二）替换被解释变量。和多数研究一样，在测度认知能力时，本章也使用了语文和数学成绩总和的对数，这是测度认知能力最常用的指标之一。为了使实证结果更加稳健，我们还尝试使用不同的测度指标，具体结果如表 8-5 所示。第（1）列中的被解释变量使用的是 CEPS 对七年级学生设计的一套认知能力测试题的得分，该测试题的内容不涉及学校课程所教授的具体识记性知识，重在测量学生的逻辑思维与问题解决能力；第（2）列中的被解释变量为七年级孩子的英语成绩；第（3）

列至第（6）列中的被解释变量使用 CEPS 数据库中父母评价的孩子的学习能力水平的 4 个指标，分别是：孩子是否能够清楚地表达自己的意见、反应能力迅速、是否能够很快学会新知识和孩子对新鲜事物是否很好奇。

表 8-5　　父母时间投入影响子女认知能力的回归结果

变量	（1）	（2）	（3）	（4）	（5）	（6）
times	0.163 (0.116)	0.107** (0.047)	0.442*** (0.095)	0.590*** (0.101)	0.496*** (0.098)	0.450*** (0.098)
个人特征	Yes	Yes	Yes	Yes	Yes	Yes
家庭特征	Yes	Yes	Yes	Yes	Yes	Yes
学校特征	Yes	Yes	Yes	Yes	Yes	Yes
N	4305	4304	4224	4217	4214	4221
C-D Wald F	96.30	96.48	99.10	98.69	101.87	101.50

从结果来看，替换被解释变量后，除了第（1）列使用 CEPS 认知能力测试成绩回归的结果不显著外，其他替换后的被解释变量的回归结果都显著为正，表明父母时间投入对孩子认知能力有积极的影响，且这种影响不会受认知能力的测度方式的不同而发生系统性的变化，进一步支撑了前面的研究结论。在初中阶段，父母增加投入在孩子身上的时间，照顾孩子的生活，参与并管理孩子的学习进程对孩子的认知能力均有着积极的影响，有助于孩子成绩的提升。

（三）加入认知能力的存量因子。一名学生当前的成绩并不仅仅是当期努力的结果，跟以往的成绩也息息相关。对于那些处于初中阶段的学生来说，他们学习的习惯、方法、态度等已初步成型，现阶段的成绩与其历史的成绩高度相关，是过去努力学习的成果的积累。德尔·博卡认为，对儿童的早期投资往往会对孩子产生持续性的影响，因此也更加重要。滞后的投入和过去的测试分数是当前儿童认知能力的决定性因素。有鉴于此，为了增加结果的稳健性，我们现在将认知能力积累的存量（即以前期学生的成绩水平）纳入模型中进行研究。具体做法是，将 CEPS 数据库 2013—2014 年基线调查数据与 2014—2015 年追访数据进行匹配，得到一个两期的面板数据，在删除缺失值后，得到一个包含 3047

个个体的样本。在初中阶段，学习内容增多，课业难度也在不断增加，所以大部分学生八年级的数学和语文成绩总和会低于他们在七年级时的成绩总和，为了避免这种成绩差异带来研究结果的误差，我们将学生在七年级时数学和语文成绩总和取对数后的结果进行六分位处理，代表学生七年级时的认知能力水平。在父母时间投入方面，2014—2015 年追访数据库中关于父母有质量的时间投入只汇报了三个问题的数据，我们还是使用主成分分析法，得到父母 2014—2015 学期的"有质量的"时间投入数据；控制变量的选用与前文相同，资料来源于追访数据库。

表 8-6 是加入认知能力存量因子后，父母时间投入对孩子认知能力的回归分析结果。表中，第（1）列为父母的七年级时间投入对学生八年级时的认知能力的 OLS 回归；第（2）列为父母的八年级时间投入对学生八年级认知能力的 OLS 回归；第（3）列到第（4）列为两阶段最小二乘法得到的回归结果，被解释变量为学生八年级认知能力；第（3）列和第（4）列的工具变量为"父母是否熟识孩子朋友的家长"；第（5）列的工具变量为滞后一期（即七年级时）的父母时间投入。

表 8-6　　　　父母时间投入影响子女认知能力的回归分析

变量	(1) OLS	(2) OLS	(3) 2SLS	(4) 2SLS	(5) 2SLS
times2（八年级时父母有质量时间投入）		-0.004 (0.006)		0.294* (0.152)	0.52** (0.023)
times（七年级时父母有质量时间投入）	0.014** (0.006)		0.142** (0.059)		
cognitive1（孩子七年级时的认知能力）	0.103*** (0.003)	0.104*** (0.003)	0.102*** (0.003)	0.102*** (0.004)	0.103*** (0.003)
个人特征	Yes	Yes	Yes	Yes	Yes
家庭特征	Yes	Yes	Yes	Yes	Yes
学校特征	Yes	Yes	Yes	Yes	Yes
N	3047	3047	3047	3047	3047
C-D Wald F			38.43	9.01	241.98

从回归结果可以看出，滞后一期的认知能力水平与孩子当期认知能力有强相关性，在控制了学生七年级的认知能力水平后，可以减少过去的存量对当期父母时间投入对孩子当期认知能力回归的偏差。OLS 回归结果显示，前一期的父母时间投入对孩子当期认知能力有显著的正向影响，当期的父母时间投入对孩子的认知能力影响基本为零，OLS 回归存在内生性问题，估计结果存在偏误。所以工具变量的回归结果更加准确，在控制了孩子七年级的认知能力后，父母七年级时的时间投入和八年级时的时间投入对孩子的八年级时的认知能力都有正向影响，但是当期的时间投入对孩子当期的认知能力影响效果更大（0.294 > 0.142），说明当期父母投入的有质量的陪伴时间能够促进孩子成绩的提升，父母当期的有质量的时间投入不仅影响孩子当期的成绩，还对其将来的成绩产生持续影响，进一步证实了本章研究结果的稳健性。

三 异质性分析

父母时间投入对不同特征群体的认知能力的影响可能存在组间差异。为了研究这种影响的异质性，我们从孩子性别、父母受教育程度、孩子是否独生子女和祖父母是否同住四个维度对样本进行了分组。按性别分组的回归结果显示，父母时间投入对女孩的认知能力有积极的影响，且在 1% 的水平上统计显著。对男孩影响虽然也是正面的，但结果不显著（见表 8 - 7）。这种差异可能与男孩、女孩的先天差异有关，一般而言，女孩心思细腻，更亲近父母，更容易受父母的行为观念影响，而且处于青春期的男生相对更不愿服从父母的管教。研究表明，母亲对孩子的时间投资随着孩子年龄增大而减少，但是对女儿的时间投资一直是较多的。因此父母时间投入对女孩的认知能力的正向影响效果更好。

表 8 - 7　　父母时间投入影响子女认知能力的异质性分析结果

变量	(1) 2SLS	(2) 2SLS	(3) 2SLS	(4) 2SLS	(5) 2SLS
	男孩	女孩	高	中	低
times	0.083 (0.070)	0.112*** (0.040)	0.110** (0.053)	0.138** (0.082)	0.078 (0.053)

续表

变量	（1）2SLS	（2）2SLS	（3）2SLS	（4）2SLS	（5）2SLS
	男孩	女孩	高	中	低
个人特征	Yes	Yes	Yes	Yes	Yes
家庭特征	Yes	Yes	Yes	Yes	Yes
学校特征	Yes	Yes	Yes	Yes	Yes
N	2088	2217	1102	1349	1854
C-D Wald F	30.00	72.19	28.82	21.26	50.79

受教育程度不同的父母对孩子学业的重视程度不同，教育孩子的方式也不一样，进而其时间投入对孩子认知能力的影响可能存在差异。实证结果表明，受教育程度为"高"和"中"的家长，他们的时间投入对孩子认知能力有显著的正向影响。而受教育程度"低"的父母的时间投入对孩子认知能力的影响在统计上不显著（见表8-7）。究其原因，可能是受教育程度较高的父母更重视孩子的培养，时间投入也更有效率或价值，对孩子的认知能力的影响更显著。但这种影响在边际上是递减的，教育程度处于"中等"的父母时间投入的影响系数更大（0.138 > 0.110）。

表8-8　父母时间投入影响子女认知能力的异质性分析结果

变量	（1）2SLS	（2）2SLS	（3）2SLS	（4）2SLS
	独生	非独生	同住	不同住
times	0.112** (0.056)	0.092* (0.050)	0.098* (0.051)	0.083* (0.049)
个人特征	Yes	Yes	Yes	Yes
家庭特征	Yes	Yes	Yes	Yes
学校特征	Yes	Yes	Yes	Yes
N	2344	1961	1330	2916
C-D Wald F	42.22	54.62	35.99	60.93

最后，随着生育政策的不断放松以及三胎政策的实施，多子女的家庭可能会越来越多。当我们从独生子女和非独生子女这个维度来观察时，回归结果表明，父母的时间投入对这两类人群的认知能力都有显著的正向影响，且对独生子女群体的影响更大一些（0.112＞0.092）。原因是，在独生子女家庭中，父母的各种投入不会被稀释，而且相比于非独生子女家庭的孩子，独生子女更受重视也能够得到父母更多有质量的陪伴。在三代或者四代同堂的家庭中，祖父母常常会更密集地参与孩子的学习和生活，他们的观念和行为可能会对孩子的认知能力产生一定的影响。我们按祖父母是否同住进行了分组研究，回归结果显示，在祖父母同住的家庭中，父母时间投入对子女认知能力的影响会略大一些（0.098＞0.083），且两者都在10%的水平上统计显著。在祖父母同住的家庭中，祖父母可以承担一些孩子的基础性的照料工作，减轻了年轻父母的压力，使他们可以将时间投入于更有质量的陪伴活动中，促进孩子的认知能力提升。

四 机制分析

（一）父母时间的机会成本分析。以往的研究中，学者们多从家庭资源约束和情感支持方面进行机制分析。前面的研究已经发现父母的时间投入对孩子的认知能力有积极的影响，但是从家庭预算约束和父母时间分配的权衡来看，这种时间投入的货币价值难以计量，而从投入的机会成本角度来进行观察不失为一种可行的方法。库尼亚等[1]研究了母亲劳动供给与育儿时间的权衡取舍。母亲工作时间增加存在两种效应：一种是收入效应。增加家庭资源和劳动收入，对孩子认知能力有积极的影响。另一种是替代效应，工作时间增加会减少父母花费在育儿上的时间，进而对孩子成长有负面的影响。

CEPS数据库中并没有父母工作时长的相关数据，但提供了平均每天父母工作之余读书（包括各种报刊）、上网和看新闻的时间数据。一般来说，父母从事上述三项活动的时间越多，其工作时间可能就会相对更

---

[1] Cunha, F., Heckman, J. and Susanne S., "Estimating the Technology of Cognitive and Non-Cognitive Skill Formation", *Econometrica*, Vol. 78, No. 3, 2010, pp. 883–931.

短，可以以此来衡量父母时间投入的机会成本。除此之外，本章还使用父母吵架与喝酒的频率作为研究父母时间投入的机会成本，回归结果如表8-9所示。结果显示，父母对子女投入的时间越多，父母在工作之余用于读书、上网和看新闻的时间就越多，父母吵架或者喝酒的时间就会越少。

表8-9　　　　　　　　父母时间投入的机会成本分析

变量	(1) OLS 读书	(2) OLS 上网	(3) OLS 看新闻	(4) OLS 喝酒	(5) OLS 吵架
times	0.247*** (0.017)	0.030** (0.018)	0.091*** (0.020)	-0.011* (0.006)	-0.029*** (0.006)
个人特征	Yes	Yes	Yes	Yes	Yes
家庭特征	Yes	Yes	Yes	Yes	Yes
学校特征	Yes	Yes	Yes	Yes	Yes
N	4240	4267	4236	4215	4205

注：括号内为标准误；＊＊＊、＊＊、＊分别表示在1%、5%和10%的水平上显著。

从理论上来说，父母的工作时间与他们工作之余用来读书、上网和看新闻的时间之间存在此消彼长的关系，所以，父母在家读书、上网和看新闻的时间越多，往往说明父母的工作时间越短，即投入到家庭生活的时间越多。在现实中，父母在家对孩子来说就是一种无形的看管和照料，父母在家的时间越多，孩子在家的时间也会越多，学习时间增加，这种时间投入虽然不能被定义为"有质量"的陪伴时间，但对子女的学习时间和生活习惯都有积极影响，随着针对义务教育阶段学生的"双减"政策落地，孩子在校时间缩短，参与课后补习时间减少，孩子居家的时间增多，这要求父母需要投入更多的时间来陪伴和照料，可能会给父母尤其是母亲的劳动决策带来负面影响。总体来看，父母参与工作的时间缩短，休闲活动减少均可视为父母增加在子女身上的时间投入的机会成本。

(二) 中介效应分析。费尔夫[①]的研究发现，父母投资对孩子的认知技能和非认知技能都有显著影响，投资越早，影响越大，且孩子非认知技能的提升具有延展性。非认知能力提升对认知能力会产生持续性影响。在父母时间投入对孩子认知能力影响的研究中，可能存在的影响路径是，父母的时间投入有益于孩子保持积极乐观的心态和良好的学习态度，这进而对孩子的认知能力有积极的影响。

中介效应模型可以检验出如下影响机制是否存在，即：父母时间投入通过影响孩子的非认知能力来提升孩子的认知能力。CEPS数据库中可以用来衡量非认知能力的数据有很多个维度，本章将非认知能力定义为两个方面即情绪稳定性和尽责性。情绪稳定性定义孩子的心态健康程度即过去七天内孩子有无感受到不快乐、沮丧、抑郁悲伤和生活没有意思；尽责性衡量当孩子面对不喜欢的课程、有些不舒服或者有难度的课程孩子是否还是会积极去做。

中介效应模型如下：

$$uncongnitive_i = \beta_0 + \beta_1 T_i + \delta X + \varepsilon_i \quad (8.2)$$

$$Y_{ii} = \beta_0 + \beta_1 T_i + \theta uncongnitive_i + \delta X + \varepsilon_i \quad (8.3)$$

其中，$uncongnitive_i$ 表示非认知能力，这里主要从两个方面来度量：孩子情绪稳定性和尽责性。在中介效应模型中，如果机制变量满足以下三个条件，则为完全中介机制：第一，机制变量受父母时间投入影响；第二，机制变量对孩子认知能力有显著影响；第三，在控制了机制变量后，父母陪伴时间对孩子认知能力的影响系数不显著。如果父母时间投入对孩子认知能力影响系数有变化且显著，则为部分中介机制。

由于情绪稳定性数值越大表示孩子的情绪状态越稳定，即孩子的心态越积极向上。表8-10中回归结果（1）和（2）表明，如果将孩子情绪稳定性作为因变量对父母时间投入做回归时，父母时间投入回归系数显著为正，即父母时间投入越多，孩子的情绪稳定性越好；在控制情绪稳定性后，用孩子的非认知能力作为因变量对父母时间投入做回归，情绪稳定性和父母时间投入回归系数显著为正，且都在1%的水平上显著，

[①] Felfe, C. and Lalive R., "Does Early Child Care Help or Hurt Children's Development?", *IZA Discussion Paper*, No. 8484, 2014.

说明他们对孩子认知能力都有积极的影响,且情绪稳定性是部分中介效应。同理,表 8-10 中回归结果(3)和(4)显示,将孩子尽责性作为因变量对父母时间投入做回归时,父母时间投入回归系数显著为正,即父母时间投入越多,孩子的尽责性越强;在控制尽责性后,将孩子的非认知能力作为因变量对父母时间投入做回归,尽责性和父母时间投入回归系数显著为正,即尽责性机制也是部分中介效应。

表 8-10　父母时间投入影响子女认知能力的中介效应检验

变量	(1) OLS 情绪稳定性	(2) 2SLS 情绪稳定性	(3) OLS 尽责性	(4) 2SLS 尽责性
times	0.076*** (0.022)	0.095** (0.037)	0.095** (0.041)	0.088** (0.037)
uncog1		0.016*** (0.004)		
uncog2				0.014*** (0.002)
个人特征	Yes	Yes	Yes	Yes
父母特征	Yes	Yes	Yes	Yes
学校特征	Yes	Yes	Yes	Yes
N	4305	4305	4181	4181
C-D Wald F		95.06		94.51

上述中介效应分析验证了情绪稳定性和尽责性对孩子认知能力有积极的影响。父母的陪伴对孩子的情绪稳定性有更加积极的影响,孩子的心态会更加积极向上,而充满自信的孩子会更加专注于学业,从而有利于孩子认知能力的提升。而父母投入时间陪伴孩子的学习生活,会使孩子有更高的尽责性,面对生活中的小困难,尽责性越强的孩子,会努力克服困难,尽力去尝试,有这样非认知能力的孩子无论在学习上遇到什么困难,都会努力克服困难并认真学习,从而有利于孩子认知能力的提升。综上所述,非认知能力是父母时间投入对孩子认知能

力的影响的中介机制。

第四节 结论和建议

教育是促进阶层流动的重要因素。在九年义务教育的背景下，初中阶段的教育显得尤为重要。中考是学生发生分层的关键节点，重点高中学生日后考入大学的概率远远高于普通高中，所以家长尤为重视孩子初中阶段的学习，父母对孩子的投资也明显高于其他阶段，很多父母投入大量的时间和金钱，但时间投入由于其成本难以衡量，在以往的研究中往往被忽视。

本章在使用父母平均每天直接照料时间的基础上，构建了"有质量"的父母时间投入作为度量指标，并使用新的工具变量"父母是否熟识孩子朋友的家长"深入分析父母时间投入对孩子认知能力的影响效应。为保证结果的稳健性，我们先后使用有序的 Probit 模型、更换被解释变量与加入孩子认知能力的存量因子三种方法，检验父母时间投入对孩子认知能力的影响效应的稳健性。此外，我们还从孩子性别、父母受教育程度、是否独生子女和祖父母是否同住四个方面检验这种时间投入对不同群体影响的组间异质性。实证研究的最后，是利用中介效应模型探究这种影响的机制。

实证结果表明，父母时间投入对孩子认知能力有显著正向影响，而有质量的父母时间投入对孩子认知能力的影响更大且是持续性的。通过机制分析发现，父母投入在孩子身上的时间通过影响孩子的非认知能力，即提升孩子的心理健康水平和尽责性，从而促进孩子认知能力的提升。

父母时间投入是家庭教育资源的重要组成部分。新冠疫情造成的长时间居家，以及义务教育阶段的减负和生育政策放松等政策变动，均使人们意识到父母陪伴，特别是"有质量"陪伴的重要性。但这种时间投入在过去往往被部分研究者忽视，也没有得到一些家长的重视。从本章的研究中可以看出，父母时间投资对初中阶段学生的认知能力具有重要意义。基于实证研究的结果并结合中国的现实情况，本章提出以下几点建议：

首先，要重视陪伴质量与陪伴方式，科学利用时间。强调进行"有质量"陪伴的重要性,父母陪伴孩子不应该只是单纯看管,应重视与孩子的互动和交流。鼓励家长多陪孩子吃饭、读书或带孩子参观博物馆或科技馆等。对于青春期阶段的孩子,家长应了解孩子心理成长的规律,重视与子女的沟通交流,积极了解孩子的心态变化,让孩子保持良好的心态,有益于孩子专心学习。

其次,相关政策制定时要考虑并重视养育孩子的时间成本。2021年国家实行了《关于进一步减轻义务教育阶段学生作业负担和校外培训负担的意见》,这一政策的发布旨在减少学生的学习负担同时降低家长养育孩子的金钱成本,减少课外补习班,养育孩子的货币成本下降了,但由于孩子居家时间增加,家长的时间投入明显增加,育儿成本可能不降反增。所以从政策制定角度看,要重视养育孩子的时间成本,并将这种成本考虑在内。比如对有育儿负担的父母给予一定的育儿假,减少生养孩子的时间成本,以便在反教育"内卷化"同时能促进生育率的提升。

最后,扩大学校的教育功能,指导家长科学陪伴。"双减"政策背景下,学生在家学习时间增加,家庭教育变得更加重要,应鼓励学校指导家长进行家庭教育活动,学校适当安排学生在家的活动,鼓励家长辅助执行,并畅通家长与学校沟通渠道,促进良好的家校沟通氛围,学校指导家长在家教育孩子的时间投入安排,促进家长进行有质量的陪伴,有利于更好地促进孩子认知能力的提高。

第九章　子女数量和质量对老年父母健康状况的影响研究

根据国家统计局 2020 年的数据，2019 年中国 65 岁及以上人口占总人口的 11.9%，同 2010 年（8.9%）相比，老年人口比重上升了 3 个百分点，中国老龄化程度不断加深。据《中国发展报告 2020》测算，到 2025 年、2035 年和 2050 年，我国 65 岁及以上人口占比分别为 15.0%、22.3% 和 27.9%。老龄化问题日趋严峻的同时，社会养老体系的建设稍显滞后。截至 2019 年，参加城镇职工基本养老保险和城乡居民基本养老保险的人数分别为 4.4 亿和 5.3 亿人，参保人数连年增加，但月人均领取的养老金金额较低，有相当一部分中国家庭还是依靠传统的家庭养老模式，"养儿防老"的观念仍然深入人心，子女在父母的养老中扮演着重要角色[1]。

从 20 世纪 80 年代开始，中国进入了经济增长的快车道，家庭的收入水平迅速提高。而几乎是同一时期，中国也开始了相对严格的计划生育政策。经济和制度因素的双重叠加使得家庭的子女数量大大减少，家庭结构和规模发生明显变化。截至 2019 年，中国的出生率降至 10.48‰，为 1949 年以来新低；总和生育率降至 1.52，2—3 人的小型家庭成为主流[2]。子女数量的减少对父母的养老存在两方面影响。消极的一面是，子女对父母的日常照料的总时长可能会相应减少，在人口流动大的社会里，出现了大量的留守老人；积极的一面是，子女数量减少的

---

[1] 余央央、封进：《家庭照料对老年人医疗服务利用的影响》，《经济学（季刊）》2018 年第 17 期。

[2] 恒大研究院等：《中国生育报告》，2020 年。

第九章 子女数量和质量对老年父母健康状况的影响研究

同时出现了子女质量的提高，主要表现为他们的教育和健康水平提高，成年后收入增加，能够给父母更多的支持，特别是经济支持。

有关子女对老年父母生活状态的影响，多数文献是从子女数量[①]或子女质量[②]的角度来展开研究的。综合考虑子女数量与质量对老年父母生活影响的研究不多[③]，也几乎没有研究同时探讨子女数量和子女质量这两个变量的内生性问题。

本章首先会运用主成分分析法构建一个综合健康得分指标来度量父母的健康状况，然后利用独生子女政策对子女数量的外生冲击以及义务教育法对子女质量（最高的受教育年限）的外生冲击构建相应的工具变量，继而基于上述机制综合考虑子女数量和子女质量对老年父母健康状况的影响。本章的结构安排如下：首先我们会对相关文献进行系统性的梳理；其次介绍资料来源、指标选取与变量计算；再次实证分析了子女数量和子女质量对老年父母健康状况的影响；最后是结论及政策建议。

第一节 文献综述

从子女数量与父母健康的关系来看，现有研究因为数据和方法的差别，还没有得出一致的结论。夏传玲和马凤利[④]认为子女数量的多少对于养老没有太大或者直接的影响，郭志刚和张恺悌[⑤]的研究刚好相反，他们认为子女数量的增加有益于老人家庭供养。有些学者认为无论农村还是城市，子女数量的多少同老年人各个角度的生活质量都没有显著的

[①] 李婷、范文婷：《生育与主观幸福感——基于生命周期和生命历程的视角》，《人口研究》2016年第40期；Chen Yi and Fang Hanming, "The Long-Term Consequences of Having Fewer Children in Old Age: Evidence from China's ", *NBER Working Papers*, No. 25041, 2018; Gao Yanyan and Qu Zhaopeng, "More Children, More Happiness?: New Evidence from Elderly Parents in China", *GLO Discussion Paper*, No. 366, 2019.

[②] 杨克文、臧文斌、李光勤：《子女教育对中老年父母健康的影响》，《人口学刊》2019年第41期。

[③] 石智雷：《多子未必多福——生育决策、家庭养老与农村老年人生活质量》，《社会学研究》2015年第30期。

[④] 夏传玲、马凤利：《子女数对家庭养老功能的影响》，《人口研究》1995年第1期。

[⑤] 郭志刚、张恺悌：《对子女数在老年人家庭供养中作用的再检验——兼评老年经济供给"填补"理论》，《人口研究》1996年第2期。

相关关系①。由于子女数量存在内生性的问题,一些学者尝试构造工具变量或使用准实验的方法以求能验证子女数量和父母健康状况之间的因果影响。吴和李②构建了每个年龄层的父母受独生子女政策的影响程度,并利用其与汉族和城市户口虚拟变量的交互项作为子女数量的工具变量来确定家庭规模对母亲健康状况的影响。研究发现,在其他条件不变的情况下,子女数量的增加会造成母亲患低血压和体脂偏瘦的概率提升。科鲁克等③使用欧洲国家的样本通过用双胞胎和前两个孩子的性别来构造一个工具变量,发现多生育一个孩子会使女性心理健康变差。一些学者利用独生子女政策对子女数量的外生冲击来构造工具变量,刘亚飞和胡静④发现子女数量的增加有益于老年母亲的身体健康。李婷和范文婷⑤通过年龄时期队列模型(APC)从动态分析的研究角度出发,发现更多的子女会降低中青年时期父母的幸福感,但会提升父母在老年时期的幸福感。陈和方研究了计划生育政策的长期影响,发现计划生育政策导致子女数量减少,使得父母年老时的身体健康状况相对变好而心理健康变差。

从子女质量与父母健康的关系来看,部分研究集中于子女质量和父母死亡率之间的关系。例如,齐默等⑥利用中国台湾的数据,发现父母的死亡风险和子女的教育水平有显著的相关关系,高学历子女能使父母的死亡风险下降20%。托桑德⑦使用瑞典多代注册数据(SMR)发现接受过高等教育的子女比只接受过义务教育的子女,能使父母死亡风险的

---

① 慈勤英、宁雯雯:《多子未必多福——基于子女数量与老年人养老状况的定量分析》,《湖北大学学报》(哲学社会科学版) 2013 年第 40 期。

② Wu Xiaoyu and Li Lixing, "Family Size and Maternal Health: Evidence from the One-Child Policy in China", *Journal of Population Economics*, Vol. 25, No. 4, 2012, pp. 1341 – 1364.

③ Kruk Kai, E. and Reinhold, S., "The Effect of Children on Depression in Old Age", *Social Science & Medicine*, Vol. 100, 2014, pp. 1 – 11.

④ 刘亚飞、胡静:《多子一定多福吗:子女数量与母亲健康》,《南方人口》2016 年第 31 期。

⑤ 李婷、范文婷:《生育与主观幸福感——基于生命周期和生命历程的视角》,《人口研究》2016 年第 40 期。

⑥ Zimmer, Z., Martin, G. and Ofstedal, B., "Education of Adult Children and Mortality of Their Elderly Parents in Taiwan", *Demography*, Vol. 44, No. 2, 2007, pp. 289 – 304.

⑦ Torssander, J., "Adult Children's Socioeconomic Positions and Their Parents' Mortality: A Comparison of Education, Occupational Class, and Income", *Social Science & Medicine*, Vol. 122, 2014, pp. 148 – 156.

概率降低20%。杨等①用"中国老年健康影响因素跟踪调查数据（CLHLS）"考察子女教育水平对老年人死亡风险的影响。他们发现，相比于小学以下学历的子女而言，高中及以上学历的子女可以使父母的死亡风险的概率降低15%。

为了克服子女质量的内生性问题，在考察子女教育对父母健康的影响时，杨克文等②以社区平均受教育年限作为子女教育的工具变量，发现子女的受教育程度对父母健康有积极的影响，伦德伯格等③用义务教育改革作为工具变量，伦德伯格虽未能发现瑞典子女受教育年限与其父母的寿命之间有任何显著的因果关系，但发现女儿受教育程度对父亲的寿命存在积极的影响，这种影响在经济条件较差的家庭尤为显著；德妮薇和芬克使用坦桑尼亚的人口普查数据发现子女受教育年限越高会显著降低父母死亡的概率。与之相似的是，马④以中国各省逐步实施九年义务教育的社会背景作为子女受教育年限的外生冲击变量，其利用CHARLS数据的研究发现，子女受教育年限对父母的身体健康影响为正且显著，对父母的心理健康的影响则不显著。

同时从子女数量和质量两个角度来观察父母健康的研究并不多。石智雷⑤以及牛楠和王娜⑥从子女数量、人力资本积累的视角出发，发现子女教育能够有效提高老年人生活质量，单方面增加子女数量对老年人的生活质量影响不大，甚至可能适得其反。

综上可知，现有研究多从子女数量或者子女质量的某一面来探讨父

---

① Yang Lei, Martikainen, P. and Silventoinen, K., "Effects of Individual, Spousal, and Offspring Socioeconomic Status on Mortality Among Elderly People in China", *Journal of Epidemiology*, Vol. 26, No. 11, 2016, pp. 602–609.

② 杨克文、臧文斌、李光勤：《子女教育对中老年父母健康的影响》，《人口学刊》2019年第41期。

③ Lundborg, P. and Majlesi, K., "Intergenerational Transmission of Human Capital: Is it a One-Way Street?", *Journal of Health Economics*, Vol. 57, No. 22, 2018, pp. 206–220.

④ Ma Mingming, "Does Children's Education Matter for Parents' Health and Cognition? Evidence from China", *Journal of Health Economics*, Vol. 66, No. 2, 2019, pp. 222–240.

⑤ 石智雷：《多子未必多福——生育决策、家庭养老与农村老年人生活质量》，《社会学研究》2015年第30期。

⑥ 牛楠、王娜：《转型期子女数量与人力资本积累对农村养老影响实证研究——以安徽和四川为例》，《中国农业大学学报》（社会科学版）2014年第31期。

母的健康问题,研究的结果难以准确概括当前家庭养老的现状,再加上这两个变量本身存在的内生性问题,很难准确识别出变量之间的因果关系,进而无法客观评价计划生育政策对家庭养老特别是老年人健康的影响。

第二节 数据、变量及统计性描述

根据研究目标及数据的可得性,本章选用中国健康与养老追踪调查(CHARLS)2015年调查数据作为主要数据,并利用2011年、2013年和2014年的调查数据对2015年的遗漏缺失数据进行补充。

一 因变量

父母的健康状况是研究的因变量,以综合健康指标来表示。根据数据的可得性以及对CHARLS数据的分析,本章首先选择患慢性病个数、抑郁倾向得分(CES-D量表)、身体行为活动能力和自评健康状况这4项健康指标来衡量老年父母的健康状况,然后运用主成分分析法得到一个综合健康指标来衡量父母的健康状况。通过对指标进行标准化处理和相关性分析,并对载荷矩阵进行旋转,最终得到主成分特征向量表(见表9-1)。

表9-1　　　　　　　　主成分特征向量表

变量	第一主成分	第二主成分	第三主成分
患慢性病个数（z_1）	-0.07	-0.10	0.91
抑郁倾向得分（z_2）	-0.58	-0.38	-0.36
身体行为活动能力（z_3）	0.81	-0.20	-0.19
自评健康状况（z_4）	-0.08	0.90	-0.10

在第一主成分中,抑郁倾向得分和身体行为活动能力的载荷比较大,反映了个人客观身心健康的信息;在第二主成分中,自评健康状况的载

荷比较大，反映了个人主观健康状况的信息；在第三主成分中，患慢性病个数的载荷比较大，反映了个人总体健康状况。从而三个主成分的线性表达式为：

$$f_1 = -0.07 \times z_{32} - 0.58 \times z_{33} + 0.81 \times z_{34} - 0.08 \times z_{35}$$
$$f_2 = -0.10 \times z_{32} - 0.38 \times z_{33} + 0.20 \times z_{34} - 0.90 \times z_{35}$$
$$f_3 = -0.91 \times z_{32} - 0.36 \times z_{33} + 0.20 \times z_{34} - 0.10 \times z_{35}$$

最后，本书利用方差贡献率作为权重的衡量标准来计算三个主成分得分的加权平均，从而得到综合健康得分，记为 F。

$$\begin{aligned} F = & [0.35/(0.35+0.28+0.24)] \times f_1 + \\ & [0.28/(0.35+0.28+0.24)] \times f_2 + \\ & [0.24/(0.35+0.28+0.24)] \times f_3 \end{aligned}$$

二 解释变量

我们感兴趣的核心解释变量是子女的数量和子女的质量，子女的数量用受访者报告的子女总数来衡量，子女的质量用子女最高受教育年限来表示。具体处理如下：

（一）子女数量：CHARLS 的家庭信息数据库中报告了"子女总数"和"活着的子女数量"两个信息，本章先使用"子女总数"来衡量子女数量，然后用"活着的子女数量"进行稳健性检验。

（二）子女质量：本章以子女的最高受教育水平来表示子女的质量。为确保子女已基本完成学业，本章选择用 20 岁及以上子女中的最高受教育水平衡量子女的受教育水平，并将受教育水平转换为受教育年限。将"未受过正规教育"赋值为 0，"未读完小学、私塾"赋值为 3 年，"小学毕业"赋值为 6 年，"初中毕业"赋值为 9 年，"高中及中专""大专""本科""硕士及以上"分别赋值为 12 年、15 年、16 年、19 年。同时为了保证子女是能给父母提供照料的照顾者而非被照顾者，本章将子女的年龄限制在 60 岁以下。

三 控制变量

根据数据的可得性和以往文献研究的经验，本章选取的控制变量主要包括三类：父母层面的、子女层面的和地区层面的。其中父母层面的控制变量包括父母的性别、年龄、夫妻年龄差、婚姻状况、户口状况、个人资产、受教育程度、饮酒习惯；子女层面的控制变量包括是否有子女过世、子女的性别构成、最高受教育水平子女的年龄、最高受教育水平子女的性别；地区层面的控制变量包括是否在农村居住以及省份固定效应。

四 样本的界定与描述性统计分析

出于研究的目的，我们剔除了60岁以下受访者的数据。在构建子女数量的工具变量时需要用到独生子女政策的外生冲击，由于部分少数民族受到的生育政策与汉族不同，可以生二胎甚至多胎，因此将少数民族样本删除。经过上述步骤，得到有效父母样本共计9373人，来自6247户家庭。

表9-2是各变量的描述性统计信息。受访者样本的平均综合健康得分约为0.03，平均有3.17个孩子，子女中最高受教育水平的平均年限为10.86年，也就是说最高受教育水平子女的平均学历为初中以上。受访者的平均受教育年限为5.69年，平均年龄为70.19岁，平均夫妻年龄差为3.32年，约有49%的受访者是女性。有配偶、有农业户口、喝酒频率超过每月1次、生活在农村的受访者分别约占86%、75%、27%、60%。就子女而言，受访者中仅有儿子、仅有女儿的样本分别占19%、12%。最高受教育年限子女的平均年龄约为38.64岁，其中40%为女孩，有子女过世的受访者约占样本的21%。

表9-2　　　　　　　　　描述性统计分析表

变量	样本量	均值	标准差	中位数	最小值	最大值
被解释变量						
综合健康得分	9373	0.03	0.66	0.14	-2.44	1.71
核心解释变量						
子女最高受教育年限	9373	10.86	3.81	9.00	0.00	19.00
子女总数	9373	3.17	1.63	3.00	1.00	14.00

续表

变量	样本量	均值	标准差	中位数	最小值	最大值
其他控制变量						
年龄	9373	70.19	7.10	69.00	60.00	98.00
夫妻年龄差	9373	3.32	3.43	2.00	0.00	60.00
女性	9373	0.49	0.50	0.00	0.00	1.00
有配偶	9373	0.86	0.35	1.00	0.00	1.00
农业户口	9373	0.75	0.43	1.00	0.00	1.00
饮酒习惯	9373	0.27	0.45	0.00	0.00	1.00
个人资产	9373	8.01	2.16	7.74	3.00	12.61
农村	9373	0.60	0.49	1.00	0.00	1.00
仅有儿子	9373	0.19	0.40	0.00	0.00	1.00
仅有女儿	9373	0.12	0.32	0.00	0.00	1.00
最高受教育年限子女的年龄	9373	38.64	7.82	38.00	20.00	60.00
最高受教育年限子女为女孩	9373	0.40	0.49	0.00	0.00	1.00
有子女过世	9373	0.21	0.40	0.00	0.00	1.00
受教育年限	9373	5.69	4.12	6.00	0.00	19.00

第三节 实证分析

一 模型

为了考察子女数量和子女质量对老年父母健康状况的影响，本章首先设定以下基本模型：

$$Y_i = \alpha + \beta_1 N_i + \beta_2 Q_i + \gamma X_i + u_i \tag{9.1}$$

其中，被解释变量 Y_i 是老年父母的健康状况，用综合健康得分指标进行衡量。解释变量中，N_i 表示子女数量，用子女总数来衡量；Q_i 表示子女质量，用子女最高受教育年限来表示；X_i 表示其他控制变量，主要包括父母层面的、子女层面的、地区层面的相关变量；u_i 表示随机扰动项；β_1、β_2 和 γ 分别表示对应变量的系数。

二 子女数量和质量与老年父母健康（2SLS）

子女数量、子女质量（受教育年限）是父母自我选择的内生因素，这一点在有关家庭经济分析的文献中被广泛提及。因此，要想确定子女数量和子女质量同时对老年人健康状况影响的因果关系，最重要的就是要解决子女数量和子女质量（受教育年限）的内生性问题。

1. 子女数量内生性问题的解决。为解决子女数量的内生性问题，学者们进行了各种尝试，代表性的研究如表9-3所示。从中可以看出，构建的子女数量的工具变量主要有双胞胎、性别构成、外生冲击（流产）以及外生冲击（计划生育政策）。但是有学者认为，双胞胎和性别构成作为家庭一级的变化可能无法满足外生性要求[1]，因此子女数量的外生冲击（计划生育政策）成为本章解决内生性问题的首要选择。

表9-3 子女数量的工具变量

作者	子女数量的IV
罗森茨魏格和沃尔平（1980）	双胞胎
布拉克等（2005）	
李等（2008）	
安格李斯特等（2010）	
康利和格劳（2006）	子女性别构成
李（2008）	
贝克尔等（2010）	
菲茨西蒙斯和马尔德（2014）	

---

[1] Dahl, B. and Moretti E., "The Demand for Sons: Evidence from Divorce, Fertility, and Shotgun Marriage", *NBER Working Papers*, No. 10281, 2004; Conley, D. and Glauber, R., "Parental Educational Investment and Children's academic risk: estimates of the Impact of Sibship Size and Birth Order from Exogenous Variation in Fertility", *Journal of Human Resources*, Vol. 41, No. 4, 2006, pp. 722-737; Angrist, J., Lavy, V. and Schlosser, A., "Multiple Experiments for the Causal Link Between the Quantity and Quality of Children", *Journal of Labor Economics*, Vol. 28, No. 4, 2010, pp. 773-824.

续表

作者	子女数量的 IV
霍茨等（1997）	外生冲击：流产
马拉兰尼（2008）	
罗森茨魏格和沃尔平（1986）	外生冲击：计划生育政策
乔希和舒尔茨（2007）	
刘（2014）	
钟（2014）	
李和张（2017）	
秦雪征等（2017）	
陈和方（2018）	
高和曲（2019）	

以计划生育政策作为子女数量的外生冲击的研究很多，主要使用以下三种经验方法来衡量计划生育政策对子女数量的影响：第一种方法是比较独生子女政策（OCP）（1979 年或 1980 年）之前及之后中国妇女的生育行为[1]。第二种方法探讨了生二胎的资格或生二胎罚款的省际和时间差异[2]。第三种方法探讨了不同年龄层受独生子女政策（OCP）影响时长的差异以及不同地区或民族政策实施强度的差异。一种差异来自母亲的年龄差异，母亲在实施政策时年龄越大，完成生育的可能性就越大，受政策影响的可能性就越小[3]；另一种差异来自独生子女政策（OCP）

---

[1] Zhong Hai, "The Effect of Sibling Size on Children's Health: A Regression Discontinuity Design Approach Based on China's One-Child Policy", *China Economic Review*, Vol. 31, 2014, pp. 156 – 165；秦雪征、庄晨、杨汝岱：《计划生育对子女教育水平的影响——来自中国的微观证据》，《经济学（季刊）》2018 年第 17 期。

[2] Liu Haoming, "The Quality-Quantity Trade-off: Evidence from the Relaxation of China's One-Child Policy", *Journal of Population Economics*, Vol. 27, No. 2, 2014, pp. 565 – 602；Huang Wei, Lei Xiaoyan and Zhao Yaohu, "One-Child Policy and the Rise of Man-Made Twins", *The Review of Economics and Statistics*, Vol. 98, No. 3, 2016, pp. 467 – 476；Liang, Y. and Gibson J., "Do Siblings Take Your Food Away? Using China's One-Child Policy to Test for Child Quantity-Quality Trade-offs", *China Economic Review*, Vol. 48, 2017, pp. 14 – 26.

[3] Wu Xiaoyu and Li Lixing, "Family Size and Maternal Health: Evidence from the One-Child Policy in China", *Journal of Population Economics*, Vol. 25, No. 4, 2012, pp. 1341 – 1364.

在城乡、地区和省之间以及汉族和少数民族之间实施强度不同[①]。陈和方在探讨计划生育政策长期影响时考虑了这两方面的差异。

借鉴以往的研究，本章以两个变量作为子女数量的工具变量。一个是受独生子女政策的影响程度（0—1），另一个是受独生子女政策的影响强度。遵循吴和李构建子女数量工具变量的方法，本章按照计划生育条例里规定的育龄妇女的年龄界定，将女性的生育年龄限制在16—49岁，计算不同年龄层女性受独生子女政策的影响程度（影响时长/育龄时长）。具体而言，1979年16岁以下的女性完全受独生子女政策（OCP）的影响，16—49岁的女性受独生子女政策（OCP）部分影响，而49岁以上的女性则完全不受独生子女政策影响。类似于陈和方构建的计划生育的外生冲击，本章综合各省初始生育率的差异以及不同年龄层父母受OCP影响程度的差异，来衡量受独生子女政策（OCP）的影响强度。与其他研究不同的是，本章更侧重研究独生子女政策而非20世纪70年代计划生育政策的影响；且本章以1979年作为明确的独生子女政策时间界点，而不像其具体细分各省推行的时间差异。

子女数量的工具变量具体表达方式如下：

$$\mathrm{Exp\_Of}_{icp} = \begin{cases} 0, c < 1930 \\ \dfrac{49-(1979-c)+1}{35}, 1930 \leqslant c \leqslant 1964 \\ 1, 1964 < c \end{cases} \quad (9.2)$$

$$\mathrm{Exp\_OCP}_{icp} = \begin{cases} \mathrm{pre\_ocplaw}_{ihp}, \text{if } Exp\_Of_{icp} = 0 \\ Exp\_Of_{icp} \times \mathrm{pre\_ocplaw}_{ihp}, \text{if } 0 < Exp\_Of_{icp} \leqslant 1 \end{cases}$$
$$(9.3)$$

其中，p 表示省份；c 表示妻子出生年份；i 表示个体；h 表示农村/城市；"Exp_Of"表示受独生子女政策的影响程度，取值范围为0—1；"Exp_OCP"表示受独生子女政策的影响强度；"pre_ocplaw$_{ihp}$"表示 p 省的初始生育率，用独生子女政策实施之前5年（1975—1979）内

[①] Li Bingjing and Zhang Hongliang, "Does Population Control Lead to Better Child Quality? Evidence from China's One-Child Policy Enforcement", *Journal of Comparative Economics*, Vol. 45, No. 2, 2017, pp. 246–260; Gao Yanyan and Qu Zhaopeng, "More Children, More Happiness: New Evidence from Elderly Parents in China", *GLO Discussion Paper*, No. 366, 2019.

各省的平均生育率来表示，具体数据见表9-4。如果妻子在执行独生子女政策（1979年）之前已过了49岁，即1930年以前出生，则家庭将完全不受独生子女政策影响。在这种情况下，其受独生子女政策的影响强度将等于未实施独生子女政策之前5年的省（农/城）平均生育子女数。如果妻子在1979年未超过49岁，则家庭部分或完全受独生子女政策的影响。在这种情况下，其受独生子女政策的影响强度将等于受独生子女政策的影响程度乘以省（农/城）平均生育子女数。

2. 子女质量（子女受教育年限）内生性问题的解决。为解决子女质量的内生性问题，学者们主要是以教育改革作为儿童质量（受教育年限）的外生冲击变量[①]来构建工具变量。遵循马构建工具变量的思路，本章同样以九年义务教育作为子女质量（受教育年限）的外生冲击，构建子女质量（受教育年限）的工具变量。不同之处在于，本章按国家颁布义务教育法的时间（1986年）作为各省推行义务教育法的时间节点，而不再明确区分各省分别颁布的时间差异来以计算各省初始教育普及程度；另一点不同是，我们根据2015年的CHARLS数据计算了这一初始受教育程度，而不是其他研究所使用的2000年的人口普查数据。

子女质量（受教育年限）的工具变量具体表达方式如下：

$$\text{Exp}_{ikp} = \begin{cases} 0, k < 1971 \\ \dfrac{k - 1971 + 1}{10}, 1971 \leq k \leq 1980 \\ 1, 1980 < k \end{cases} \quad (9.4)$$

$$\text{Exp\_edu}_{ikp} = \begin{cases} \text{pre\_edulaw}_{ihp}, \text{if } \text{Exp}_{ikp} = 0 \\ \text{Exp}_{ikp} \times \text{pre\_edulaw}_{ihp}, \text{if } 0 < \text{Exp}_{ikp} \leq 1 \end{cases} \quad (9.5)$$

其中，p表示省份；k表示最高受教育年限子女的出生年份；i表示个体；h表示农村/城市；Exp表示最高受教育年限子女受义务教育法的影

[①] Lundborg, P. and Majlesi, K., "Intergenerational Transmission of Human Capital: Is It a One-Way Street?" *Journal of Health Economics*, Vol. 57, No. 22, 2018, pp. 206 - 220; Jan-Walter De Neve and Günther, F., "Children's Education and Parental Old Age Survival-Quasi-Experimental Evidence on the Intergenerational Effects of Human Capital Investment", *Journal of Health Economics*, Vol. 58, No. 1, 2018, pp. 76 - 89.

响程度，取值范围为 0—1；Exp_ edu 表示最高受教育年限子女受义务教育法的影响强度；pre_ edulaw$_{ihp}$ 表示 p 省初始教育普及程度，用不受义务教育法影响近 5 年人群（1966—1970 年出生）的平均受教育程度来表示，具体见表 9-4。如果最高受教育年限子女在实施义务教育法时（1986 年）已满 16 岁（1971 年以前出生），则最高受教育年限子女未受义务教育法的影响。在这种情况下，子女受义务教育法的影响强度将等于未实施之前的省（农/城）平均受教育年限。如果最高受教育年限子女在实施义务教育法时（1986 年）未满 16 岁（1971 年及以后出生），则最高受教育年限子女部分或完全受义务教育法的影响。此时，子女受义务教育法的影响强度将等于受义务教育法的影响程度乘以未实施之前的省（农/城）平均受教育年限。

表 9-4　　　　　　　各省初始生育率及教育普及程度

省份	初始生育率（pre_ ocplaw）		教育普及程度（pre_ edulaw）	
	城市	农村	城市	农村
安徽省	1.866	3.630	7.200	5.664
北京市	1.388	1.577	15.000	
福建省	1.405	4.130	6.133	4.830
甘肃省	1.700	3.554	8.186	6.260
广东省	1.432	4.133	7.349	5.524
广西省	1.827	4.464	8.120	6.160
贵州省	1.558	5.349	8.545	3.222
河北省	1.526	2.528	11.000	7.269
河南省	1.992	3.355	8.747	6.532
黑龙江省	1.948	3.199	11.306	8.313
湖北省	1.830	3.136	10.276	6.467
湖南省	1.391	3.167	10.356	7.099
吉林省	1.965	2.706	9.409	7.286

续表

省份	初始生育率（pre_ocplaw）		教育普及程度（pre_edulaw）	
	城市	农村	城市	农村
江苏省	1.454	2.165	7.788	7.000
江西省	2.631	5.518	7.452	6.481
辽宁省	1.429	2.511	10.318	6.672
内蒙古自治区	1.547	3.367	9.458	6.833
青海省	4.944	4.944		3.969
山东省	1.386	2.623	8.123	6.421
山西省	1.977	2.927	8.500	7.042
陕西省	1.973	3.170	9.903	6.011
上海市	0.870	1.840	8.875	
四川省	1.178	3.177	7.642	5.176
天津市	1.134	2.411	7.952	
新疆维吾尔自治区	2.054	5.370	9.500	3.000
云南省	2.019	5.204	6.645	5.192
浙江省	1.302	2.592	10.442	6.602
重庆市	1.178	3.177	8.000	5.969

注：（1）独生子女政策实施之前5年内各省（城、农）的平均子女个数是根据安斯里的研究。① 我们摘取其中独生子女政策实施之前5年（1975—1979）各省（城、农）总体生育情况，并录入excel表中计算得出这5年各省（城、农）平均子女个数。

（2）青海的城市样本非常少，所以作者并没有区分城市还是农村，仅算了青海总体生育率，故本章将青海的城市、农村生育情况均以总体生育率表示，即城市和农村的平均生育率是一致的。

（3）根据重庆的历史，将重庆样本的生育率按四川的来整理。

（4）教育普及程度，不受义务教育法影响的人群近5年内各省（城、农）的平均受教育年限是根据CHARLS数据计算得出的。因2015年CHARLS数据中北京、上海、天津三个地区没有对应的农村样本，故农村平均受教育年限为空值。同时本章研究分析所使用数据也是CHARLS2015的数据，因而其并不影响在本章中的使用。

---

① Coale, J., *Basic Data on Fertility in the Provinces of China: 1940–1982*, HI: East-West Population Institute, East-West Center, 1987.

3. 子女数量和子女质量与对应工具变量之间的关系。为进一步查验子女数量工具变量和子女质量工具变量与现实设想是否一致，本章绘制了子女数量与受 OCP 影响强度的关系图和子女最高受教育年限与受义务教育法影响强度的关系图（变量均取了平均值），具体见图 9-1 和图 9-2。

图 9-1 描绘了每个年龄段父母受独生子女政策影响强度以及他们所生子女个数的差异。从中可以发现，每个年龄段父母的孩子总数（左纵轴）随受独生子女政策影响的强度（右纵轴）而减少。换句话说，父母在 1979 年的年龄越小，孩子的数量越少，他们受 OCP 的影响就越大。因此，每个年龄段父母受独生子女政策的影响强度与子女人数负相关，这也可以说明独生子女政策降低了家庭的平均子女数量。

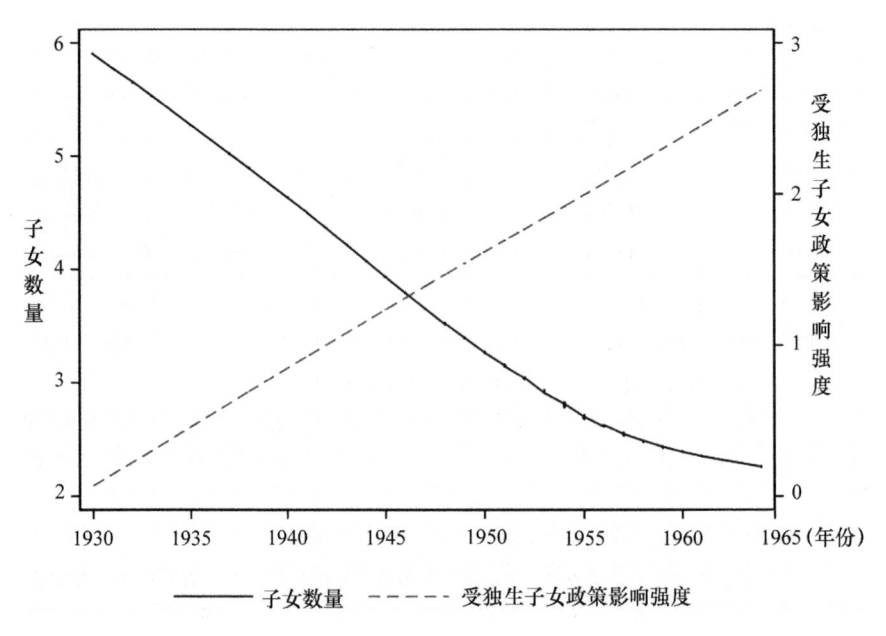

图 9-1 不同出生年份（不同年龄组）子女数量与
受 OCP 影响强度的关系图

图 9-2 描绘了最高受教育年限子女的每个年龄段受义务教育法影响的强度以及他们的最高受教育年限的差异。从平均意义上看，每个年龄

段子女的最高受教育年限（左纵轴）随受义务教育法影响强度（右纵轴）增加而增加。换句话说，子女在1986年年龄越小，子女最高受教育年限越高，他们受义务教育法影响就越大。因此，每个年龄段子女受义务教育法影响强度与子女最高受教育年限高度相关，且呈正相关，这也可以说明义务教育法促进了平均受教育水平的提高。

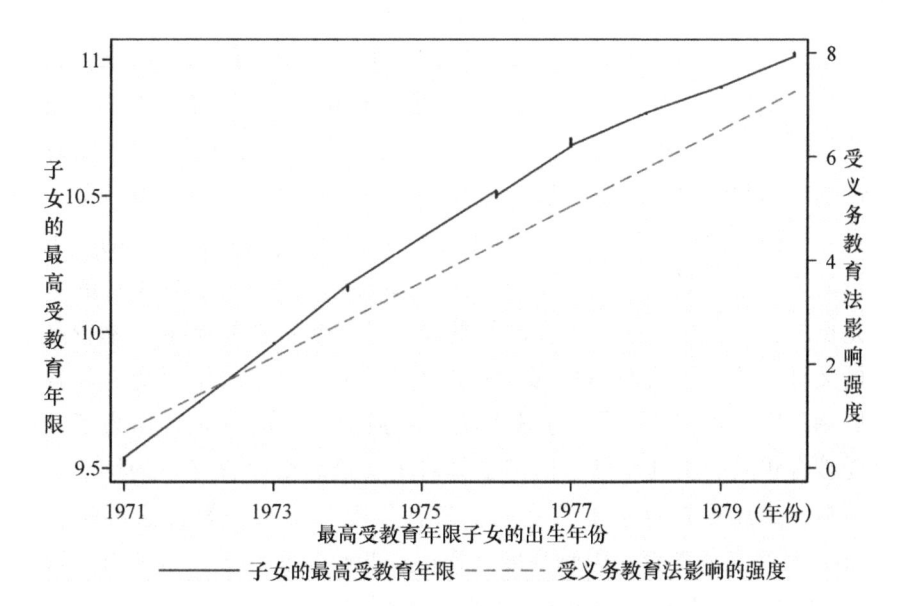

图9-2 不同出生年份子女最高受教育年限与受义务教育法影响强度的关系图

注：这两个变量都是平均值。

数据来源：中国健康与养老追踪调查（CHARLS）。

4. 工具变量估计结果（2SLS）。为了利用父母受独生子女政策影响强度的差异及子女受义务教育法影响强度的差异所带来的外在冲击，并确定孩子数量和子女质量对老年父母健康状况的因果关系，本章进行以下2SLS估计：

$$Y_i = \alpha_1 + \beta_{11} N_i + \beta_{21} Q_i + \gamma_1 X_i + u_{1i} \quad (9.6)$$

$$N_i = \alpha_2 + \beta_{12} Exp\_Of_i + \beta_{22} Exp\_OCP_i + \gamma_2 X_i + u_{2i} \quad (9.7)$$

$$Q_i = \alpha_3 + \beta_{13} Exp_i + \beta_{23} Exp\_edu_i + \gamma_3 X_i + u_{3i} \quad (9.8)$$

其中，Y_i 表示老年父母的健康状态；N_i 表示子女数量；Q_i 表示子女质量；X_i 表示其他控制变量；Exp_Of_i 表示子女数量工具变量1受独生子女政策的影响程度；Exp_OCP_i 表示子女数量工具变量2受独生子女政策的影响强度；Exp_i 表示子女最高受教育年限工具变量1受义务教育法的影响程度；Exp_edu_i 表示子女最高受教育年限工具变量2受义务教育法的影响强度；u_{1i}、u_{2i}、u_{3i} 表示随机扰动项。式（9.6）是第二阶段的估计表达式，式（7）、式（8）是第一阶段的估计表达式。

表9-5第（1）列和第（2）列报告了第一阶段的回归结果，其中第（1）列使用受独生子女政策影响程度（Exp_Of）和受独生子女政策影响强度（Exp_OCP）作为子女数量的工具变量，回归了其对子女总数的影响。回归结果显示，受独生子女政策影响程度（Exp_Of）是子女数量一个强有力的影响因子，系数在1%的水平上是显著为负的。子女数量的第二个工具变量（受独生子女政策影响强度 Exp_OCP）的系数也是负的，这意味着独生子女政策的异质性影响：在初始生育率较高地区的父母受独生子女政策的影响强度更大。第（2）列使用受义务教育法影响程度（Exp）和受义务教育法影响强度（Exp_edu）作为子女最高受教育年限的工具变量，回归了其对子女最高受教育年限的影响。不出所料，最高受教育水平子女的受教育年限与受义务教育法影响程度（Exp）及受义务教育法影响强度（Exp_edu）呈正相关，且所有系数在1%的水平上是显著的，表明受义务教育法影响程度越深以及所在省份初始教育普及程度越高，子女的最高受教育年限也就越有可能更高。

子女最高受教育年限、子女数量的工具变量系数在1%的水平上是显著的，这证明了本章选取的工具变量满足相关性要求。在对工具变量进行过度识别检验时，P值为0.90，不能拒绝"工具变量与父母综合健康得分方程的残差为0"这一原假设，这在一定程度上也说明所选取工具变量满足外生性要求。此外，在对工具变量进行有效性检验时发现，子女最高受教育年限所对应的F统计量为18.97，子女数量所对应的F统计量为30.46，二者均大于10，表明所选取的工具变量并不是弱工具变量。由于内生性检验P值小于0.05，说明子女最高受教育年限及子女数量与老年父母综合健康得分存在一定的内生性，因此使用工具变量进行2SLS回归的效果会更优一些。

表9-5　子女数量和质量与老年父母健康（2SLS）

变量	第一阶段回归结果		第二阶段回归结果
	（1）子女数量	（2）子女最高受教育年限	（3）综合健康得分
子女最高受教育年限			0.1202*** (2.902)
子女总数			-0.1886** (-2.496)
受独生子女政策的影响程度	-1.8742*** (-6.681)	-2.8209*** (-4.455)	
受独生子女政策的影响强度	-0.0982*** (-2.686)	-0.1424 (-1.421)	
受义务教育法的影响程度	-0.2196*** (-2.592)	0.7605*** (3.541)	
受义务教育法的影响强度	0.0432*** (6.710)	0.0715*** (4.284)	
受教育年限	-0.0134*** (-3.842)	0.2022*** (20.333)	-0.0139 (-1.486)
年龄	0.0229*** (3.166)	0.0514*** (3.132)	-0.0058 (-1.443)
夫妻年龄差	0.0250*** (4.436)	-0.0312** (-2.499)	0.0059 (1.568)
女性	-0.0677** (-2.099)	0.9003*** (10.331)	-0.2768*** (-6.114)
有配偶	0.0717* (1.863)	0.6729*** (6.592)	0.0037 (0.115)
农业户口	0.4287*** (12.333)	-1.6510*** (-17.032)	0.1881* (1.910)
喝酒习惯	-0.0361 (-1.244)	0.1121 (1.341)	0.0708*** (3.707)

续表

变量	第一阶段回归结果		第二阶段回归结果
	（1）子女数量	（2）子女最高受教育年限	（3）综合健康得分
个人资产	-0.0239*** (-3.948)	0.2050*** (11.927)	0.0162 (1.512)
仅有儿子	-0.9376*** (-31.167)	-0.4927*** (-5.052)	-0.1322** (-2.136)
仅有女儿	-0.7571*** (-18.238)	-0.0365 (-0.299)	-0.1198* (-1.897)
最高受教育年限子女的年龄	0.0003 (0.058)	-0.1532*** (-12.603)	0.0268*** (3.109)
最高受教育年限子女为女孩	-0.0033 (-0.108)	-0.4565*** (-5.614)	0.0318 (1.216)
有子女过世	1.1028*** (29.340)	-0.4531*** (-5.317)	0.2097** (2.081)
农村	0.3972*** (7.402)	-0.4745*** (-3.318)	0.0077 (0.158)
常数项	1.6914** (2.376)	12.2794*** (7.513)	-1.4395** (-2.570)
省固定效应	Y	Y	Y
样本量	9373	9373	9373
工具变量有效性的检验			
内生性检验：Robust score chi2			p = 0.0119
内生性检验：Robust regression F			p = 0.0121
过度识别检验：Score chi2			p = 0.9024
弱工具变量检验：子女最高受教育年限			F = 18.9663
弱工具变量检验：子女总数			F = 30.4609

注：(1) ***、**、*分别表示在1%、5%、10%的水平下显著；(2) 各变量括号内是估计系数对应的 t 值。

表 9-5 第（3）列给出了 IV 估计结果。在其他条件不变的情况下，

第九章　子女数量和质量对老年父母健康状况的影响研究

子女最高受教育年限每提高一年，会使得父母的综合健康得分增加0.1202（1%的显著水平），并且这种影响在统计意义上是显著的。而子女数量对父母综合健康得分的影响与子女质量相反，多生育一个孩子可能会使得父母的综合健康得分减少0.1886，这种影响在5%的显著性水平上是有统计意义的。从以上回归结果可以看出，子女质量（最高受教育年限）的提高能改善老年父母的健康状况，过多的子女反而会造成父母健康状况的下降。一方面，这可能主要是因为在其他条件相同的情况下，子女数量增加会使父母在青年时期承担更多的养育压力，年轻时辛苦工作从而可能透支了自己的身体健康，导致老年时期健康状况变差。另一方面，在照顾父母时，子女数量增加会导致搭便车、推诿责任等现象的出现，对老年父母的身心造成伤害。而子女数量减少，一方面能在家庭教育资源有限的情况下增加子女的人均教育资源，提高他们的教育程度，未来有机会获得更高的收入，也有能力给予父母更多的经济支持以保障老年父母的营养和健康水平；另一方面也会减少他们在照料父母时出现搭便车的问题，主动承担照料责任，给予老年父母更多的支持。

在其他协变量中，我们发现它们对年迈父母身体健康的影响与我们的直觉基本一致。例如，随着年龄的增长，综合健康得分下降，其原因主要在于老年人随着年龄的增长，身体各项机能逐渐衰弱，自身总体健康状况就会逐渐变差。与没有配偶的人相比，有配偶会使得综合健康得分有所提高，也就是说，在其他条件相同的情况下，因为有配偶的陪伴及照顾，老年父母之间可以排忧解难、相互扶持、相互照料从而使其身体及心理都保持一种阳光愉悦的状态，促使其有较高的综合健康得分。老年父母的资产越多，可以利用其购买所需物品及服务，获得优质生活及健康保健，从而促使自身健康状况的改善和综合健康得分的提高。

贝克尔"数量—质量替代"理论指出子女数量与质量之间存在替代关系，那么这种替代关系是否会影响到老年父母的健康状态呢？为此，本章在方程中加入子女数量与子女质量（最高受教育年限）的交互项，并再一次进行2SLS回归，具体回归结果见表9-6。从表中第（4）列的回归结果可知，子女数量与子女质量的交互项系数为负，且在统计意义上是显著的。简单来说，在其他条件相同的情况下，若子女最高受教育年限一致，那么子女最高受教育年限对老年父母健康状况的正向影响会随着子女数量的增加而减弱。从另一个角度来说，若子女数量一致，那么子女数量对老年父母健康状况的负向影响会随着子女质量的提高进一步加大。也就是说，在对父母健康状况的影响方面，子女数量与子女质量之间也存在替代关系。

表9－6　　　子女数量和质量与老年父母健康（加交互项）

	第一阶段回归结果			第二阶段回归结果
	（1）子女最高受教育年限	（2）子女数量	（3）子女数量*子女质量	（4）综合健康得分
子女数量*子女最高受教育年限				－0.0141* （－1.720）
子女最高受教育年限				0.1105*** （3.303）
子女数量				－0.2014*** （－2.971）
OCP的影响程度	－2.4915*** （－3.882）	－2.0229*** （－7.058）	2.1622 （1.311）	
OCP的影响强度	－0.2545** （－2.313）	－0.0591 （－1.468）	－0.4680 （－1.332）	
edu的影响程度	0.7659*** （3.537）	－0.1656* （－1.936）	0.5867 （1.273）	
edu的影响强度	0.0655*** （2.986）	0.0428*** （4.753）	－0.2234*** （－5.300）	
OCP的影响程度*edu的影响程度	－0.0856 （－0.131）	0.5538* （1.891）	－11.1095*** （－6.126）	
OCP的影响程度*edu的影响强度	－0.1952* （－1.907）	0.1887*** （4.488）	－1.4912*** （－6.041）	
OCP的影响强度*edu的影响程度	0.3561*** （2.621）	0.0944* （1.912）	2.3949*** （5.755）	

续表

	第一阶段回归结果			第二阶段回归结果
	（1）子女最高受教育年限	（2）子女数量	（3）子女数量*子女质量	（4）综合健康得分
OCP 的影响强度 * edu 的影响强度	0.0430 (1.643)	0.0022 (0.236)	0.0076 (0.126)	
常数项	12.6229 *** (7.709)	1.7195 ** (2.389)	-0.1916 (-0.047)	-1.3938 *** (-2.984)
省固定效应	Y	Y	Y	Y
其他控制变量	Y	Y	Y	Y
样本量	9373	9373	9373	9373
工具变量有效性的检验				
内生性检验：Robust regression F				p = 0.0103
过度识别检验：Score chi2				p = 0.0105
弱工具变量检验：子女最高受教育年限				p = 0.8894
弱工具变量检验：子女数量				12.1362
弱工具变量检验：子女数量*子女最高受教育年限				30.9424

注：（1）＊＊＊、＊＊、＊分别表示在1%、5%、10%的水平下显著；（2）各变量括号内是估计系数对应的 t 值；（3）其他控制变量与上文一致，包括个人层面、子女层面及地区层面的控制变量。

三　稳健性检验

1. 子女数量以活着的子女数来衡量。中国健康与养老追踪调查（CHARLS）数据中不仅报告了子女总数而且还报告了活着的子女数量。为了检验实证结果的稳健性，本章不再使用前文的子女总数来衡量子女数量，而是选择使用活着的子女数来表示子女数量，进一步做回归估计，得出了与前文一致的结论。即子女受教育年限的提高对父母的健康状况是有益的，而子女数量的增加对父母健康状况的影响是负的，实证结果具体见表9-7。

综合表9-5和表9-7的IV估计结果可以看出，以报告的子女总数来代表子女数量时，子女数量对父母综合健康得分的影响估计系数为-0.1886，而以活着的子女数来衡量子女数量时，子女数量对其的影响估计系数为-0.1995。因0.1995>0.1886，可以看出，与使用报告的子女总数相比，当子女数量以活着的子女数来衡量时，子女数量对父母健康状况的影响效果要更大一些。这也可以说明相比于子女总数而言，活着的子女数对老年父母的健康状况影响要更大一些。

表9-7 子女数量和质量与老年父母健康（子女数量以活着的子女数来衡量）

自变量	健康综合得分	
	（1）OLS	（2）2SLS
子女最高受教育年限	0.0167*** (8.280)	0.1202*** (2.879)
活着的子女数	-0.0246*** (-4.229)	-0.1995** (-2.476)
常数项	-0.0722 (-0.607)	-1.3854** (-2.542)
省固定效应	Y	Y
其他控制变量	Y	Y
样本量	9373	9373
工具变量有效性的检验		
内生性检验：Robust score chi2		p=0.0126
内生性检验：Robust regression F		p=0.0127
过度识别检验：Score chi2		p=0.8664
弱工具变量检验：子女最高受教育年限		F=18.9663
弱工具变量检验：子女总数		F=29.3377

注：(1) ***、**、*分别表示在1%、5%、10%的水平下显著；(2) 各变量括号内是估计系数对应的t值；(3) 其他控制变量与上文一致，包括个人层面、子女层面及地区层面的控制变量。

2. 以健康分指标代替综合健康得分指标。综合健康得分仅仅反映了个人总体的健康状况，也许有人会想要了解某一健康分指标的状况。因此，本章又分别采用患慢性病的个数、抑郁倾向得分、身体行为活动能力和自评健康状况来分别衡量老年父母不同方面的健康状况，进一步验证子女数量和子女质量对老年父母健康状况的影响。从回归结果表9-8可以看出，子女质量（最高受教育年限）对老年父母的健康状况有显著正向影响，子女最高受教育年限每增加一年会使得老年父母患慢性病的个数减少0.4262，抑郁倾向得分降低1.4316，身体行为活动能力提高0.2122，自评健康状况增加0.1664。而子女数量对老年父母的健康状况

表9-8　　　　　　　　健康分指标回归结果（2SLS）

	（1）	（2）	（3）	（4）
	患慢性病个数	抑郁倾向得分	身体行为活动能力	自评健康状况
子女最高受教育年限	-0.4262*** (-3.319)	-1.4316*** (-3.273)	0.2122* (1.942)	0.1664*** (2.849)
子女总数	0.6635*** (2.716)	1.9603** (2.436)	-0.5895*** (-2.909)	-0.2314** (-2.159)
常数项	6.4991*** (3.642)	26.9534*** (4.535)	4.0824*** (2.734)	0.4508 (0.564)
省固定效应	Y	Y	Y	Y
样本量	9373	9373	9373	9373
工具变量有效性的检验				
内生性检验：Robust score chi2	0.0000	0.0012	0.0110	0.0067
内生性检验：Robust regression F	0.0000	0.0012	0.0110	0.0067
过度识别检验：Score chi2	0.8984	0.5487	0.9685	0.4234
弱工具变量检验：子女最高受教育年限	18.9663	18.9663	18.9663	18.9663
弱工具变量检验：子女总数	30.4609	30.4609	30.4609	30.4609

注：（1）***、**、*分别表示在1%、5%、10%的水平下显著；（2）各变量括号内是估计系数对应的t值；（3）其他控制变量与上文一致，包括个人层面、子女层面及地区层面的控制变量。

却有显著的负向影响,每多生一个子女就会使老年父母患慢性病的个数增加 0.6635,抑郁倾向得分增加 1.9603,身体行为活动能力降低 0.5895,自评健康状况减少 0.2314。也就是说,在对老年父母健康状况的影响方面,增加子女数量不如提高子女质量,这一实证结论与使用综合健康得分指标时的回归结果是一致的。

3. 最大似然估计和广义矩估计。为了进一步检验回归估计结果的稳健性,本章使用对弱工具变量更不敏感的有限信息最大似然估计法(LIML)来进行回归估计[回归结果见表 9-9 第(1)列],得到了与 2SLS 一致的回归结果,并且系数非常接近,这也从侧面证明了本章所选取的工具变量并不存在弱工具变量。当数据存在异方差时,广义矩估计(GMM)比两阶段最小二乘估计(2SLS)要更有效。因此为检验数据若存在异方差是否会影响到估计结果的一致性,本章进行了最优 GMM 估计[结果见表 9-9 第(2)列],此结果无论是在回归系数的大小、正负方向及显著性方面与两阶段最小二乘法(2SLS)的估计结果均是可比的。

表 9-9　　子女数量和质量与老年父母健康(LIML&GMM)

	(1)	(2)
	LIML	GMM
子女最高受教育年限	0.1211*** (2.891)	0.1211*** (2.920)
子女总数	-0.1902** (-2.491)	-0.1899** (-2.510)
常数项	-1.4522** (-2.564)	-1.4512*** (-2.588)
省固定效应	Y	Y
样本量	9373	9373

注:(1)***、**、*分别表示在 1%、5%、10%的水平下显著;(2)各变量括号内是估计系数对应的 t 值;(3)其他控制变量与上文一致,包括个人层面、子女层面及地区层面的控制变量。

四 子女数量和质量影响父母健康状况的路径分析

与陈和方研究的相关影响途径一致,表9-10中的估计结果显示,子女最高受教育程度的提高会降低与父母共同居住的可能性以及减少探访父母的频率。这可能是因为一方面受过良好教育的子女在离父母更远的地方工作,从而增加了共同居住及探访的时间成本;另一方面受过更多教育的子女在劳动力市场有更高的工资水平,因而其拜访父母的金钱成本会更高一些。但是受过更多教育的子女会通过电话、视频、邮件等方式与父母有更多的沟通交流,给予其更多的情感支持,同时更高的收入水平使受更多教育的子女有能力给予父母更多的经济支持,从而保障父母免受生活的经济压力,进而促进其健康状况的改善。就子女总数而言,子女数量的增加会减少子女的平均电联次数及对父母的经济支持,但会增加与父母共同居住的可能性及探访父母的次数。一方面,与子女共同居住,老年父母可能需要帮助照顾孙子女玩耍或上下学,同时也可能需要负责做一些家务及帮助做饭等,这些额外的工作可能会使老年父母原已衰退的身体机能变得更加糟糕;另一方面,因生活观念及处理方式的不同,共同居住及拜访时难免会产生更多的生活摩擦和争吵,这些都会在很大程度上破坏老年父母的心情及身体健康。

表9-10　　　　**子女数量和质量对老年父母健康的影响渠道**

	(1)	(2)	(3)	(4)
	与子女居住	探访次数	电联次数	经济支持
子女最高受教育年限	-0.0658 (-0.987)	-27.0996 (-1.456)	15.8468* (1.940)	1237.0308 (0.933)
子女总数	0.1811 (1.414)	53.0136 (1.442)	-35.7627** (-2.163)	-53.9676 (-0.021)
常数项	0.9288 (0.982)	525.2172** (1.984)	-106.3830 (-0.839)	-14465.23 (-0.773)
省固定效应	Y	Y	Y	Y
样本量	9373	8725	7228	9335

第四节 结论和建议

通过对以往文献的梳理，本章使用 2015 年 CHARLS 数据，将子女对父母健康状况的影响识别为子女数量和子女质量（最高受教育年限）两个视角，并着重处理二者的潜在内生性问题探索其对老年父母健康状况的影响。结论发现：子女数量和质量是影响中老年父母健康状况的重要因素，子女数量的单纯增加不会改善老年父母的健康状况，而子女质量（最高受教育年限）的提高，能显著提高老年父母的健康状况。增加子女数量不如提高子女质量这一结论在长期将改变人们"多子多福"的生育观念。

随着我国人口政策的不断放松，人们生育子女数量的决策不再受到更加严格的限制，但是目前很多家庭仍然会继续选择少生孩子。本章的实证研究结论正好为人们对我国放宽人口政策做出的反馈提供了很好的解释，从老年父母身体健康状况的角度来看，子女质量（最高受教育年限）的提高可以促进老年父母健康状况的改善，而子女数量的增加却会导致老年父母的健康状况变差。再加上现行社会中孩子各方面之间存在激烈的竞争，使得父母面临越来越大的养子成本，因此人们不再多生孩子，而是选择更加注重对子女教育水平的提升，提高子女质量以弥补少子的缺憾。

基于以上实证研究结论，本章提出以下政策建议：若需要在提高老年人福利水平的同时，确保现阶段生育政策的顺利进行。一方面，需要继续加大义务教育的投资力度，同时需要稳定房价和物价水平，降低子女抚育成本；另一方面，需要进一步完善社会养老保险与医疗保险制度，提高社会保障水平，从而降低老年人对子女的经济依赖性，使社会养老作为家庭养老的重要补充。对于空巢老人和失孤老人群体，需要提供必要的社会经济支持、情感支持以及养老服务来保障其基本生活。

第十章　结语

　　新中国成立之初，百废待兴，整个社会经济建设都在有计划地进行，人口增长和生育也逐渐成为社会计划的一部分。虽然"文革"前的生育政策在鼓励和控制生育之间摇摆不定，但到了20世纪70年代后，由于基数庞大，政策的方向也逐渐稳定下来，且日趋严格，1982年更是成为一项"基本国策"。改革开放40多年来，中国的计划生育政策经历过"一孩政策"、有条件的"二孩政策"（包括"双独二孩""单独二孩"）、"全面二孩"以及今天的"三孩政策"。不论是横向比较，还是纵向比较，这项政策的执行程度都比较彻底。这样一项生育控制政策影响的绝不仅仅是生育率本身，必将对人口、经济，乃至社会文化等方面产生深远的影响。比如，在政策期间，中国的教育事业就得到了长足的发展，义务教育普及，高等教育扩张迅速，成人识字率不断提升，已经远高于发展中国家的平均水平。通过对经济理论和客观事实的分析，不难发现，计划生育政策和子女教育之间确实存在一定的联系，有鉴于此，我们就以计划生育政策对家庭子女教育投资的影响为题来展开研究。

　　从理论上看，计划生育政策对教育的影响，可以用贝克尔等发展的"数量—质量替代"模型来加以概括。简单来说，在现代社会，孩子主要是父母的消费品而不是投资品，家庭以效用最大化为目标，父母对孩子的需求有"数量"和"质量"两个维度，在收入增加的背景下，家庭对孩子的需求也增加，但由于孩子的"数量"被严格地控制住了，所以全部需求的增加都转化为对孩子"质量"需求的增加，而增加孩子"质量"的主要途径就是对他们进行教育等人力资本投资。

　　在本书中，我们首先对上述理论模型加以扩展，将计划生育政策和收入增长两个现实条件纳入模型，通过比较静态分析，从逻辑上探究了计划生育政策对子女教育的影响，这个扩展版本的"数量—质量替代"模型在中国同样适用。为了证实上述猜想，我们又进行了实证研究。首先分别使用了三种指标来对个体的教育水平进行测度，为了避免内生性问题，使用工具变量法，并将结果与 OLS 的结果进行比较。实证研究的结果是，"数量—质量替代"关系在中国家庭中是存在的，也就是说，家庭中的子女数量与子女的受教育水平之间存在显著的负相关关系，该结论在全样本和长子（女）样本中均成立。这意味着，当计划生育政策收紧时（比如由"晚、稀、少"阶段过渡到"一孩政策"阶段），由于孩子数量减少，单个孩子的教育水平会提高；同样，在计划生育放松阶段（"一孩政策"阶段进入到"一孩政策"放松阶段），在控制住其他因素的情况下，孩子数量增加会降低单个孩子的教育水平。无论是从一孩到二孩、多孩，还是从多孩到二孩、一孩，上述现象均存在，这是我们和一些研究不同的地方。

上述结论回答了我们最初提出的一个疑问，即中国的教育成就是在政府公共支出相对不足但家庭承担了更高的教育成本的情况下取得的，为什么中国家庭对子女有这么强的教育投资意愿？除了收入增长之外，本书给出的答案是，严格的计划生育政策造成了这一结果。40 多年来，一系列的计划生育政策使得中国家庭所能生育的孩子数量被严格限制，在收入迅速增长的背景下，家庭对孩子的需求只能通过提高孩子的质量来得到满足，而提高孩子质量的主要途径，就是对孩子进行人力资本投资，主要是教育投资。另外，从经济学的角度看，教育也是一种经济行为，成本收益分析依然适用，但对很多中国家庭来说，即便有的时候教育的收益率并不可观，但对子女进行教育、培训、营养和健康、迁移等人力资本投资的热情不减。生育政策限制得越严格，提高子女质量的需求越强烈，所以，与一些发展中国家甚至发达国家相比，中国家长对子女有着各种各样的所谓的"过度投资"（over-investment），比如"过度教育""过度培训""过度营养""过度迁移"。不过，根据我们前面的分析，这些所谓的"过度"都有经济逻辑可言，都是家庭理性决策的结果，所谓的差异，其实是决策者面临的约束条件不同造成的。而计划生育政策，就是过去相当长一段时间内中国家庭面临的一个重要的制度约束。

第十章　结语

再联想到前面提到的德普克和齐利博蒂有关育儿方式的研究。作者在研究各国的育儿方式时发现，在"快乐童年"理念下成长起来的美国人如今已为人父母，但他们的教养方式与自己的父母大相径庭，由"放任型"变为"密集型"，而其中以亚裔和华裔的父母为甚；放眼世界，东亚（尤其是中国）城市的年轻父母们成为世界上教养方式最"密集型"的父母，他们对子女的教育最为关注，"虎妈"也屡见不鲜。按照两位作者的解释，收入差距越大、教育的经济功能越强，则父母越重视教育，越会参与子女的教育决策。不过，他们的研究很难解释，那些收入差距与中国相差无几的国家，为什么育儿方式与中国不同？即便在中国，不同群体间仍然存在育儿方式的差异。我们的研究可以更进一步，即，造成近一段时期中国城市年轻父母这种教养方式转变的，不仅是他们更能意识到教育的经济功能，还包括他们面临着（与农村相比）更严格的生育约束，用"质量"替代"数量"的趋势也更加明显。

除此之外，"数量—质量替代"模型也能让我们对计划生育政策的效果进行预测。如同教育发展是经济增长和生育控制双重作用的结果一样，今天中国的低生育率也是如此。也就是说，根据这一模型及各国人口变迁的一般经验，即便没有计划生育政策，过去40年的高增长本身就可能使中国家庭的生育率下降（中国台湾和中国香港、新加坡等地的经验），再加上计划生育政策，今天的超低生育率就能得到解释。这种低生育率可能会对中国经济的可持续发展造成不利的影响。

为了保证研究的稳健性，在第五章，我们使用了另一种人力资本——健康——作为衡量孩子"质量"的衡量指标，分析计划生育政策在限制了孩子数量之后会对孩子的健康和教育有什么影响。研究使用的资料来源于CHNS数据库，采取的是带有工具变量的分位数回归的方法。我们发现，孩子数量与男孩和女孩的身高显著负相关，而且家庭的收入和福利水平仅仅对女孩的身高产生影响，这可能是父母对男孩的偏好造成的，当家庭的资源有限时，父母往往不会将资源均匀分配给家庭中的每一个孩子，而是倾向于优先配置给男孩。

中国当前的总和生育率过低，这既是经济增长的结果，也是长期计划生育政策的结果。如何提高生育率，是眼下一个比较迫切的问题，这关系到中国经济和社会的可持续发展。我们在第六章专门讨论了隔代照料对生育的影响，利用"中国家庭追踪调查（CFPS）"2012年、2014年、2016年的数据并使用匹配的方法进行分析，实证地发现隔代照料对（以意愿生育数量表示的）二胎生育意愿有显著的促进作用。隔代照料是一种传统的育儿方式，即便是今天，当老人参与孩子的照料时，年轻父母们所面临的时间约束和收入约束都会放松，在工作、育儿和休闲之间的选择空间变大。今天，随着生活水平的不断提高，老年人的健康和预期寿命也不断改善，即便子女成家立业，依然会给予他们一定的帮助。而这种代际之间的照料和赡养，既弥补了市场和政府在这方面的不足，也有助于形成超稳固的家庭关系，是构成和谐社会的基石。

中国的流动人口占比高，体量大，且大都处于生育期，厘清影响这部分群体生育意愿的因素，关乎在全社会建立生育政策支持体系的大局。第七章基于2016年中国流动人口动态监测数据（CMDS），综合采用probit模型分析就业质量对流动人口二孩生育意愿的影响，为生育意愿的影响因素提供新视角。研究结果表明，就业质量对流动人口二孩生育意愿有显著的促进作用，即收入效应大于替代效应。渠道检验发现，就业质量是通过提高流动人口在流入地的购房意愿来提高其二孩的生育意愿的。

受新冠疫情及"减负"政策影响，青少年居家时间增加，家长的陪伴变得更加重要。传统研究大多关注父母在实物和货币方面的投入，时间投入被忽视，造成前者的作用被高估。第八章基于"中国教育追踪调查"的数据，用父母直接陪伴孩子的时间以及"有质量"的时间投入作为解释变量，分析父母时间投入对孩子认知能力的影响。研究的结果显示，父母时间投入对处于青少年阶段子女的认知能力有积极的影响，而"有质量"的父母陪伴影响更大。

生育政策导致中国家庭的规模和结构出现了明显的变化，子女数量明显减少，传统养老模式受到挑战。最后一章从子女的数量和质量两个角度分析这种变化对父母健康状况的影响。研究发现子女数量对老年父母的综合健康状况有显著的负向影响，而（教育年限）子女质量则有显著的正向影响，二者存在一定的替代关系。子女数量的增加对老年父母的健康状况没有影响，但质量的提高会显著提高父母的健康。

基于实证研究，我们也尝试性地提出一些政策建议：

首先，在下一步制定计划生育政策时，要充分考虑未来生育率提高可能对子女教育和健康等人力资本投资产生的不利影响。中国的计划生育政策目前整体处于逐步放开的阶段，学术界一直有全面放开甚至鼓励生育的呼吁。根据我们和其他学者的一些研究，"数量—质量替代"关系可能在二胎至三胎甚至一胎至二胎的阶段成立。如果未来计划生育政策的变化提高了中国的生育率，对具体某个家庭来说，收入不变，子女数量增加，整体上看，每个子女平均所能获得的资源必然减少，他们的教育以及健康等方面也会受到不利的影响；另外，从结构上看，通过研究发现，计划生育政策对子女特别是女孩的教育影响最大。20世纪80年代以来，无论是"一孩政策"还是有条件的"二孩政策"阶段，在教育资源的获得方面，女孩和男孩没有显著的差异，进而获得的教育成就不低于甚至高于男孩。不过，如果未来生育率提高且中国家长还存在"重男轻女"的偏好的话，一旦孩子数量增加，不同性别的子女获得的教育资源必然不会均等，女孩有可能重新处于劣势中。

其次，要充分借鉴其他国家经验，前瞻性地、科学合理地制定符合我国国情的计划生育政策。中国过去的高增长有赖于"人口红利"，红利的形成和计划生育政策有关。当前中国的人口红利消失，人口老龄化趋势明显，生育率连创新低，危及经济社会的可持续发展。全面放开二胎后生育率的变化表明，相当一部分中国家庭不是（政策限制）不可以生，而是不愿意生。要想提高生育率，目前看来，仅仅靠放开三胎的生育政策还不够，不排除要制定和实施一些鼓励生育的政策。这方面可以借鉴一些发达国家的经验。要想实现可持续增长，人口因素是关键，如何使生育率回到替代水平之上是未来生育政策所要重点考虑的问题，这也是一个世界性的难题。此外，中国地理面积广袤，地区、城乡差距明显，所以，可以考虑对生育政策进行结构性的调整，甚至赋予地方政府在生育政策方面更大的自主权，比如，允许人口流失和老龄化都比较严重的东北各省制定适宜于本地的计划生育政策；给予流动人口工作质量更多关注，完善有关工作时间、工资收入、工作稳定性和社会保障等方面的法律法规，从而提高该群体的生育意愿和生育率。

再次，需要改革现有教育财政制度，将教育资源向基础教育倾斜，向经济落后的地区倾斜，也向流动和困难人口进一步倾斜。中国目前的教育财政制度使得各地区在义务教育阶段就出现明显的差距。基础教育必须由国家来托底，要增加基础教育（尤其是落后地区的基础教育）的投入。政府公共支出的结构有需要调整，即公共支出不仅应该向初、中等教育倾斜，更应该向学前教育倾斜，越是基础的教育，越要确保公平。只有这样，我们才能在人口红利不在的情况下，以人才红利或者人力资本红利取而代之，为经济可持续发展提供有力支撑。

最后，在子女的教育方面，家庭不仅要在经济上提供足够的支持，也要注重陪伴与照料。仅仅靠经济上的支持容易导致边际收益递减，加上父母的细心照料，二者相互补充，可能会出现收益递增的结果。一方面家长要重视陪伴的质量，另一方面政府在制定政策时也要考虑家长的时间成本。此外，还要充分发挥学校等机构提供高质量、高效率的"陪伴"功能。

我们在本书中反复强调，一方面，参考发达国家的经验，从生育率和人口增长率的角度看，一定要认识到人口老龄化以及人口数量下降的各种后果，制定计划生育政策要有紧迫感；另一方面，必须意识到未来计划生育政策变化对教育等人力资本投资的影响。未雨绸缪，找不足、补短板。我们相信，科学、合理地制定人口政策必能使未来的中国成为一个人力资源大国和人力资本强国，中华民族伟大复兴的"中国梦"也会早日实现。

参考文献

中文期刊

蔡昉：《打破"生育率悖论"》，《经济学动态》2022 年第 1 期。

蔡昉：《人口转变、人口红利与经济增长可持续性——兼论充分就业如何促进经济增长》，《人口研究》2004 年第 2 期。

陈友华：《人口红利与人口负债：数量界定、经验观察与理论思考》，《人口研究》2006 年第 6 期。

杜凤莲、杨鑫尚：《子女升学对父母时间配置的影响》，《经济学动态》2021 年第 8 期。

段成荣、吕利丹、郭静、王宗萍：《我国农村留守儿童生存和发展基本状况——基于第六次人口普查数据的分析》，《人口学刊》2013 年第 3 期。

封进、艾静怡、刘芳：《退休年龄制度的代际影响——基于子代生育时间选择的研究》，《经济研究》2020 年第 9 期。

郭剑雄：《人力资本、生育率与城乡收入差距的收敛》，《中国社会科学》2005 年第 3 期。

郭志刚、恺悌：《对子女数在老年人家庭供养中作用的再检验——兼评老年经济供给"填补"理论》，《人口研究》1996 年第 2 期。

侯佳伟、顾宝昌、张银锋：《子女偏好与出生性别比的动态关系：1979—2017》，《中国社会科学》2018 年第 10 期。

靳永爱、赵梦晗、宋健：《父母如何影响女性的二孩生育计划——来自中国城市的证据》，《人口研究》2018 年第 5 期。

李婷、范文婷：《生育与主观幸福感——基于生命周期和生命历程的视角》，《人口研究》2016 年第 40 期。

李小平：《期望孩子的交易价格及其在生育控制中的应用》，《中国人口科学》1992 年第 5 期。

李中建、袁璐璐：《务工距离对农民工就业质量的影响分析》，《中国农村经济》2017 年第 6 期。

李孜、谭江蓉、黄匡时：《重庆市生育水平、生育意愿及生育成本》，《人口研究》2019 年第 3 期。

林毅夫、刘培林：《中国的经济发展战略与地区收入差距》，《经济研究》2003 年第 3 期。

刘华、钟甫宁、朱晶等：《计划生育政策影响了出生性别比吗？——基于微观行为主体的考察》，《人口学刊》2016 年第 4 期。

刘家强、唐代盛：《普遍"两孩"生育政策的调整依据、政策效应和实施策略》，《人口研究》2015 年第 6 期。

刘铠豪、佟家栋、刘润娟：《中国出口扩张的健康成本——来自成年人发病率的证据》，《中国工业经济》2019 年第 8 期。

刘永平、陆铭：《放松计划生育政策将如何影响经济增长——基于家庭养老视角的理论分析》，《经济学（季刊）》2008 年第 4 期。

卢海阳、杨龙、李宝值：《就业质量、社会认知与农民工幸福感》，《中国农村观察》2017 年第 3 期。

陆旸、蔡昉：《从人口红利到改革红利：基于中国潜在增长率的模拟》，《世界经济》2016 年第 1 期。

罗凯、周黎安：《子女出生顺序和性别差异对教育人力资本的影响——一个基于家庭经济学视角的分析》，《经济科学》2010 年第 3 期。

秦雪征、庄晨、杨汝岱：《计划生育对子女教育水平的影响——来自中国的微观证据》，《经济学（季刊）》2018 年第 17 期。

卿石松、陈滔、程丽跃：《两孩政策效果追踪评估与未来趋势分析》，《人口与经济》2021 年第 4 期。

石人炳：《生育控制政策对人口出生性别比的影响研究》，《中国人口科学》2009 年第 5 期。

石智雷：《多子未必多福——生育决策、家庭养老与农村老年人生活质量》，《社会学研究》2015 年第 5 期。

宋月萍、谭琳：《男孩偏好与儿童健康的性别差异：基于农村计划生育政策环境的考察》，《人口研究》2008 年第 3 期。

宋月萍、谭琳：《卫生医疗资源的可及性与农村儿童的健康问题》，《中国人口科学》2006年第6期。

汤梦君：《中国生育政策的选择：基于东亚、东南亚地区的经验》，《人口研究》2013年第6期。

陶然、周敏慧：《父母外出务工与农村留守儿童学习成绩——基于安徽、江西两省调查实证分析的新发现与政策含义》，《管理世界》2012年第8期。

王春超、林俊杰：《父母陪伴与儿童的人力资本发展》，《教育研究》2021年第1期。

王春超、尹靖华：《公共卫生健康教育与流动人口传染病就医行为研究》，《经济学（季刊）》2022年第2期。

王维国、刘丰、胡春龙：《生育政策、人口年龄结构优化与经济增长》，《经济研究》2019年第1期。

许琪：《扶上马再送一程：父母的帮助及其对子女赡养行为的影响》，《社会》2017年第2期。

杨菊华：《生育政策的地区差异与儿童性别比关系研究》，《人口研究》2006年第3期。

叶华、吴晓刚：《生育率下降与中国男女教育的平等化趋势》，《社会学研究》2011年第5期。

易君健、易行健：《房价上涨与生育率的长期下降：基于香港的实证研究》，《经济学（季刊）》2008年第3期。

于弘文：《出生婴儿性别比偏高：是统计失实还是事实偏高》，《人口研究》2003年第5期。

余央央、封进：《家庭照料对老年人医疗服务利用的影响》，《经济学（季刊）》2018年第17期。

张二力：《从"五普"地市数据看生育政策对出生性别比和婴幼儿死亡率性别比的影响》，《人口研究》2005年第1期。

郑磊：《同胞性别结构——家庭内部资源分配与教育获得》，《社会学研究》2013年第5期。

朱明宝、杨云彦：《幸福感与居民的生育意愿——基于CGSS 2013数据的经验研究》，《经济学动态》2017年第3期。

中文专著

蔡昉、都阳、王美艳:《中国劳动力市场转型与发育》,商务印书馆 2005 年版。

梁建章等:《中国人口预测报告 2021 版》,载微信公众号"育娲人口研究"。

林毅夫、蔡昉、李周:《中国的奇迹:发展战略与经济改革》,上海三联书店 1994 年版。

田雪原:《新中国人口政策 60 年》,社会科学文献出版社 2010 年版。

王利民:《中国人口发展与生育政策》,国家行政学院出版社 2013 年版。

许涤新:《当代中国的人口》,中国社会科学出版社 1988 年版。

英文期刊

Akerlof, G., Yellen, J. and Katz, M., 1996, "An Analysis of Out-of-Wedlock Childbearing in the United States", *The Quarterly Journal of Economics*, Vol. 111, No. 2, 1996.

Angrist, J. D. and Evans, W., "Children and Their Parent's Labor Supply: Evidence from Exogenous Variation in Family Size", *American Economic Review*, Vol. 88, No. 3, 1998.

Angrist, J. D., Lavy, V. and Schlosser, A., "New Evidence on the Causal Link between the Quantity and Quality of Children", *NBER Working Paper*, No. 11835, 2005.

Angrist, J., Lavy, V. and Schlosser A., "Multiple Experiments for the Causal Link Between the Quantity and Quality of Children", *Journal of Labor Economics*, Vol. 28, No. 4, 2010.

Basu, K. and Van, P., "The Economics of Child Labor", *American Economic Review*, Vol. 88, No. 3, 1998, pp. 412 – 427.

Becker, G., "A Theory of the Allocation of Time", *Economic Journal*, Vol. 75, No. 299, 1965.

Becker, G., "A Theory of Marriage, Part I", *Journal of Political Economy*, Vol. 81, No. 4, 1973.

Becker, G. and Lewis, H. G., "On the Interaction between Quantity and Quality of Children", *Journal of Political Economy*, Vol. 81, No. 2, 1973.

Becker, G., "A Theory of Marriage, Part II", *Journal of Political Economy*, Vol. 82, No. 2, 1974a, pp. S11 – S26.

Ben-Porath, Y. and Welch, F., "Do Sex Preferences Really Matter?", *Quarterly Journal of Economics*, Vol. 90, No. 2, 1976.

Becker, G. and Tomes, N., "Child Endowments and the Quantity and Quality of Children", *Journal of Political Economy*, Vol. 84, No. 4, 1976.

Behrman, J., Pollak, R. and Taubman, P., "Family Resources, Family Size, and Access to Financing for College Education", *Journal of Political Economy*, Vol. 97, No. 2, 1989.

Black, S., Devereux, P. and Salvanes, K., "Why the Apple Doesn't Fall Far: Understanding Intergenerational Transmission of Human Capital", *American Economic Review*, Vol. 95, No. 1, 2005.

Black, S. E., Devereux, P. J. and Salvanes, K. G., "The More the Merrier? The Effect of Family Size and Birth Order on Children's Education", *Quarterly Journal of Economics*, Vol. 120, No. 2, 2005.

Cunha, Flavio, Heckman, James J. and Susanne M. Schennach, "Estimating the Technology of Cognitive and Non-Cognitive Skill Formation", *Econometrica*, Vol. 78, No. 3, 2010.

Duflo, E., "The Medium Run Effects of Educational Expansion: Evidence from a Large School Construction Program in Indonesia", *Journal of Development Economics*, Vol. 74, No. 1, 2004.

Ebenstein, A., "The 'Missing Girls' of China and the Unintended Consequences of the One Child Policy", *Journal of Human Resources*, Vol. 45, No. 1, 2010.

Hanushek, E., "The Trade-Off between Child Quantity and Quality", *Journal of Political Economy*, Vol. 100, No. 1, 1992.

Heckman, J., "China's Investment in Human Capital", *NBER Working Papers*, No. 9296, 2002.

Hirshleifer, J., "The Exchange between Quantity and Quality", *The Quarterly Journal of Economics*, Vol. 69, No. 4, 1955.

Houthakker, H. , "Compensated Changes in Quantities and Qualities Consumed", *The Review of Economic Studies*, Vol. 19, No. 3, 1952.

Huang Wei, Lei Xiaoyan, Zhao YaohuI, "One-Child Policy and the Rise of Man-Made Twins", *The Review of Economics and Statistics*, Vol. 98, No. 3, 2016.

Junsen, Zhang, "The Evolution of China's One-Child Policy and Its Effects on Family Outcomes", *Journal of Economic Perspectives*, Vol. 31, No. 1, 2017.

Leibowitz, A. , "Home Investments in Children", *Journal of Political Economy*, Vol. 82, No. 2, 1974.

Li, H. , Zhang, J. and Zhu, Y. , "The Quantity-quality Trade-off of Children in a Developing Country: Identification Using Chinese Twins", *Demography*, Vol. 45, No. 1, 2008.

Li, B. and Zhang, H. , "Does Population Control Lead to Better Child Quality? Evidence from China's One-child Policy Enforcement", *Journal of Comparative Economics*, Vol. 45, No. 2, 2017.

Liu, H. , "The Quality-quantity Trade-off: Evidence from the Relaxation of China's One-child Policy", *Journal of Population Economics*, Vol. 27, No. 2, 2014.

Pollak, R. A. and Wachter, M. , "The Relevance of the Household Production Function and Its Implications for the Allocation of Time", *Journal of Political Economy*, Vol. , 83, No. 2, 1975.

Qian, N. , "Quantity-Quality and the One Child Policy: The Only-Child Disadvantage in School Enrollment in Rural China", *NBER Working Paper*, No. 14973, 2009.

Qin, X. , Zhuang, C. C. and Yang, R. , "Does the One-child Policy Improve Children's Human Capital in Urban China? A Regression Discontinuity Design", *Journal of Comparative Economics*, Vol. 45, No. 2, 2017.

Rosen, R. , "Hedonic Prices and Implicit Markets: Product Differentiation in Pure Competition", *Journal of Political Economy*, Vol. 82, No. 1, 1974.

Rosenzweig, M. and Wolpin, K. , "Testing the Quantity-Quality Fertility Model: The Use of Twins as a Natural Experiment", *Econometrica*,

Vol. 48, No. 1, 1980.

Rosenzweig, Mark, R. and Wolpin, K. I., "Evaluating the Effects of Optimally Distributed Public Programs: Child Health and Family Planning Interventions", *The American Economic Review*, Vol. 76, No. 3, 1986.

Rosenzweig, M. R. and Zhang, J., "Do Population Control Policies Induce More Human Capital Investment? Twins, Birthweight, and China's 'One Child' Policy", *Review of Economics and Statistics*, Vol. 76, No. 3, 2006.

Sah, R., "The Effect of Child Mortality Changes on Fertility Choice and Parental Welfare", *Journal of Political Economy*, Vol. 99, No. 4, 1991.

Schultz, T. P. and Zeng, Y., "Fertility of Rural China. Effects of Local Family Planning and Health Programs", *Journal of Population Economics*, Vol. 8, No. 4, 1995.

Strauss, J. and Thomas, D., "Health, Nutrition, and Economic Development", *Journal of Economic Literature*, Vol. 36, No. 2, 1998.

Thomas, D., "Like Father, like Son; Like Mother, like Daughter: Parental Resources and Child Height", *The Journal of Human Resources*, Vol. 29, No. 4, 1994.

Willis, R., "A New Approach to the Economic Theory of Fertility Behavior", *Journal of Political Economy*, Vol. 81, No. 2, 1973.

Wu, X. and Li, L., "Family Size and Maternal Health: Evidence from the One-Child Policy in China", *Journal of Population Economics*, Vol. 25, No. 4, 2012.

Zhong, H., "The Effect of Sibling Size on Children's Health and Education: Is there a Quantity-Quality Trade-off?", *The Journal of Development Studies*, Vol. 53, No. 8, 2017.

英文专著

Becker, G., *The Economic Approach to Human Behavior*, Chicago: The University of Chicago Press, 1976.

Becker, G., *A Treatise on the Family*, Cambridge: Harvard University Press, 1981.

Becker, G., *Human Capital: A Theoretical and Empirical Analysis with Special Reference to Education (3rd Edition), Chicago: The University of Chicago Press, 1994.

Behrman, J. and Deolalikar, A., "Health and Nutrition", in Hollis Chenery and T. N. Srinivasan, eds., *Handbook of Development Economics*, Vol. 1, 1988.

Doepke, M. and Zilibotti, F., *Love, Money and Parenting*, Princeton, NJ: Princeton University Press, 2019.

Hotz, V. J., Klerman, J. A. and Willis, R. J., "The Economics of Fertility in Developed Countries: A survey", in Mark. R. Rosenzweig and Oded Stark, eds., *Handbook of Population and Family Economics*, Vol. 1, North Holland, 1996.

后　　记

近几年，人口老龄化迅速到来，人口与生育问题越来越得到社会的关注。从学术界来看，随着国内微观数据库的不断完善和成熟，相关主题的学术成果也越来越多，曾经的一些激烈争论逐渐平息，放开生育和鼓励生育的呼声越来越大。随着经济社会的发展，大家对于人口多寡的优势和不足也能予以更客观和理性的看待。现实推动理论，理论照耀现实。正是基于社会发展的客观实际和未来有了准确判断，中国政府在最近几年对长期执行的计划生育政策进行了调整，最重要的一次是 2021 年 7 月公布的《中共中央、国务院关于优化生育政策促进人口长期均衡发展的决定》。在该《决定》发布后，各地区积极推行三胎政策，其中包括一些鼓励生育的政策。

本书是我所承担的国家社会科学基金项目"生育政策及其变动对中国家庭子女教育投资行为影响的研究"的成果，该项目于 2020 年 12 月予以结项。在课题开始阶段，二胎政策才刚刚出台，大家对于政策的效果还争论不止。课题结项时，三胎政策尚未出台，但能看到生育率在开放二胎后短暂反弹又连创新低。在准备书稿的阶段，政策变化加上一些数据不断更新，使得我们有能力将研究推进一步。花了一些时间后，我们用新的研究替换了部分略显过时的内容，这些工作集中体现在本书后面的三章里。

多年来我一直关注并思考人口、生育和教育等相关问题，所指导的学生也大多围绕这些主题展开学习和研究。本书的写作得益于我曾经指导过的一些学生，这是我们共同合作的结果，他们收集资料、处理数据，一些人还参与了部分内容的撰写。他们是杨茜、史艺菲、吴文倩、刘璐、李立玲、石月华、唐然、兰怀周等。在此，也向那些付出过努力的同学们表示感谢!

最后,感谢评审专家在结项评审中给予的鼓励、肯定并提出了宝贵的修改意见,这有助于我们对本书进行修订和完善。特别感谢中国社会科学出版社的刘艳女士,她细致、认真又超级耐心的编辑工作是本书得以最后面世的保证。

谷宏伟
2023 年夏于大连